rororo

TILL RAETHER

Ich werd dann mal …
Nachrichten aus der Mitte
des Lebens

ROWOHLT TASCHENBUCH VERLAG

Originalausgabe
Veröffentlicht im Rowohlt Taschenbuch Verlag,
Hamburg, Oktober 2019
Copyright © 2019 by Rowohlt Verlag GmbH, Hamburg
Covergestaltung hißmann, heilmann, hamburg
Coverabbildung hißmann, heilmann, hamburg
Satz aus der Fairfield
bei Pinkuin Satz und Datentechnik, Berlin
Druck und Bindung CPI books GmbH,
Leck, Germany
ISBN 978-3-499-27605-7

Für meine Mutter und
alle anderen, die Heimweh nach Berlin
in Hamburg haben

INHALT

Vor*ort 9

1. Aufbruchstimmung
Ich muss los, ich hab noch Hack im Auto 13

2. Unvollkommenheit
Soll das warm? 63

3. Liebe
Die Frau mit dem orangefarbenen Fahrradhelm 111

4. Nähe und Distanz
Spiel doch was mit den anderen 155

5. Lebensfreude
Es soll getanzt worden sein 205

6. Improvisieren
Die Erotik des Aufbrauchens 247

7. Erwachsensein
Keine Ahnung, welchen Sinn es hat, aber schön,
wenn alle dabei sind 283

Dankeschön 341
Register 343

VOR*ORT

Ich hatte immer das Gefühl, am Rand der Welt aufzuwachsen, da, wo nichts los war, und das, was los war, lag gerade eben so außer Reichweite. West-Berlin, vom S-Bahnhof Zehlendorf den Teltower Damm noch ein Stück runter, Richtung, wie sich das für mich anfühlte, Niemandsland. «Da ist die Welt zu Ende», sagte meine Mutter.

Ich glaube, das ist keine West-Berliner Spezialität, trotz der geographischen und politischen Besonderheiten. Wer Ende der Sechziger bis Ende der Siebziger im Westen Deutschlands in eine Mittelschichtfamilie geboren wurde, durfte aufwachsen in dem Gefühl, dass die Welt ein einziger Vorort ist: ganz angenehm, ein bisschen langweilig, ein bisschen runtergekommen, die Welt hatte die besten und die schlechtesten Zeiten schon hinter sich, aber so richtig konnte einem nichts passieren, und die großen Probleme waren immer anderswo.

In meinem Gefühl setzte sich das fort in der Wahrnehmung des eigenen Lebens: Noch mit Mitte, Ende zwanzig fühlte ich mich wie ein Teenager, immer nur am Rande des Erwachsenseins, es schien mir immer wieder zu entgleiten, es war für andere, sagenhafte Gestalten, die darin irgendwie gut waren, aber nicht für mich. Cary Grant, Aretha Franklin und Wolfgang Mischnick, das waren Erwachsene. Wann würde ich ankommen in deren Welt? Auf seltsame Weise fühlte ich mich noch ein paar Jahre nach meiner Volljährigkeit, wie ich mich als Kind gefühlt hatte, wenn ich die

Stimmen der Erwachsenen im Wohnzimmer hörte. Das Gläserklirren, ihr wissendes Lachen. So, wie wenn man brasilianischen Bossa nova aus den sechziger Jahren hört, aber die Sprache der Sänger*innen nicht versteht: fremd, verheißungsvoll, wie etwas, das einem noch bevorsteht, und das man auf keinen Fall verpassen will.

Die Mauer fiel. Deutsche drangsalierten und töteten Menschen, die wir damals «Ausländer» nannten. Der 11. September war. Die Welt kam nahe, die Lage war ernst, aber ich spielte immer noch bestenfalls das Erwachsensein wie eine Rolle. Ich bekam einen Job, den ich oft liebte und manchmal kaum ertragen konnte. Ich erlebte die ersten tiefen biographischen Einschnitte, bei mir und anderen, das, was wir hilflos Schicksalsschläge nennen, als kämen sie aus dem Nichts und nicht einfach dem Leben. Jetzt regten mich alle auf, die sagten, sie müssten eigentlich erwachsen werden, könnten es aber nicht. Obwohl ich mich selber immer noch fühlte, als würde ich nur so tun.

Ich weiß nicht, wann mir klarwurde, dass auch die Erwachsenen, die ich damals so Bossa-nova-artig durch den Flur unserer Vorort-Mietswohnung gehört hatte, damals nur erwachsen gespielt hatten. Dass alles eigentlich immer nur eine Rolle ist und dass man deshalb in diesem Satz auch gar nicht «nur» sagen muss. Wir spielen Rollen, und das ist das Leben. Wir spielen Männer, wir spielen Frauen. Wir spielen erwachsen. Aber sind wir gut darin? Sind wir glücklich in der Rolle, die wir oder andere für uns ausgesucht haben?

Ich denke, wir bekommen Routine. Ich hab sie, seit ich so etwa Mitte, Ende vierzig bin. Seit ich in dem bin, was Leute, deren Job es ist, den Dingen unschöne Namen zu geben, «Lebensmitte» nennen. Man gewöhnt sich an alles, heißt es. Vielleicht sogar daran, erwachsen zu sein.

Eine Zeit lang war ich bei der Arbeit so was wie ein Chef, es hieß in der Firma Führungsperson. Ich hatte keine Ahnung, wie man das macht, ich dachte, mit allen befreundet sein und mich hin und wieder verstecken, wäre ein gangbarer Weg. Bis mir eine Psychologin, die uns schulen sollte, sagte: «Führen heißt entscheiden im Konfliktfall.» Ich fand und finde das interessant, aber wie immer, wenn jemand in Deutschland das Wort «führen» sagt, auch etwas peinlich und unangebracht. Ich habe noch die Generation erlebt, die «der Führer» gesagt hat, zwar in Anführungszeichen, aber beim Abendbrottisch. Scheiß auf Führen. Sagen wir: Erwachsensein heißt entscheiden im Konfliktfall. Oder besser: nicht wegrennen im Konfliktfall. Dranbleiben. Wegrennen und verstecken, wenn es Probleme oder große Schmerzen gibt (und was sonst meinen wir mit «Konfliktfall»), sind Strategien, die ich immer noch liebe, aber ich sehe ein, dass sie besser zu Kindern passen als zu einem ausgewachsenen Menschen. Ob man dann als Erwachsener, wenn man nicht weggerannt ist, die Dinge aushält, sie über sich ergehen lässt, sich gegen sie wehrt, sie lieben lernt, versucht, sie zu verändern – das ist von Fall zu Fall verschieden, und davon handelt dieses Buch.

Und es handelt davon, dass man nicht für immer in einem Vorort der Seele verharren kann. Dass man sich zwar einige Jahre am Rande der Dinge in Sicherheit wähnen mag. Aber wann, wenn nicht in der Mitte des Lebens, soll man raus in die Mitte der Welt, sich den Sachen stellen, mitmischen und ein Teil von allem werden?

1. ÜBER AUFBRUCHSTIMMUNG:
ICH MUSS LOS, ICH HAB NOCH HACK IM AUTO

<u>Hack im Auto</u>

<u>YouTube</u>

<u>Langsames Gehen</u>

<u>Nicht schlafen</u>

<u>Nichtrauchen</u>

<u>Surfen</u>

<u>Passbild</u>

<u>Laufen</u>

<u>Sitzen</u>

<u>Fliegen</u>

<u>A. W. M.</u>

<u>Reis</u>

<u>Kreuzworträtsel</u>

(Ich muss los, ich hab noch) Hack im Auto

Manchmal fragen sich Leute, warum alle nur noch zu Hause sitzen und niemand mehr etwas unternimmt, und ich kann es, was mich betrifft, recht klar beantworten: Abende außer Haus dauern oft viel zu lange. Ich verstehe das, wenn es ums Regietheater oder um Superheldenfilme geht, also im Sinne von: Ich sehe die Logik und das Zwangsläufige dahinter, man hat halt so viele Special Effects programmiert und so viele Leute ins Theater gesperrt, nun kann man es ausnutzen. Ich verstehe einvernehmliches Ausnutzen, es geht in Ordnung. Aber warum müssen Abende mit ganz normalen Freunden sich ins Unendliche dehnen, ohne Special Effects? Ich gehe so gern ins Bett. Bitte beachtet, dass ich ausdrücklich nicht «früh» oder «rechtzeitig» oder gar, das wäre nun wirklich die völlige Kapitulation, «zeitig» gesagt habe. Es ist nur so: Ich gehe gern ins Bett, und warum sollte man endlos aufschieben, was man gern tut.

Allein, die Freunde und Freundinnen sehen es nicht alle so. Sie sehen es geradezu anders. Es dauert ewig, bis sie sich ausgemärt haben. Die Dinge ziehen sich. Dat dürt, denke ich auf Plattdeutsch, obwohl ich dazu keinen Grund habe, nur, dass mein Vater aus einer Gegend kommt, wo man es schon zu seiner Kindheit kaum noch sprach. Zum Beispiel hatten wir eine Pokerrunde, und ganz ehrlich, ich liebe und liebte Pokern so sehr wie alle anderen während des Wirhaben-eine-Pokerrunde-Booms Anfang der Zweitausender. Aber meine Güte, dat dürte.

Wenn die Abende zu lang zu werden drohten, pflegte meine Freundin Miriam in den Neunzigern zu meiner Freundin Manuela zu sagen, ob sie dann «in nicht allzu ferner Zukunft» mal gehen würden. Sie gingen immer zusammen, daher betraf es auch mich, denn Manuela und ich waren ein Paar. Dieses «in nicht allzu ferner Zukunft» wurde für Manuela und mich zum geflügelten Wort für Erlebnis-, wenn nicht Lebensverweigerung. Heute weiß ich, wie ungerecht das war, denn mein Leben findet längst in der Miriam-Zone statt: Egal, wo ich bin, ich würde gern in nicht allzu ferner Zukunft wieder gehen. Selbst wenn ich auf einem Konzert bin, auf das ich mich lange gefreut habe, denke ich: Wie schön es sein wird, sich später hieran zu erinnern. Nun könnte es auch langsam vorüber sein. Ich würde gern in nicht allzu ferner Zukunft ...

Beim Pokern nun wollten aber auch langsam andere «los», es ging auf halb zwei, und wir spielten immer unter der Woche, Dienstag auf Mittwoch. Irgendwann sagte Sandro, er müsste langsam los. Ich liebte ihn dafür noch mehr als vorher. Die anderen wollten wissen, warum. Er sagte, er müsste zu Hause noch die Suppe umrühren.

Nun wurden weitere, scherzhafte Aufbruchsbekundungen geteilt. Und am besten gefiel mir: Ich muss los, ich hab noch Hack im Auto. Es war nicht nur eine für meine Begriffe lustig formulierte Begründung, nun doch langsam eher schnell loszumüssen. Es war auch auf einmal genau der Ausdruck, der mir gefehlt hatte, um eine Stimmung auszudrücken, die ich umso häufiger habe, je älter ich werde: eine Aufbruchstimmung, die zum Teil aus Unruhe, zum Teil aus der Angst, was zu verpassen, aus Ungeduld, aber auch aus dem plötzlichen Interesse, etwas Neues anzufangen, besteht. Weil sonst etwas schlecht werden könnte, etwas Verderbliches, das auf der Rückbank liegt oder im Fußraum.

Ich glaube, das Leben ist vorbei, wenn man irgendwann nicht mehr denkt: Ich muss los. Oder eben: Ich werd dann mal.

Außerdem stelle ich mir eine große Menge Hack vor, natürlich bio, vielleicht, weil man einen ganzen Kindergeburtstag mit Buletten versorgen will oder Freundinnen mit Hamburgern oder weil man jemanden, den man sehr liebt oder sehr hasst, aus Hack formen, zum Hackbraten braten und dann verzehren möchte, aus Liebe oder zum Austreiben.

YouTube

Manchmal bleibe ich im Flur stehen und lausche, was die Kinder in ihren Zimmern reden. Nicht weil ich ihnen nachspioniere, sondern weil es oft so süß ist. Oder zumindest jahrelang immer so süß war. Wenn das Kind mit kleinem Stimmchen irgendwelche Stofftiere oder Puppen maßregelte, weil sie die Süßigkeiten aufgegessen hatten, oder wenn das andere Kind mit Hilfe der entsprechenden Lego-Aufbauten in halblautem Konversationston vermischte Harry-Potter- und Herr-der-Ringe-Abenteuer kommentierte. Man musste dann immer nur aufpassen, dass der Fußboden nicht knarrt, denn sobald das allein spielende Kind einen hört, ist der Zauber des Alleinspielens vorbei und wird ersetzt durch den für mich oft nicht ganz so magischen Zauber von «Papa spielt die etwas weniger beliebte Puppe bzw. die immer leicht unterlegenen Gegner der Lego-Helden».

Leider dauert es lange, bis Kinder begreifen, dass die meisten Erwachsenen nicht so besonders gut im Spielen sind. Etwa so lange, bis sie sowieso nicht mehr mit einem spielen wollen.

Jetzt jedenfalls dringt bei meiner Tochter eine andere Stimme aus dem Zimmer. Meine Frau und ich nennen sie die YouTube-Stimme. Sie hört sich etwa so an: «Hallo, ich bin's wieder, und heute zeige ich euch mal, wie ihr euren Hefter verzieren könnt. Hier, ihr seht ja, der Hefter ist nicht so besonders schön. Aber ihr habt ja bestimmt ein paar Washi-Tapes in der Schublade. Ich liebe meine Washi-

Tapes. Es ist ganz wichtig, dass ihr euch für ein Farbkonzept entscheidet. Also ich hab jetzt zum Beispiel gedacht, Silber. Ihr könnt aber auch eine andere Farbe nehmen – was euch gefällt!» Und so weiter. In diesem lässigen, positiven, aber schon auch sehr konzentrierten Weltherrschaftston, mit dem junge Frauen und Männer oder besser gesagt alte Kinder auf YouTube in «DIYs» und «Tutorials» erklären, wie man allerhand selber macht. Meine Tochter filmt sich allerdings nicht dabei, sie darf keinen YouTube-Account haben. Es muss schrecklich sein mit solchen Eltern, aber ich bin nicht bereit, mehrmals täglich die selbstgemachten Videos einer Elfjährigen durch meine Vaterzensur laufen zu lassen. Daher tut sie eigentlich immer nur so, sie filmt sich nicht mal, sie kommentiert einfach das, was sie sowieso gerade tut, als würde sie einen YouTube-Film drehen.

Ich fand das erst super putzig, dann gruselig. Mein Gott, wir waren damals wenigstens noch richtig fernsehsüchtig! Die Kinder von heute sind süchtig nach anderen Kindern, deren Eltern sie nicht daran hindern, Videos auf YouTube hochzuladen! Wo soll das alles enden! Ja, das Alarmierende an derartigen Entwicklungen ist, dass sie mich verleiten, innerlich wie der Simpsons-Opa die Faust gegen eine Wolke zu schütteln. Ich werde mir selber peinlich, wenn ich erzieherisch die gute alte Zeit heraufbeschwöre.

Darum habe ich YouTube lieben gelernt. Zum einen führt der Nachahmungsdrang des Kindes dazu, dass es mitunter sogar ungeliebte Tätigkeiten klaglos hinter sich bringt, weil es einfach so tut, als würde es ein YouTube-Tutorial darüber machen: Hallo, heute zeige ich euch mal, wie man am besten den Tisch abräumt. Also, beim Geschirrspüler müsst ihr aufpassen, in welche Richtung ihr die Teller ... usw.

Zweitens hat sich meine anfängliche Sorge zerstreut, das Kind könnte dem Kult um allerhand Influencerinnen und Influencer verfallen, also den knapp der Kindheit entwachsenen YouTube-Stars, die ihren Einfluss nutzen, um Schleich- oder offene Werbung für Lifestyle-Quatsch zu machen, oder gleich ihren eigenen Kram feilbieten, Duschschaum, der nach Cupcakes riecht und so. Tatsächlich verfolgen die Kinder nämlich die Aktivitäten von YouTubern mit einer Aufmerksamkeit, die ich mir für meine väterlichen Aktivitäten nur wünschen kann, aber: mit einer stabilen ironischen Distanz. Ich frage mich, ob YouTuber wissen, dass die meisten Kinder ihre Accounts nur abonnieren, um keine Gelegenheit zu verpassen, sich über sie lustig zu machen.

Außer wie gesagt die Selbermach-Tutorials, die werden sehr ernst genommen bei uns. Seitdem können meine Frau und ich am Wochenende länger ausschlafen, ich begrüße das in vollem Umfang. Zumindest, bis meine Tochter durch die Wohnung brüllt: «Papa, haben wir Bastelkleber, Rasierschaum, Kontaktlinsenflüssigkeit und Speisefarbe? Und einen Karton? Und baust du eine Slime-Maschine mit mir? Wo ist der Cutter?» Dann gibt es eigentlich nur zwei Möglichkeiten, und sich schlafend stellen ist keine davon. Man kann dann nur übellaunig mitmachen oder versuchen, sich anstecken zu lassen von diesem seltsam durchdringenden und mir so fremd positiven Selbstmachsound. Übellaunig bin ich genug, darum habe ich Option zwei gewählt.

Die Slime-Maschine ist erstaunlich gut geworden, besser als im Tutorial. Als Nächstes lerne ich Shuffle-Dance von zwei elfjährigen Belgierinnen.

Langsames Gehen

Seit ungefähr zwanzig Jahren lebe ich in Hamburg. Der Hauptunterschied zwischen Hamburg und Berlin ist, dass die Bürgersteige in Hamburg schmaler sind und dass niemand in Berlin sich über den Hauptunterschied zu Hamburg Gedanken macht. Die schmalen Bürgersteige empfinde ich als sehr belastend, immer noch. Es wird eigentlich jeden Monat schlimmer. Man ist auf den schmalen Bürgersteigen gefangen hinter Leuten, die langsam gehen. Ich meine hier keine älteren Menschen, Leute, die Esel führen oder kleine Kinder, die Radkappen bestaunen. Für all das habe ich vollstes Verständnis, ich begrüße es sogar und würde es selber jederzeit tun, alt und langsam sein, Esel führen, Radkappen bestaunen, gern alles zugleich. Aber langsam gehen, obwohl man auch schnell gehen könnte?

Für Städte gibt es eigentlich keine Berechtigung, sie sind laut und dreckig, die Lebensqualität, wie wir Menschen jenseits der dreißig das nennen, ist nicht so gut. Einer der wenigen Vorteile ist, dass die Dinge sich in Städten schnell bewegen, wer entschleunigen möchte, ist hier fehl am Platze.

Bitte erzählt mir nichts vom Schlendern und Flanieren. Das Erste ist für Touristen, und, seid bitte ehrlich zu euch selbst, niemand mag Touristen, nicht einmal du und ich, wenn wir selber welche sind. Flanieren ist eine kulturelle Praxis, die früher dazu diente, Material für Feuilletons zu sammeln oder für soziale und philosophische Betrachtungen, aber niemand kann mir erzählen, dass der Typ hier vor mir ein Walter Benjamin unserer Gegenwart ist. Er ist einfach nur jemand, der latscht.

Warum regt mich langsames Gehen ohne medizinische Indikation so auf? Es ist ein bisschen dieses Gefühl, mitten im Alltag, mitten auf dem Bürgersteig, für einige Augenblicke als Geisel der Lebensfreude eines anderen genommen zu werden. Überholen als Fußgänger ist so schwierig und theatralisch, wenn man nicht anfangen will zu rennen, es wird eine riesige Produktion daraus, es kriegt so etwas unangenehm Demonstratives. Und dann steht man bzw. geht man da als der gestresste Typ, der den anderen nicht ihre Entschleunigung gönnt.

Stimmt ja vielleicht auch. Denn je älter ich werde, desto weniger glaube ich, dass der Weg das Ziel ist. Was nicht nur eine der am nachhaltigsten abgedroschenen Lebensweisheiten ist, sondern auch ein völlig unzureichendes Trostpflaster für alle, die sich oder anderen nicht mehr zutrauen, noch etwas zu erreichen, geschweige denn ihr Ziel, in eher kurzer als langer Zeit.

Es gibt im Gegenteil aber so viele Orte, an die ich noch kommen will. Im übertragenen wie im eigentlichen Sinne, und wenn es nur der hellgrüne Alnatura-Supermarkt am anderen Ende der Fußgängerzone ist. Ich möchte nicht dieser Mensch sein, der die Banalitäten einer Stadtstraße bestaunt wie ein Pflanzenfan den Dahliengarten, ich möchte die Dinge nicht auf mich wirken lassen, ich möchte sie hinter mir lassen. Langsames Gehen mag für jene, die schleppende Bewegungen schätzen, etwas damit zu tun haben, den Augenblick zu würdigen oder gar zu genießen. Der Augenblick aber wird womöglich überschätzt: Ich hab lieber was vor als direkt neben mir. Schnelles Gehen ist Utopie in Bewegung. Wer langsam geht, hat es nicht vor, sondern hinter sich.

Nicht schlafen

Eines Tages im Frühjahr war es vorbei. Ich wachte um drei auf, lag wach und suchte in der Peripherie des Schlafes nach einem verborgenen Eingang. Ich fand ihn nicht. Nach ein paar Minuten wieder einschlafen, wie sonst: Das ging nicht, es war, als hätte ich es verlernt. Und dabei blieb es. Erst dachte ich: Ach du Scheiße. Das hat mir noch gefehlt. Das moderne Leben mit Job, Kindern, Trump-Nachrichten, Facebook-Sorgen und der deutlich spürbaren, aber nur vage umrissenen Vorstellung, das könne ja wohl nicht alles gewesen sein, oder es ist zu viel – dieses Leben ist auf seine Weise hart genug. Wie soll ich es durchstehen, ohne durchzuschlafen? Normalerweise redet man ja über sich selbst wie über ein Kind im Windelalter: Die Nacht war gut, ich habe durchgeschlafen.

Aber nun wachte ich morgens um drei auf und lag wach. «Die Stunde des Wolfes» nennt der Schlafforscher Jürgen Zulley die Zeit zwischen etwa drei und vier Uhr morgens: In dieser Zeit wachen viele Menschen auf, weil sie zwischen zwei Tiefschlafphasen liegt und weil in dieser Zeit der Körper überdurchschnittlich viel Melatonin ausschüttet, ein Hormon, das den Schlaf reguliert, aber auch leicht depressiv macht.

Wer nachts um drei aufwacht, fängt an zu grübeln, die Uhrzeit beschert einem dunkle Gedanken, die umso bedrohlicher werden, je länger man auf ihnen herumkaut. Vor diesem Herumkauen bin ich geflohen. In eine völlig neue

Welt, für die ich in den ersten Wochen gar keinen Namen hatte. Das heißt, ich habe einfach nicht versucht, wieder einzuschlafen. Ich habe ein, anderthalb Stunden etwas ganz anderes gemacht, ich bin aufgestanden und habe mich in dieser neuen Welt bewegt, bis ich wieder müde war.

Ich dachte, ich hätte diese Welt erfunden, für mich allein, und ich wäre ihr einziger Bewohner. Es fühlte sich an, als hätte ich einen neuen Planeten entdeckt. Er hat aber bereits einen Namen, das fand ich nach ein paar Wochen heraus: segmentiertes Schlafen. Also: in Stücken oder Teilen schlafen, mit Unterbrechung, so, als wäre der Nachtschlaf ein neuer «Star Wars», und in der Mitte geht das Licht an, und man vertritt sich ein bisschen im Foyer die Beine und atmet Popcornluft, nur: viel, viel schöner.

Wir haben gelernt, in einem Stück zu schlafen, zum Beispiel von etwa halb zwölf bis halb sieben, so wie ich früher. Ein wunderbar durchschnittlicher Wert, denn die Menschen in Deutschland schlafen etwa sieben Stunden pro Nacht. Und wachen ein paar Dutzend Mal auf, aber fast, ohne es zu merken, sie schlafen gleich wieder ein. Segmentierter Schlaf verläuft nicht in einem Stück, sondern mit einer bewussten, sogar absichtlichen Unterbrechung ziemlich genau in der Mitte.

Seit etwas über zwanzig Jahren, lese ich eines Nachts in einem «New York Times Magazine», das ich mir aus dem Flugzeug mitgebracht und für die Nacht aufgehoben habe, gehen Schlafforscher*innen und Historiker*innen davon aus, dass die Menschen bis zur Erfindung des elektrischen Lichts vermutlich überwiegend in Phasen geschlafen haben. Weil man ins Bett ging, wenn es dunkel wurde – die meiste Zeit des Jahres über in Mitteleuropa also recht früh –, und wenn man nach der ersten Tiefschlafphase aufwachte, war noch so viel von der Nacht übrig, dass man aufstand und Briefe schrieb, Tagebuch führte oder einander sogar besuchte, weil die Chancen gut waren, dass der Nachbar auch auf den Beinen war, mitten in der Nacht. Bis man sich zu einer zweiten Halbzeit Schlaf bis zum Morgengrauen wieder hinlegte. «Dorveille» nannten die vorindustriellen Franzosen diese Zeit mitten in der Nacht, was zu Deutsch so viel wie «Wachschlaf» bedeutet, und die Engländer sagten schlicht «the watch», die Wache.

Um mir nicht sinnlos den Kopf zu zerbrechen, habe ich angefangen, nachts zwischen drei und vier Dinge zu tun. Nicht so wie am Tag. Schlafwandlerischer und wacher zugleich. Zielloser. Um mich dann wieder hinzulegen, gegen vier, und noch mal eine Tiefschlafphase von zweieinhalb, drei Stunden mitzunehmen. Mich darin einzurichten, hat mir die Nächte, die Tage und vielleicht den Seelenfrieden gerettet.

Was am Anfang wie ein Fluch wirkt (warum wache ich jede Nacht auf?), wird herrlich, wenn man aufhört, sich dagegen zu wehren. Normalerweise droht immer irgendeine Art von Gefahr, Peinlichkeit oder Erniedrigung, wenn jemand die folgende Formulierung verwendet, aber beim segmentierten Schlaf passt sie: Man muss sich halt drauf einlassen. Man darf nicht dagegen kämpfen. Was Schlimmeres, als zu grübeln und um den Schlaf zu kämpfen, kann einem dabei ja nicht passieren. Chronobiologen sagen sogar, dass das Schlafen in zwei Phasen womöglich den ursprünglichen Schlafbedürfnissen und -gewohnheiten unseres Körpers entspricht: Versuchspersonen, denen man die Uhr und den festen Tagesablaufs nimmt, fangen jedenfalls nach einer Weile von allein mit dem segmentierten Schlafen an.

Nun habe ich eine Uhr und einen festen Tagesablauf, aber auch dazu passt der segmentierte Schlaf, und sogar besonders gut. Die gute Stunde zwischen meinen beiden Schlafhälften ist ein Gegenentwurf zu meiner Tagwelt geworden. Das habe ich gemerkt, nachdem ich anfangs versuchte, «die Wache» als eine Art Add-on des Tages zu nutzen: Ich schrieb ein paar Mails über Dinge, die am nächsten Tag anstanden, ich deckte schon mal den Frühstückstisch, sorgfältig und liebevoll, ganz leise, oder ich ließ schon mal eine Wäsche durchlaufen im Keller. Aber der Effekt war seltsam, ich war eine Art Heinzelmännchen meiner selbst, und wenn ich morgens den gedeckten Frühstückstisch vorfand und die durchgelaufene Waschmaschine, war es mir unheimlich. Und die Nacht-Mails waren schwafelig, redundant und unfokussiert, oder überkurz wie zwischen zwei Wimpernschlägen geschrieben. Die Antworten klangen alarmiert: «Warum schreibst du mir um 3:20? Bist du krank?»

Tatsächlich fühlt sich die Schlafwache ein bisschen an wie früher als Kind eine von den guten Krankheiten, wenn man fiebrig genug war, um zu Hause zu bleiben, aber nicht so, dass man sich schlecht fühlte, nur ein wenig matt und verlangsamt. Wie die Vormittage vorm Fernseher damals entzieht sich die Wache der Nutzwertigkeit: Sie ist nicht dafür da, um Dinge zu erledigen, sondern im Gegenteil, um ganz wenig zu tun. Was seit langem ein Traum: möglichst wenig tun, wird nun Wirklichkeit in der guten Stunde zwischen dem Schlafen.

Ich lese ein bisschen, aber nichts, was besonders handlungsreich ist, nichts, wo man sich viele Namen merken muss, denn das Gehirn ist zwar da, aber es signalisiert ganz klar, dass es zum Zugucken gekommen ist und nicht zum

Mitmachen. Ich fange an, Proust zu lesen, «Auf der Suche nach der verlorenen Zeit», zuerst, weil es mir wie eine Art Fachliteratur erscheint, denn es geht darin ja viel um Schlafen und nicht Schlafen, und wer hat tagsüber Zeit für die Empfindsamkeiten des französischen Großbürgertums der vorvorigen Jahrhundertwende? Schnell merke ich, dass Proust lesen wie weiterschlafen und darum ideal ist, und der Vorrat geht nie aus, nach einem halben Jahr segmentierten Schlafens bin ich immer noch nicht beim letzten Band.

Gern aber wandere ich auch einfach durchs Haus. Wobei weder das Wort «wandern» noch das Wort «Haus» präzise beschreibt, wie ich in Schlafanzughosen durch die Wohnung tapere, aber es fühlt sich so an: Alles wird ein wenig fremd und dadurch größer im Wachschlaf, man fühlt sich als Besucher im eigenen Leben. Und wie ein Besucher sieht man manche Dinge dann auch klarer als tagsüber, wenn man einheimisch im eigenen Leben ist: wie sanft die Kinder atmen, die tagsüber so groß und streitlustig sind, wie gewissenhaft die Frau immer ihre Handtasche neben das Bett stellt, vielleicht, damit sie alles gleich hat, wenn die Erde bebt. Und wie herrlich tot die Handys an ihren Aufladekabeln hängen, die Bildschirme endlich schwarz wie die Nacht.

Social Media auf dem Telefon nämlich oder Fernsehserien auf dem Laptop: das geht gar nicht während der Wache. Und es ist nicht das blaue Licht, das einen dann wieder viel zu wach macht, das kann man rausfiltern, ich habe alle Apps dafür. Nein, es sind die Donald-Trump-Reize aus anderen Zeitzonen, die Sorgenmacher in den Timelines, und in den Serien fällt einem plötzlich diese seltsam gleichförmig aufregende Struktur mehr auf als alles andere, ein Cliffhanger zappelt am nächsten, wer will so leben, und dann kann man doch nicht einschlafen und irrt später mit kleinen Augen durch den nächsten Tag, als hätte man sich darin verlaufen.

Was ich liebe, ist nachts aufzustehen und am Tisch ein Kreuzworträtsel zu lösen. Es ist eine wunderbar sinnlose Tätigkeit, die keinem Zweck dient und keinen Nutzen hat als den, dass ich ein halbes, dreiviertel Stündchen vor mich hin atme und mich daran erfreue, wie der vorne so angenehm runde und weiche Bleistift übers Zeitungspapier huscht. Es ist ein Bild dafür, wie durch die Unterbrechung in der Nacht der Schlaf umgewidmet wird. Normalerweise dient die Nacht der Regeneration, genauer gesagt: der Wiederherstellung unserer Arbeitskraft, und all die Ängste, die damit verbunden sind, nicht schlafen zu können, gehen genau in diese Richtung. Wir fürchten, am nächsten Tag nicht fit zu sein, wenn die Nacht schlecht war, nicht durchhalten zu können, es nicht zu schaffen, was immer «es» im Moment auch ist. Im Grunde ist das die harte Währung geworden im Alltagskampf der Mehrfachbelasteten: die Frage, ob deine Nacht gut oder schlecht war, wie du schläfst, wie du aufwachst. Durch das Schlafen in zwei Portionen ist es mir zum ersten Mal gelungen, mich dem innerlich zu entziehen. Die Nacht ist für mich kein Entmüdungsbecken mehr, in dem ich mich ungeduldig auf die Anforderungen des Tages vorbereite, sondern sie hat wieder ein Eigenleben. Sie ist die Zeit, in der ich schlafe, aber auch die, in der ich ziellos durch die Wohnung wandere, einlullende Bücher lese, Kreuzworträtsel löse oder einfach nur aus dem Fenster schaue.

Schlafforscher*innen nennen diesen Zustand «non-anxious wakefulness», unangespannte Wachheit, im Gegensatz zur angespannten Wachheit des Grübelns und Nicht-wieder-einschlafen-Könnens. Tatsächlich ist es mir im letzten halben Jahr nur zwei- oder dreimal nicht gelungen, im Morgengrauen noch mal für ein paar Stunden wieder einzuschlafen. Und dann hilft, wenn man weiß, dass jeder einigermaßen gesunde Mensch genug Reserven hat, um nach einer Nacht mit nur drei oder vier Stunden Schlaf ganz gut durch den nächsten Tag zu kommen. Auch das sagt die Schlafforschung, und tatsächlich geht es.

Der segmentierte Schlaf beschert einem im Laufe der Zeit zwar auch tagsüber eine weniger angespannte Wachheit, aber man zahlt durchaus einen Preis dafür: Ich wache nur gegen drei auf, wenn ich zwischen zehn und elf ins Bett gegangen bin. Der segmentierte Lebenswandel passt also nicht so gut zu irgendeiner Art von Partymodus. Andererseits gehe ich seit Jahren ganz gern um diese Zeit schlafen, und wenn ich es nicht getan habe, dann meist, weil ich mir irgendwas beweisen oder dem Tag noch was abringen wollte, das er gar nicht mehr im Programm hatte.

Wenn man sich an ihn gewöhnt und ihn gepflegt hat, kommt der segmentierte Schlaf nach einer Weile immer wieder zu einem zurück und mit ihm diese andere Art von Nacht, die nur einem selbst gehört. Im berühmten «Abendlied» beschreibt Matthias Claudius die Nacht als «eine stille Kammer, wo Ihr des Tages Jammer verschlafen und vergessen sollt». Früher fand ich das Bild mit der Kammer passend. Aber sobald man sich ein Stück herausbricht aus dem Schlaf, kommt einem die Nacht nicht mehr wie ein enger Raum vor, sondern wie ein großer, punktuell beleuchteter Saal, dessen Pracht man nur ahnen kann, und der sich immer wieder aufs Neue nur für eine einzige Person öffnet.

Nichtrauchen

Vor fünf Jahren habe ich schon einmal aufgehört zu rauchen, aber diesmal klappt es, das spüre ich. Es gibt nur eine Situation, in der ich mich nach einer Zigarette sehne: immer. Moment, das habe ich gar nicht gemeint, das haben die Hände geschrieben, die Hände ärgern mich jetzt manchmal, weil sie nicht genug zu tun haben. Ich wollte sagen: wenn ich eine Pause machen möchte. Was tut man während einer Pause ohne Zigarette? Meine Kollegin Simone sagt, man gewöhne sich daran und irgendwann finde man es genauso schön, einfach rauszugehen und zehn Minuten lang «ein Efeublatt zu betrachten». Aha. Nun ja. Wir arbeiten an einem gemeinsamen Projekt, aber noch nie hat Simone währenddessen zu mir gesagt: «Komm, lass uns mal ein Efeublatt betrachten gehen.» Würden wir beide noch rauchen, dann würde ständig einer sagen: «Komm, wir rauchen mal eine», und alles wäre schöner.*

Denn mehr als die konkrete Zigarette fehlt mir die Idee des Rauchens. Mir wird schlecht, wenn ich sehe, wie vernünftig mein Leben ist: Alles ist sparsam und bio, ich bin verantwortungsbewusst und einsatzbereit, ich höre zu und denke nach und versuche immer, das Richtige zu tun. Es

---

* Simone Buchholz sagt gerade, weil wir in Aachen in einem Hotelrestaurant zusammen sitzen und ich ihr von diesem acht Jahre alten Text erzähle: «Wahnsinn, was für einen Scheiß ich manchmal rede.» Dann geht sie raus auf die Terrasse und raucht eine.

kommt mir vor, als lebe ich mein Leben nicht, sondern als trage ich es wie vernünftiges Schuhwerk. Rauchen war genau das irrationale Element, das allem eine gewisse Leichtigkeit gegeben hat.

«Warum hast du dann aufgehört?», fragt meine Kollegin Christine und bläst Rauch in meine allgemeine Richtung.

Eine reine Vernunftentscheidung: Ich kann damit rechnen, ein empfindliches Herz und ebensolche Gefäße zu haben, und ich möchte nicht in den nächsten Jahren nach einem Herzinfarkt aufwachen oder nicht aufwachen und als Erstes denken: Oh Mann, ich hab's doch gewusst. Über diese Gemengelage sprach ich neulich mit meiner Frau und unserer gemeinsamen Freundin Isa. Wir hatten uns gerade dagegen entschieden, noch eine Flasche Wein aufzumachen, denn die nächste wäre mitten in der Woche verantwortungslos gewesen.

Wir erinnerten uns daran, seit wann wir nicht mehr rauchen: Isa seit fünfzehn Jahren, ich seit vier Monaten, und meine Frau ist so vernünftig, es bei einer Zigarette am Tag belassen zu können. Ich malte mir aus, dass ich jetzt, mit Mitte vierzig, noch dreißig, vierzig Jahre ohne Zigarette und mit immer weniger Alkohol vor mir hatte, und ich fragte mich, was aus mir werden sollte: einer dieser hageren, sehnigen Männer in den besten Jahren, die ihr Leben irgendeinem zeitaufwendigen Sport widmen und anderen Vorträge darüber halten, welche Nahrungsmittel die Verdauung anregen? Ich gönne jedem seinen Spaß, aber für mich klingt das nicht nach «beste Jahre».

Während ich in Trübsal versank, machten die beiden Frauen einen Plan. Das kommt immer wieder vor: Ich bin trübsinnig, meine Frau macht einen Plan. Wir würden, verkündeten sie, hier und jetzt einen Pakt schließen: Mit siebzig fangen wir alle drei wieder zu rauchen an, und ab diesem Zeitpunkt werden wir trinken, so viel wir wollen, wir werden unvernünftig sein und es so richtig krachen lassen. Dies auszusprechen, mir dies vorzunehmen (und es in bunten Farben auszumalen), hat mich Zuversicht gelehrt. Immer mehr Freunde schließen sich unserer an. Plötzlich ist das, was mir als Verlust erschien, ein Versprechen, dass mich voller Vorfreude in die Zukunft sehen lässt. Ich bin zuversichtlich, dass ich die nächsten siebenundzwanzig Jahre bei guter Gesundheit und mit regenerierter Lunge im Bewusstsein überstehen werde: Das Beste kommt erst noch. Es fühlt sich gut an.

Und jetzt gehe ich raus, mit zusammengebissenen Zähnen irgendein Blatt betrachten.

Surfen

Aus unterschiedlichen Gründen haben Männer statistisch eine niedrigere Lebenserwartung als Frauen. Zum einen ist das Y-Chromosom nicht so gut. Zum anderen bringen Männer sich ständig in höchste Gefahr, damit andere Männer sie nicht für Memmen halten.

Im Urlaub habe ich meinen Freund Jay in Montauk besucht, an der amerikanischen Ostküste. Jay hat mit Ende dreißig mit dem Surfen angefangen. In Montauk kann man super surfen. Ich kann nirgendwo surfen. Ich will auch gar nicht surfen. Die Brandung ist mörderisch, nie käme ich auf die Idee, mich hineinzustürzen.

Jay kommt mit dem Brett unterm Arm zurück an den Strand. «Willst du auch mal?», fragt er, gleich am ersten Tag. Ich prüfe die Brandung mit der Skepsis eines Menschen, der jeden Tag in seinem Leben eine Brandung prüft. «Morgen», sage ich. «Ja», stimmt er mir zu, «ist ein bisschen wild heute. Morgen. Ich hab ein total breites Anfänger-Board für dich.» Jeden Tag wird die Brandung wilder. Erst bin ich erleichtert über die sich täglich von selbst erneuernde Ausrede. Am letzten Tag fragt Jay schon gar nicht mehr. Das ärgert mich. Unter den weniger besorgten als vielmehr hämischen Augen Luises ziehe ich mit einem schmatzenden Geräusch ein viel zu enges Neopren-Oberteil an und breche auf. Das Meer möchte nicht von mir betreten werden, es wirft mich aus wie ein Parkautomat die falsche Münze. Ich klammere mich ans Brett und versuche, hinaus zu paddeln. Der berühmte Schweizer Schriftsteller Max Frisch (1911–1991) hat eine autobiographische Erzählung geschrieben, die in Montauk spielt, sie handelt von seiner Affäre mit einer mehrere Jahrzehnte jüngeren Frau. Max Frisch war nicht surfen, er war beschäftigt. Komischerweise habe ich in «Montauk» vor Jahren nur einen Satz unterstrichen: «Ich lebe stets in Unkenntnis der Lage.» Bildung gilt ja als sehr wichtig, ihr Fehlen wird allerorten beklagt, aber ich muss sagen, wenn es hart auf hart kommt, nützt sie einem wenig. Ich (1969–?) ertrinke, und dabei denke ich an Max Frisch.

Es ist ein beängstigendes Gefühl, von einer haushohen Welle untergespült zu werden und dabei über ein unzerreißbares Plastikseil am linken Knöchel mit einem großen Brett verbunden zu sein. Alle sind gegen mich, das Meer und das Brett. Ich schlucke Salzwasser. Alles nur, damit mein Freund Jay mich nicht für eine Memme hält.

So schwer es war, ins Meer zu gelangen, so unmöglich scheint es nun, ihm wieder zu entkommen. Endlich packt mich eine Welle, sie ist nicht perfekt, aber für meine Zwecke ausreichend, das heißt, sie schleudert mich ohne weitere Umstände an den Strand zurück, und das Brett hinterher. Ich habe keine Ahnung, wo ich bin. Hunderte Meter von dort, wo Luise und Jay im Sand herumlungern. Ich klemme mir das Brett unter den Arm und gehe zurück, wobei ich Sand ausspucke, bis ich in Sichtweite bin.

«Dude!», sagt Jay, die amerikanische Begrüßung für einen Mann, an dessen Männlichkeit kein Zweifel besteht. «Habt ihr mich gesehen?», frage ich und lege das Brett beiläufig beiseite, ein starkes Zittern in den Armen unterdrückend. «Nee, zu viel Verkehr da draußen», sagt Luise. «Und, wie war's?», fragt Jay. Ich blicke unbeteiligt in Richtung Brandung und sage lässig: «Ziemlich gut.»

Meine blauen Flecken sind größer als der Nachruhm von Max Frisch, doch meine vergiftete, selbstzerstörerische Vorstellung von Männlichkeit ist bis zur nächsten Prüfung intakt.

Passbild

Mein Pass ist abgelaufen. Irre, wie schnell zehn Jahre vergehen. Ich weiß noch, wie ich den Reisepass im Februar 1996 auf meinem Bezirksamt abholte, das damals noch nicht Kundenzentrum hieß, weil wir zu jener Zeit noch Bürger waren und nicht Kunden der «Deutschland-AG». Berti Vogts war ja noch Bundeskanzler, das war eine ganz andere Zeit damals. Als ich zum ersten Mal das Gültigkeitsdatum meines damaligen Passes sah, dachte ich: ha ha, 2006, was ist denn das für eine ulkige Jahreszahl! Dann ging ich nach Hause, machte ein bisschen Drum&Bass an, schaute «Akte X» oder was man sonst so machte 1996, und als ich am nächsten Morgen aufwachte, waren zehn Jahre vergangen. Ich also wieder los.

Ins Kundenzentrum. Mit ein paar alten Passbildern. Ich weiß, dass man für den neuen, elektronischen Reisepass ein neues Passbild braucht: etwas größer, frontal von vorne, viel schärfer als die alten, deutlich ausgeleuchtet, und man darf nicht lächeln. Biometrisch. Damit auch eine Maschine mein Gesicht lesen kann. Ich brachte aber ältere, freundlich unscharfe Automatenfotos mit, denn man soll im Verkehr mit Behörden immer erst mal versuchen, ob man mit dem alten Zeug nicht doch durchkommt. Kam ich aber nicht. Das Kundenzentrum verwies mich an einen speziell geschulten Fotografen nebenan. Der Fotograf zeigte auf einen Spiegel in der Studio-Ecke und sagte: «Wenn Sie noch was mit Ihren Haaren machen wollen.» Wollte ich nicht.

Ich wollte mich ganz darauf konzentrieren, nicht zu grinsen. Es ist sehr schwer, nicht zu grinsen, wenn man weiß, dass man nicht grinsen darf, denn sonst sind 15 Euro futsch. Der Fotograf setzte ein hartes Licht, während ich versuchte, meine Gesichtsmuskeln unter Kontrolle zu bringen. «Was kostet denn der neue Reisepass?», fragte er und dirigierte mich frontal vor die Linse. «Inklusive Foto machen lassen 74 Euro», sagte ich düster. Es blitzte. «Funktioniert immer», sagte der Fotograf. Um mir drei Minuten später das fertige Werk mit den Worten zu überreichen: «So sehen Sie biometrisch aus.»

«Stern»-Gründer Henri Nannen soll einmal beim Betrachten eines Porträtfotos des Schriftstellers Heinrich Böll ausgerufen haben: «Aaah, ein Gesicht wie eine Landschaft!» Eine seltsame, versunkene Zeit, als alte Männer sich noch so aneinander ergötzen konnten. Wenn man jedoch bei dieser Metaphorik bleiben möchte, dann zeigt mein biometrisches Passbild die verwehte Gelbgrünfläche zwischen zwei Autobahnzubringern im Morgengrauen, die ungeschönte Tristesse der norddeutschen Tiefebene.

Das biometrische Passbild ist eine Kulturrevolution, denn es ist das erste Bild im Leben eines Menschen, auf dem er exakt so aussieht, wie er sich nie sehen wollte. Erst das biometrische Passbild macht einem die evolutionäre Bedeutung des Lächelns so richtig klar. Jeder zieht auf einem Bild, auf dem er nicht lächeln darf, sondern mit schlaffen Gesichtsmuskeln in die Kamera schaut, einen sogenannten Flunsch. Alt, niedergedrückt und beleidigt, so sollen wir im Dienste der Terrorabwehr der Welt entgegentreten. Oder ist dies einfach das Ergebnis unserer Besessenheit mit Authentizität? Sind wir endlich da, wo wir sein wollten, ohne aufgesetztes Lächeln, ohne neckisches Halbprofil, frontal und fälschungssicher, ganz wir selbst?

Den Maschinen wünsche ich in den nächsten zehn Jahren viel Spaß beim Lesen meines Gesichts. Immer haben wir befürchtet, die Maschinen würden eines Tages die Macht übernehmen. In Wahrheit betrachten sie unsere biometrischen Fressen und lachen sich kaputt.

Laufen

Das Wunder des menschlichen Gehirns: seine Fähigkeit, sich selbst bzw. mich immer wieder zu bescheißen. Manchmal fragt mich jemand, ob ich eigentlich Sport mache. Also zum Beispiel der Arzt, wenn ich über Unwohlsein klage. Oder meine Jeans, wenn ich mich abrupt hinsetzen will. Oder Leute, die ein Smalltalk-Thema suchen. Ich sage dann: «Ich laufe. So zwei, drei Mal die Woche.» Dies ist eine der säulenartigen Wahrheiten, auf denen mein Verständnis der Welt ruht: die Erde ist eine Art Kugel, man darf nicht auf die Lücken zwischen den Pflastersteinen treten, und ich gehe zwei, drei Mal die Woche laufen.

Luise nimmt mich beiseite und fragt: «Wann genau gehst du denn eigentlich immer laufen?»

«Na ja, so am Sonntagnachmittag», sage ich, «wenn nichts dazwischenkommt.»

Ihre Miene changiert vom Erwartungsvollen ins Hämische, während ich gedanklich die weiteren Wochentage durchgehe. «Ich bin da nicht so festgelegt», sage ich schließlich. «Das Schöne am Laufen ist ja, dass man so spontan sein kann. Schuhe an, Tür auf, und los geht's.»

Dann kommt sie mit: «Anders gefragt – wann warst du das letzte Mal laufen?»

«Vorm Urlaub!», sage ich, um Zeit zu gewinnen. Die Wahrheit ist: Es ist Wochen her, wenn nicht Monate. Dann war ich krank. Dann war, wie gesagt, Urlaub. Dann war mir nicht danach. Dann die Knie. Dann der verregnete Sommer.

Meine Frau sieht zu, wie mein Selbstverständnis in sich zusammenstürzt. Laufe ich am Ende ... so gut wie nie?

«Aber das kann nicht sein», wende ich ein, verzweifelt an ihre Vernunft appellierend, «ich habe das Laufen sozusagen mit erfunden, ich war einer der allerersten Läufer, damals, noch zu Schulzeiten, mit zwölf oder so, unser Sportlehrer hat uns dazu gezwungen, und ich habe nie wieder aufgehört! Ich laufe schon so lange, ich habe noch erlebt, wie das erst Waldlauf hieß und später Joggen und eine Zeitlang sogar Running! Ich war dabei!»

«Zu recht», sagt Luise, «verwendest du die Vergangenheitsform.»

Ich habe dann meine Schuhe gesucht und bin losgelaufen, denn ich erinnere mich, dass ich früher immer gut nachdenken konnte beim Waldlauf. Dass ich mich in diesem Ausmaß so lange selbst belügen konnte, liegt allein an der Verführungskraft der Formulierung «zwei, drei Mal die Woche». Sie klingt vage und wahr zugleich. Ich habe eine einfache Faustregel gefunden, wie man diese Formulierung entschlüsselt. Wenn es um etwas geht, von dem eine größere Anzahl besser ist als eine kleinere, dann gilt die Formel: zweite Zahl minus erste Zahl plus das Wort «höchstens». Beispiel, meinetwegen: Sex-Frequenz, die wird unter engen Freunden ja hin und wieder abgefragt. Lautet die Antwort «zwei, drei Mal die Woche», so rechnet man: drei minus zwei plus «höchstens», und das ergibt: höchstens einmal pro Woche. Ist dagegen eine niedrigere Anzahl wünschenswert, lautet die Formel: erste Zahl plus zweite Zahl plus «mindestens». Beispiel, am Sonntagabend: «Sag mal, du weißt doch, dass ich morgen früh ein Vorstellungsgespräch habe, wie viel Knoblauchzehen hast du denn dran an der Soße?» – «Na ja, so zwei bis drei.» Ergibt, genau: mindestens fünf. Wie gesagt: Nachdenken geht gut beim Laufen. Aber es ist ein bisschen wie beim Saufen: Die Gedanken sind währenddessen gut, hinterher halten sie nicht jeder Überprüfung stand.

Saufen gehe ich übrigens etwa zwei, drei Mal die Woche.

Sitzen

Ich möchte niemanden beunruhigen, zuallerletzt mich selbst, aber: Ich schreibe dieses Kapitel in Lebensgefahr. Während ich in die Tastatur tippe, gehe ich gleichzeitig einer nach Meinung von Fachleuten «tödlichen Aktivität» nach. Es handelt sich dabei weder um meine plötzlich aufgetauchte Russisches-Roulette-Runde, noch verzehre ich gerade einen Bacon Cheeseburger mit frittierten Mozzarella-Sticks. Auf bestimmte Weise ist es schlimmer, weil alltäglicher, denn: Ich sitze.

Bisher wusste ich nicht, wie gefährlich Sitzen ist. Aber dann las ich einen Weblog-Eintrag der Unternehmerin Nilofer Merchant, in dem es ums Sitzen ging. Ich war bisher sozusagen Sitz-Fan, darum sprach mich das Thema sofort an. Frau Merchant berichtet jedoch, dass sie seit einiger Zeit einen Teil ihrer Meetings im Gehen abhält, um ein gesundes Mittel gegen stundenlanges Killer-Sitzen zu haben. Sie zitiert allerhand wissenschaftliche Studien: Sobald wir uns hinsetzen, geben wir unserem Körper das Signal, alle Systeme runterzufahren; bereits nach einer Stunde Sitzen ist die Produktion von Enzymen, die bei der Fettverbrennung helfen, um bis zu neunzig Prozent reduziert; und eine australische Untersuchung hat ergeben, dass mit jeder Stunde, die wir am Tag zusätzlich sitzen und auf einen Bildschirm starren, das Sterberisiko um elf Prozent steigt. Frau Merchant zitiert einen der Wissenschaftler mit den Worten, exzessives Sitzen sei eine, siehe oben, «tödliche Aktivität».

Und exzessives Sitzen beginne bei etwa neun Stunden am Tag.

Komme ich auf neun Stunden? Morgens eine halbe, dann im Büro mindestens fünf bis sechs, und dann wieder zwei bis vier auf dem Sofa, in der Kneipe oder im Kino. Macht im Schnitt genau neun. Und wahrscheinlich beschummele ich mich noch, wie immer (Wartezimmer, Parkbank, Auto, Auto, Auto). «Sitzen ist so verbreitet, dass wir gar nicht mehr in Frage stellen, wie oft und wie lange wir es tun. Und alle anderen tun es, also fällt uns nicht auf, dass es womöglich nicht okay ist», schreibt Frau Merchant, vermutlich im Stehen. «Deshalb sehe ich Sitzen als das Rauchen unserer Generation.» Sitzen, das Rauchen unserer Generation? Oh Leute, wie einfallslos und ruhiggestellt muss eine Generation sein, deren Exzess an Selbstzerstörung und Todesverachtung darin besteht, sich mit dem Hintern möglichst lange auf einen möglichst gut gepolsterten Stuhl zu setzen. Der Vergleich hinkt womöglich, denn anders als Rauchen dient Sitzen kaum zur Flirtanbahnung («Haben Sie mal Feuer?» ging immer, «Haben Sie mal eine Sitzgelegenheit?» wird sich nie durchsetzen).

Aber manchmal sind es gerade die schrägen Vergleiche, die mich zum Nachdenken bringen. Plötzlich fühle ich mich, sobald ich mich an den Schreibtisch setze, seltsam reduziert und dem Tode geweiht. Alles, was ich vom Stuhl aus schreibe, kommt mir viel zu gesetzt vor. Und ich merke, dass ich es mir am Tisch immer viel zu gemütlich gemacht habe, alles ist in Griffweite, übersichtlich, fast pedantisch: immer gut, die Welt und sich selbst mal wieder ein bisschen durchzurütteln.

Leider kann ich nicht wie Frau Merchant einen Teil meiner Arbeit im Gehen erledigen. Ich müsste mir den Laptop wie einen Bauchladen umschnallen und so auf die Straße gehen, aber dafür stehe ich nicht gern genug im Mittelpunkt. Also habe ich mir ein Stehpult ins Büro geholt. Mit einem Stehpult verbinde ich Goethe, mit dem ich bis zum Eintreffen von meinem keine Gemeinsamkeit hatte. Ich möchte lieber im Sitzen schreiben und arbeiten wie Joan Didion oder Susan Sontag, mit denen ich zumindest diese Gemeinsamkeit habe. Früher, in der Redaktion, haben wir uns über Leute mit Stehpult lustig gemacht, es galt als prätentiös, eingebildet und tragisch, weil es am Ende meist nur als Ablage diente. Vielleicht ist das die Lehre aus dem heiligen Schrecken, den mir das Sitzen eingejagt hat: In der zweiten Lebenshälfte kehrt man reumütig zu dem zurück, worüber man sich in der ersten lustig gemacht hat.

Fliegen

Wie sehr ich das Fliegen verabscheue, fällt mir immer erst wieder ein, wenn der nächste Flug unmittelbar bevorsteht. Zwischendurch verdränge ich es. Auch dass man gar nicht fliegen soll, ist mir nur so lange klar, wie ich nicht fliege.

Es ist nicht so, dass ich Angst habe abzustürzen. Ich fahre jeden Tag Rad in der Stadt, Flugzeug bedeutet für mich Sicherheit. Aber alles andere am Fliegen ist furchtbar. Wie sehr ich es hasse, fällt mir beim Einchecken wieder ein. War das jetzt 24, 48 oder 72 Stunden vorher, dass das online ging, oder doch eher 53,5 Stunden und nur bei Neumond? Und was war noch mal der Browser, auf dem die Website welcher Airline läuft, ohne abzustürzen, und sollten wir nicht doch 10, 20 oder 50 Euro pro Nase zusätzlich zahlen für unseren «Wunschplatz», aber ist mein Wunschplatz nicht gerade eher zu Hause? Und schau, sie haben die Höhe des zulässigen Handgepäcks von 32 auf 28 Zentimeter «angepasst», hol doch bitte mal Rollköfferchen und Lineal, aber leise, die Kinder schlafen schon, denn Boarding ist um 4 Uhr 20.

Müssen wir noch weiterreden? Über das unwürdige Gedrängel beim Einsteigen, das übellaunige Gequetsche von Menschen und Gepäck im Innenraum, über den Vordersitz an den Knien und das passiv-aggressive Schubsen um die Armlehne? Und schau, die Mahlzeit kostet jetzt Geld, zum Glück, denn sonst äße ich sie. Die Enge im Gerät, die weiten Wege zu den und an den Flughäfen, die Luft, die Schlangen, das Aus- und wieder Anziehen von Dingen, die man am allerwenigsten vor anderen ausziehen will: Gürtel und Schuhe. Die Machtlosigkeit, das Warten, das Ausgeliefertsein, das Warten, diese super tristen Fast-Luxus-Läden, die es nur noch an und vor Gates gibt, und dann wieder Warten.

Und während mir all dies um die Ohren fliegt wie metaphorischer Unrat aus der Kanone meiner Lebensentscheidungen, während ich das Handgepäck bitte doch einchecken soll und den Kindern gleich die Ohren weh tun, schwöre ich mir: Das war das letzte Mal. Ich fliege nie wieder. Während wir in irgendwas, an irgendwas oder auf irgendwas warten, suche ich den Blick meiner Frau, und sie nickt: ja, abgemacht. Letztes Mal. Nie wieder. Allein, wenn man an die Umwelt denkt.

Nun fliegen wir also nächsten Monat nach Griechenland. Warum? Ich hatte mir doch geschworen ... Nun, könnte man sagen, die Fähre nach Naxos läuft halt nicht in Hamburg aus, da muss man schon erst mal nach Athen fliegen. Aber man hätte es auch einfach ganz lassen können. Anders Urlaub machen. So, wie es gut ist: lokal und nachhaltig. Bei aller Liebe, aber dies ist in Norddeutschland nicht umsetzbar, der Sommer hier war Anfang April. Und die Wahrheit ist: Das Ätzende (also die Flüge) vergesse ich, das Schöne (Urlaub in der Sonne) löscht meine Erinnerung an die Kette von Klein-Demütigungen, die man Flugreise nennt. Je länger der letzte Flug zurückliegt, desto kleiner erscheint sein Übel im Vergleich zum Herrlichen: weit weg sein. Ausbrechen könnte ich aus diesem Teufelskreis nur, wenn nicht nur der Flug, sondern auch der Urlaub am Flugreiseziel mal so richtig furchtbar wäre, sodass ich lernen würde: Fliegen ist keine Garantie für schönes Wetter an schönem Ort.

Aber das möchte ich mir nicht wünschen, darum beiße ich die Zähne zusammen und nehme noch einmal den Kampf um die Mittelarmlehne auf mit dem Mann, der vor mir den letzten Platz in der Gepäckablage mit seinem – ich sehe es genau – weit über 28 Zentimeter hohen Handgepäck besetzt hat.

A. W. M.

Für eine große Anzahl von Männern in der Lebensmitte mit heller Hautfarbe gibt es kaum etwas Schlimmeres, als wenn man sie als «alte weiße Männer» bezeichnet. Wie empfindlich und aggressiv sie darauf reagieren, kann man quasi minütlich auf Twitter verfolgen, oder, wenn einem das zu hektisch ist, ganz in Ruhe in Zeitungsspalten. Der Standard-Vorwurf ist in etwa: «Das ist doch rassistisch, wenn ich jetzt umgekehrt wegen meiner Hautfarbe angegangen werde, und sexistisch auch, von der Altersdiskriminierung mal ganz zu schweigen.»

Als alter weißer Mann würde ich jedoch gern erklären, warum ich es begrüße, so genannt zu werden. Erst mal ist es zutreffend. Gut, ich bin vielleicht nicht alt im medizinischen Sinne. Aber ich bin so gut wie fünfzig, und das bedeutet: Ich gehöre zur Altersgruppe jener Männer, die derzeit in der westlichen Welt weit überwiegend das Sagen hat. Männer, die in den Sechzigern geboren wurden und die jetzt an den kleinen und großen Schaltstellen der Macht angekommen sind (etwa jener, in einem Buch über seinen Alltag und seine Gedanken schreiben zu können, ohne erst seine Herkunft, seine sexuelle Orientierung oder etwas anderes erklären zu müssen). Aus Sicht aller, die nicht an diesen Schaltstellen sind, ist das alt.

Alt bedeutet hier aber noch was anderes: Wir alten weißen Männer haben unsere Ausbildung gemacht und unsere Laufbahn begonnen vor dreißig Jahren oder mehr, und damals war das für niemanden einfacher als für uns. Als ich Junge war, wurde mir mehr zugetraut als den Mädchen, und mehr als den, wie man damals sagte, «Ausländern» sowieso. In der Astronomie-AG begrüßte die Lehrerin die beiden einzigen Mädchen mit den Worten, es ginge hier aber nicht um Sternzeichen, und ob sie sich verirrt hätten. Sie kamen dann auch nicht wieder. Auf der Journalistenschule sagte der Filmkritiker einer Münchner Zeitung warnend vor der Textübung, es tät' ihm leid, aber er hätte noch nie «ein Mädel gesehen, das eine gute Filmkritik schreiben kann». Den Musiklehrer, der den polnischen Mitschüler «Polacke» nannte, entschuldigte der Direktor routiniert mit dessen Kriegserfahrungen. Die Beispiele sind in alle Richtungen endlos.

Nie hat damals jemand zu mir etwas Negatives gesagt oder mich schlecht behandelt, weil ich weiß und männlich war. Selbst als ich mein Praktikum bei der «taz» nicht bekam, weil sie wegen der Quote nur Frauen nahmen, scherzte der Redakteur, ich könnte mich höchstens «für 20 000 Mark umoperieren» lassen, und es täte ihm leid. Ich wurde von Mann zu Mann getröstet. Mit einem im Nachhinein außerordentlich beschränkten und transfeindlichen Witz, den ich damals aber recht lustig fand. Das war 1988. Wer mich alt nennt, sagt, dass ich aus einer Zeit komme, in der Männer es *noch* leichter hatten als heute, und ich finde diesen Hinweis wichtig.

Der Gedanke, dass man wegen seiner Privilegien Vorteile hatte und hat, ist unheimlich, weil dieser Gedanke die eigene Lebensleistung in Frage zu stellen scheint: Eigentlich, so hat es die Autorin Sophie Passmann einmal formuliert, müsste man sich doch als Mann immer fragen, ob man einen Job nur bekommen hat, weil man ein Mann ist und nicht wegen der Qualifikation. Warum ist es so schwierig, das einzusehen?

Es gibt beeindruckende soziologische Forschung darüber, wie schwer es Gruppen und Einzelnen fällt, ihre Privilegien wahrzunehmen. Von den Schlüssen, die man daraus ziehen müsste, ganz zu schweigen. Besonders deutlich wird das nun bei der Hautfarbe und den Vorteilen, die sie einem verschafft. Die Soziologin Robin DiAngelo hat ein Buch über dieses Thema geschrieben: Es heißt «White Fragility», also «weiße Zerbrechlichkeit» oder «weiße Empfindlichkeit», und handelt davon, warum Weiße so große Schwierigkeiten haben, über Rassismus zu reden. Diese Schwierigkeiten beginnen mit einem Missverständnis und damit, dass wir uns von einer alten Vorstellung von Rassismus verabschieden müssen. Im Allgemeinen definieren wir Rassismus als, wie DiAngelo schreibt, diskriminierende Handlungen, die von «bösen» oder «unmoralischen» Individuen absichtlich begangen werden. Auf Grundlage dieser Definition werden weiße Männer wütend und rufen «rassistisch!», wenn man sie «weiße Männer» nennt und sagt, sie hätten an diesem oder jenem Ort nichts zu suchen, etwa in den Kommentaren unter Twitter-Erfahrungsberichten, in denen Betroffene von rassistischer Diskriminierung in Deutschland berichten.

Fachlich aber ist diese Definition völlig überholt und, wie wir in unseren Debatten täglich sehen, schädlich. Weil sie leugnet, dass Rassismus nicht die Verirrung Einzelner, sondern eine der Grundlagen unserer Gesellschaft ist. DiAngelo legt dar, wie die Soziologie Rassismus definiert: als strukturelles System, in dem weiße Menschen «soziale und institutionelle Macht über ‹people of color›» haben. Unsere

Gesellschaft beruht auf dieser ungleichen Machtverteilung, von den Bildungs-, Job- und Wohnungschancen, der politischen Repräsentation, der Wohlstandsverteilung, der Strafverfolgung bis hin zum medialen Echo auf rassistisch motivierte Gewalttaten.

Und nicht nur das: Jeder weiße Mensch ist hierzulande in dem unausgesprochenen Bewusstsein aufgewachsen, dass weiß zu sein die Norm ist, und dass alle anderen anders sind. Wir Weißen konnten uns erlauben, den Rassismus um uns herum nicht wahrzunehmen, weil wir nie unter ihm zu leiden hatten. Den Stress, im eigenen Alltag immer erst mal über die Hautfarbe, die Sprache oder auch nur den Namen definiert zu werden, kennen wir nicht. Oder, wie die Journalistin Ash Kay in der Zeitschrift «Freitag» schreibt: «Anders als meine Mitschüler*innen Admira, Özlem und Ivica genießen Johannes und Martin in Deutschland Privilegien, die sie vor diesen Erfahrungen geschützt haben: Sie sind weiße Deutsche. Sie werden als männlich wahrgenommen. Sie sind heterosexuell. Nicht behindert. Sie haben noch nie in Armut gelebt, ihre Eltern mussten nie fliehen. Es ist also kaum möglich, Menschen wie Johannes aufgrund rassifizierender Zuschreibung, aufgrund seines Aussehens, seines Geschlechtes oder seiner sexuellen Orientierung strukturell oder institutionell zu diskriminieren. Johannes hat nie Diskriminierung erfahren.» Statt Johannes könnte da von mir aus genauso gut Till stehen.

Aus diesem Grund ist dann eben auch der immer wieder aufgewärmte Vorwurf unsinnig, als Weißer verbal angegriffen zu werden sei Rassismus. Mag sein, dass das ein feindseliger Akt ist. Aber Feindseligkeit ist kein Rassismus. In einer Welt, in der Weiße seit Jahrhunderten die Macht haben und die Spielregeln bestimmen, kann es per Definition keinen «umgekehrten Rassismus» geben. Es hieße, die europäische Geschichte auf den Kopf zu stellen oder zu leugnen.

Diese Sichtweise mag man von vornherein ablehnen. Man kann aber auch darüber lernen und reden. Das wäre unendlich viel besser, als die Rassismus-Erfahrungen anderer abzustreiten und sich aufzuregen, wenn man wegen seiner uninformierten Kommentare Gegenwind bekommt. «Weiße Zerbrechlichkeit», das trifft sehr gut, was passiert, wenn alte weiße Männer sich dagegen wehren, alte weiße Männer genannt zu werden. Es tut weh, weil es sich ungerecht anfühlt, für etwas angegriffen zu werden, das man sich nicht ausgesucht hat, und was ja per se auch nichts Schlechtes ist, und deshalb reagiert man empfindlich und zerbrechlich und beleidigt zurück, von oben nach unten. Ja, keiner von uns hat es sich ausgesucht, alt, weiß und ein Mann zu sein. Aber jeder Einzelne sucht sich aus, ob er weiter davon auf Kosten anderer profitieren möchte. Vorteile aufgeben ist schwierig, und ich bin überzeugt, die meisten meiner Privilegien sehe ich nicht mal, oder ich lüge mir in die Tasche. Aber man muss auch nicht so tun, als würde man daran zerbrechen.

Es ist nichts Schlechtes, ein alter weißer Mann zu sein. Im Gegenteil. Es war eben immer überproportional gut, im Sinne von: buchstäblich vorteilhaft. Über diese Vorteile und wie wir sie abgeben können, müssen wir reden. Und das geht nur, wenn wir die Dinge und uns beim Namen nennen.

Und übrigens dauert das auch bei mir eine Weile und ist alles andere als perfekt. Es ist kein Zufall, dass ich, als eine Version dieses Textes auf der Internetseite des «Süddeutsche Zeitung Magazins» erschien, erst mal nur die Soziologin Robin DiAngelo zitierte und nicht die Journalistin

Ash Kay, nicht die Schriftstellerinnen und Aktivistinnen Noah Sow («Deutschland Schwarz Weiß») oder Reni Eddo-Lodge («Warum ich nicht länger mit Weißen über Hautfarbe spreche»). Ohne dass ich darüber nachgedacht hatte, fiel es mir offenbar leichter, jemandem zuzuhören, den ich als mir ähnlich empfinde, als Menschen, die ich durch meinen verinnerlichten Rassismus als anders als mich selbst wahrnehme.

Reis

Nachts geriet ich in die Reisbubble, es war schon fast ein Uhr. Wir haben verabredet, dass die Handys nicht mit ins Bett kommen. Meine Frau hat dies ausgehebelt, indem sie ihr Handy im Flugmodus als Wecker benutzt. Ich habe dies ausgehebelt, indem ich mein Handy mit ins Bett nehme und nachts, wenn ich nicht schlafen kann oder möchte, benutze, um persische Reiskocher zu kaufen.

Im Internet gibt es für alles Bubbles, also Blasen von Menschen, die sich für ein bestimmtes Thema mehr interessieren als für ein anderes, und als andere Menschen es ohnehin tun. Einige Jahre war ich sehr aktiv in der Prefab-Sprout-Bubble, also jener Mansarde des Internets, in der Menschen sich intensiv und hitzig mit der englischen Band Prefab Sprout beschäftigen. Noch immer stehe ich dort auf der Liste der zehn fleißigsten Volltrottel («Top ten posters»), weil ich mich im Diskussionsforum so engagiert beteiligt habe, bevor die Prefab-Sprout-Bubble sich in einem quasi-religiösen Schisma über die Qualität einer Sammlung von spät veröffentlichten Demo-Bändern entzweite, also platzte.

Auf Twitter nun aber in jener Nacht (und dies an alle Menschen, die der Ansicht sind, soziale Medien seien brennende Müllcontainer) stieß ich auf einen Tweet der Kollegin Anna Aridzanjan, in dem sie Tipps gab, wie man richtig Reis kocht. Butter war ein wichtiger Faktor, oder insgesamt Fett. Ich wurde hellhörig, wie immer, wenn Fett sein Recht erfährt als wichtiger Geschmacksträger, ich möchte sagen:

wichtigster. Im weiteren Verlauf empfahl sie iranische Reisgerichte, insgesamt einen Reiskocher, und dann fiel der Name eines als «persischer Reiskocher» vermarkteten Produkts, dessen Markenname Pars Khazar lautet, für vier, acht oder zwölf Personen.

Tatsächlich fällt es mir schwer, Reis zu kochen. Außerdem liebe auch ich wie alle, die es kennen oder zum ersten Mal davon hören, Tahdig, das persische Wort für knusprige Reiskruste, also jene, die man automatisch entstehen lassen kann, wenn man die entsprechende Einstellung beim persischen Reiskocher wählt. Berberitzen in diesen Reis, empfahl mir eine Twitterfreundin, rohe Kartoffelscheiben unten im Tahdig eine andere, und einige vorsichtige Umdrehungen im Bett später war ich auf einer Seite, die «Reishunger» oder «Reislust» oder «Reisaus» hieß, las in Reis-Foren Diskussionen über Reissorten, und konnte erst einschlafen, als ich getan hatte, was getan werden musste.

Morgens wachte ich auf, und es war Wochenende. Während ich Kaffee kochte und mich wie immer über den Mangel an Stellfläche in der kleinen Küche low-key ärgerte, fiel mir ein, dass ich in der vergangenen Nacht einen Reiskocher (für acht Personen, denn wir sind vier) gekauft hatte, für über hundert Euro. Hundertundsieben Euro. Ist das viel, ist das wenig? Für ein Gerät, das man, wenn man den großen Kochtopf mit Verstand zum Reiskochen benutzen würde, womöglich gar nicht bräuchte, und für das kein Platz ist, und von dem meine Frau gar nicht wusste? Dies ist keine von diesen Sitcom-Ehen, wo Männer immer heimlich kindische Dinge tun müssen, weil Frauen ihnen alles verbieten, oder weil sie Angst vor Frauen haben, die sie bei jeder anderen Gelegenheit unterdrücken. Aber. Nun. Leicht war mir dennoch nicht ums Herz. Die Stellfläche! Und Geld wächst nicht auf Bäumen oder Feldern. Wie Reis.

Ich erzählte meiner Frau von Tahdig. Sie nickte, das Konzept war ihr vertraut und sympathisch.

«Ich dachte, du magst keinen Reis», sagte sie.

«Hm», sagte ich. Ich wusste es selbst nicht. Aber ich mochte die Vorstellung, etwas Neues und Wunderbares, was Hunderte Millionen Menschen bereits lieben, in mein Leben zu lassen. Und zwar buchstäblich über Nacht.

«Ich habe einen persischen Reiskocher bestellt», sagte ich.

Meine Frau lachte. «Wann das denn?»

«Für etwas über hundert Euro.»

«Aha», sagte meine Frau.

«Wenn wir vierhundert Kilo Reis statt Nudeln gegessen haben, amortisiert sich das», sagte ich, keine Ahnung, was amortisieren auf Persisch heißt.

«Noch ein Gerät», sagte meine Frau, «das rumsteht.» Sie wüsste zu verhindern, dass die Maschinen eines Tages die Macht übernehmen, weil sie sich frühzeitig wehrt gegen Geräte, die rumstehen. Ich entrümpelte den Küchenschrank und schuf eine Nische für Pars Khazar.

Das Schöne aber ist, wie die Geschichten oft weitergehen, wenn sie «im Netz» angefangen haben. Es klingt immer so minderwertig, gefangen, wenn etwas dort passiert. Aber am nächsten Tag berichtete ich ebendort, im Netz, dass ich den Reiskocher bestellt hätte, und von nun an vertrieben mir die Reisliebhaber*innen in der Reisbubble die Wartezeit mit weiteren Tipps und Rezepten und Zutaten, und dadurch ist etwas in mein Leben gekommen, was ich nicht mehr so oft empfinde, seit ich meinen Geburtstag wie ein Erwachsener feiere und den Niedergang meiner Feinde zu ignorieren versuche: Vorfreude. Die ich nicht gehabt hätte, wenn ich nicht das Handy im Bett und die Kreditkartennummer einprogrammiert gehabt hätte.

Tahdig, ich kann dich schon riechen.

Kreuzworträtsel

Eines Morgens bekam ich den Schreck meines Lebens. Der Kaffee war schon gemütlich kalt, die Familie aus dem Haus, ich hatte es mir am abgegessenen Frühstückstisch bequem gemacht. Plötzlich sah ich, dass mit meinen Händen etwas nicht in Ordnung war. Die linke hielt einen Teil der «FAZ», so zusammengefaltet, dass man nur noch das Kreuzworträtsel sehen konnte, und in der rechten war ein Bleistift. Entsetzt sprang ich auf und warf beides von mir. Was war mit mir passiert?

Ohne dass ich es gemerkt hätte, bin ich zu jemandem geworden, der Kreuzworträtsel macht. Genauer gesagt, ein bestimmtes, das, von dem mein Vater mir seit vielen Jahrzehnten erzählt, es macht mich immer ganz wahnsinnig, und ich höre nie hin, wenn er davon redet, aber jetzt, ach, wann hat es angefangen, ich weiß es nicht. Das Kreuzworträtsel kommt immer freitags in der «FAZ», und es ist eines von diesen, wie meine Frau sagt, «Klugscheißerkreuzworträtseln», in denen alles auf so anstrengende Weise umschrieben ist. Wenn man etwa das Wort «taub» erraten muss, steht dort: «Das zu sein ist wirklich ein ganz und gar ungehöriger Zustand.» Ja, schon gut. Ich weiß.

Der Tiefpunkt unseres vergangenen Urlaubs war, als ich meine Frau am Freitag bat, aus dem Ort die Zeitung mitzubringen, und als sie wiederkam, saß ich buchstäblich schon mit dem Bleistift in der Hand am Gartentisch, meinem Lieblingsbleistift, schön rund muss er vorne sein, damit er nicht auf dem Papier kratzt. Meine Frau reichte mir eine Zeitung. Ich war fassungslos. «Das ist die falsche», sagte ich. «Wieso?», fragte meine Frau, zu Recht verständnislos, denn es war eine sehr gute, anerkannte Zeitung. Aber ohne das Rätsel! Ein Wort gab das andere, am Ende brach aus mir heraus, dass ich mich «auf nichts so sehr freue» jede Woche wie darauf, «in Ruhe mein Kreuzworträtsel» zu machen.

Den Rest des Tages schmollte ich wie zuletzt 1977, als meine Freunde mich zu spät über die Gründung ihres Detektivclubs informierten. Wie bin ich da reingeraten, und was fehlt mir, wenn ich es nicht habe?

Es fing unbewusst an, als klassische Vater-Sohn-Rivalität: Ich wollte mir und womöglich meinem Vater und seiner Frau beweisen, dass ich das, wofür sie ein Wochenende brauchen, am Freitagmorgen hinkriege. Nachdem ich einmal damit angefangen hatte, stellte ich fest, dass ich bei nichts so dermaßen abschalten kann wie bei diesem verdammten Kreuzworträtsel. Es ist wirklich die eine Stunde (gut, die zwei bis drei Stunden) in der Woche, während derer ich an absolut nichts anderes denke als daran, wer oder was «in seinem Eröffnungswort die Räuberhöhlen aufs Korn genommen» hat (Sesam, ha!). Früher fand ich das furchtbar, schon bei meiner Oma, wenn sie in ein Schwedenrätsel vertieft saß und die Welt an sich vorbeiziehen ließ. Das war und ist doch Zeitverschwendung, man erlebt doch nichts, man denkt nichts Neues, und mein Gehirn wird eh den halben Tag überstrapaziert, wäre es nicht besser, zu meditieren oder zu beten?

Besonders verblüffend aber, und hier liegt die Antwort, ist der Moment, wenn das Rätsel fertig und das Gitter restlos ausgefüllt ist. Ja, ein wenig Enttäuschung ist zwar dabei, es überwiegt jedoch bei weitem ein stiller, anhaltender Triumph, eine innere Wärme, verursacht durch die unbestreitbare Leistung, alle Antworten gefunden und etwas zu Ende gemacht zu haben. Darum, glaube ich, habe ich es lieben gelernt: weil es der einzige Moment ist, in dem ich wirklich alle Antworten wusste, und in dem wirklich etwas endgültig abgeschlossen und fertig ist.

2. ÜBER UNVOLLKOMMENHEIT: SOLL DAS WARM?

<u>Pizzazunge</u>

<u>Wasserhahn</u>

<u>Versicherung</u>

<u>Bikinifigur</u>

<u>Gemütlichkeit</u>

<u>Sex-Appeal</u>

<u>Vater</u>

<u>Erinnerungen</u>

<u>Erkältung</u>

<u>Hamburger</u>

<u>Jeans</u>

<u>Pakete</u>

Pizzazunge

Impulskontrolle ist nicht meine Stärke. Je primitiver der Reiz, desto größer mein Impuls zuzuschnappen. Dies betrifft insbesondere billige, industriell hergestellte Lebensmittel. Manchmal esse ich, als wäre ich auf die Welt gekommen, um im Alleingang die Slow-Food-Revolution aufzuhalten. Je bunter, billiger und schneller es ist, desto eher möchte ich es mir in den Mund stecken. Ich bin nicht sicher, ob ich durch Essen Defizite in mir und meinem Leben ausgleichen will oder eher einen Überfluss an Sorgfalt, Qualität und angestrengter Manufactumhaftigkeit. Die Ditsch, wie ich kurz sage, ist hierfür ein sehr gutes Gegenmittel.

Immer wenn ich auf dem Weg zu meinem Büro durch den Bahnhofsbereich laufe, komme ich am Kettenbrezel-Stand der Fa. Ditsch vorbei. Ich sage absichtlich nicht Bahnhof, denn es ist kein erkennbares Gebäude im engeren Sinne mehr, es ist mehr ein Bereich, wo architektonisch ein Media Markt, ein Parkhaus und eine Struktur mit Fressständen im Bereich von Gleisanlagen zusammengewachsen sind. Deutschland ist schön. Die Firma Ditsch hat sich onomatopoetisch danach benannt, wie es sich anhört, wenn einem die Pizzazunge aus der Pizzazungenpappe rutscht und auf den Bahnhofsbereichsboden fällt. Oder organoleptisch danach, wie die Pizzazunge schmeckt.

Sie haben aufgehört, ihr Produkt Pizzazunge zu nennen, was ich sehr schade finde. Ich fand es schön, dass etwas zu Essen so heißt wie das Organ, mit dem man es schmeckt.

Die Form aber ist geblieben: ein ovaler, gar nicht großer Teiglappen, der mit Zutaten beworfen worden ist, in meinem Fall Thunfisch, den ich besonders mag. Und ich mag die mittlere Größe der Pizzazunge: etwas, das ich essen kann, egal, ob ich Hunger habe oder nicht.

Also kann ich nicht widerstehen, mir eine Pizzazunge zu kaufen. Eigentlich bin ich zu alt dafür, aber man weiß ja nicht, ob man zum Mittagessen kommt oder wann es Abendessen gibt. Trotz dieser scheinbar rationalen Erwägung möchte ich bei der kindischen, impulsiven Transaktion möglichst nicht von Bekannten beobachtet werden.

«Hast du eigentlich Till mal gesehen in jüngster Zeit?»

«In jüngster Zeit? Oh ja, ich habe gesehen, wie er sich im Bahnhof Altona eine Pizzazunge am Ditsch-Stand reingezogen hat.»

«Oha.»

«Ja, oha.»

Um nicht Gegenstand von Pizzazungen-Gesprächen zu sein, möchte ich bei dieser Transaktion also lieber nicht beobachtet werden. Daher hoffe ich, dass sie von den Ditsch-Beschäftigten so schnell und unauffällig wie möglich abgewickelt wird. Aber jedes Mal sagen die jungen Menschen hinter dem Tresen zu mir, meine Pizzazunge schon in ihrem Arbeitsgerät, der Zange: «Soll das warm?»

Wie gesagt, die Verzögerung versetzt mich in Unruhe. Andererseits finde ich die Formulierung «Soll das warm?» mittlerweile so unwiderstehlich wie die Pizzazunge selbst.

Erst mal liebe ich die Reduktion der Sprache, zugleich schaudert mir davor. Ich finde es völlig sinnfällig, die unansehnliche Pizzazunge nur ganz neutral als «das» anzusprechen, zugleich denke ich, warum verkauft ihr mir etwas, das ihr selber nicht ehrt. Na ja, weil Mindestlohn, Gelegenheitsjob, 450-Euro-Basis. «Soll das warm?» erinnert mich daran, dass die privilegierten Arschlöcher wie ich den Mindestlöhnern den Trash aus der Hand fressen, und welche Art von Zärtlichkeit dem Produkt gegenüber soll ich dabei bitte schön erwarten oder am Ende gar mir gegenüber?

Zugleich ist dann ja aber eben genau diese Zärtlichkeit, nach der ich mich womöglich in jeder Sekunde meines Wach- und Halbwachzustands sehne, eben auch integraler Bestandteil von «Soll das warm?». Denn warum sollte das warm sollen? Damit man die Teigart, die Saucenart und die Fischart deutlicher, besser, vollständiger schmeckt? Oder doch eher, damit ich etwas Warmes in mich stecken kann, und nicht einfach nur einen kalten Lappen?

Also sage ich ja, trotz meiner Angst beobachtet zu werden. Ja, das soll warm. Ja, alles soll warm. Ich selber soll auch wärmer. Den anderen Menschen und ihren Ängsten und Bedürfnissen gegenüber, der Welt, mir selbst. Mein Tag soll wärmer, mein Leben, meine Hände. «Soll das warm?», fragen sie, und ich nicke verzagt, dabei müsste ich «Ja, ja, ja!» rufen und die Pizzazunge danach an mich drücken, an mein kaltes, kaltes Herz.

Wasserhahn

Vor zwölf Jahren sind wir in eine Neubauwohnung gezogen. Seitdem spritze ich mich dort jeden Morgen versehentlich mit dem Wasserhahn an der Küchenspüle voll. In der Körpermitte, also etwa vom Bauch bis in den Schritt. Nicht so nass, dass ich mich umziehen müsste.

Es trocknet dann schon.

Lächerlich ist es dennoch.

Weil ich Tag für Tag wieder vergesse, dass der Wasserhahn immer sofort auf Vollstrahl ist, wenn man ihn ein wenig zu doll aufmacht. Und immer liegt irgendwas in der Spüle, das den ungestümen Strahl auf mich lenkt. An dieser Stelle möchte ich mich dafür herzlich beim Wasserhahn bedanken. Er hilft mir seit zehn Jahren, ein etwas bescheidenerer, vielleicht sogar besserer Mensch zu sein.

Vorausschicken möchte ich, dass ich immer wieder aufs Neue überrascht bin von meiner Arglosigkeit. Warum lerne ich nicht, dass ich dem Wasserhahn nicht trauen kann? Es muss etwas ganz Archaisches sein. Die meisten Instinkte hat der Mensch vor Urzeiten in der Savanne erworben, zum Beispiel, hingucken zu müssen, wenn sich etwas am Rande des Gesichtsfelds bewegt. Offenbar gab es dort keine freilaufenden Wasserhähne, der Wasserhahn erregt also instinktiv erst mal keinen Argwohn bei mir. Zu meinem Morgenritual gehört, mir nach dem Duschen und Anziehen in der Küche ein Glas Leitungswasser aus dem Hahn zu zapfen. Und zu meinem Morgenritual gehört eben auch, dabei wieder und wieder vollgespritzt zu werden. Wahrscheinlich könnte man den Hahn irgendwie anders einstellen. Aber schon die Worte «man» und «irgendwie» in diesem Satz signalisieren, dass ich es niemals tun werde.

Also setze ich mich mit nasser Hose an den Frühstückstisch und denke an guten Tagen «Wie kann man nur so blöd sein», und an schlechten Tagen auch.

Im alten Rom pflegten ruhmreiche Feldherren Triumphzüge abzuhalten, wobei sie auf einem Triumphwagen standen und sich von einem Staatssklaven eine Eichenlaubkrone über den Kopf halten ließen. Dieser Staatssklave hatte dabei vor allem die Aufgabe, dem Triumphator die ganze Zeit über ins Ohr zu flüstern: «Denk dran, dass auch du ein Mensch bist.» Da die Sklaverei der abscheulichste Einfall der Menschheit war, ist sie in großen Teilen der Welt abgeschafft. Die Funktion, mir Morgen für Morgen mitzuteilen, dass ich nur ein Mensch bin, erfüllt also der scharf eingestellte Wasserhahn. Die Versuchung, sich für den Triumphator des eigenen Lebens zu halten und dementsprechend tagein, tagaus viel zu hohe Ansprüche an sich zu stellen, ist sehr groß. Sie wird befeuert durch ein allgemeines Klima von «Du kannst alles schaffen, wenn du nur willst und genug Yoga/Achtsamkeit/Vollkorn/positive Energie/Bullet Journal in dein Leben holst».

Aus eigener, täglicher Erfahrung kann ich sagen, dass einem derlei Selbstüberschätzung fremd wird, wenn man jeden Tag damit beginnt, dass man sich nass spritzen lässt, so, als wäre man in einem sich murmeltierartig wiederholenden Mr.-Bean-Sketch gefangen. Ich betrete jeden Tag als ein Mann, der nicht einmal seine Hose trocken halten kann. Danach schraubt man die Ansprüche an sich selbst automatisch herunter. Und der Tag gelingt leichter, denn eine Sache ist ja schon mal schiefgegangen: Ein Tag, der mit nassgespritzter Hose beginnt, ist wie ein neues Auto, das man viel entspannter fährt, sobald es endlich die erste kleine Schramme hat.

Versicherung

Die Krankenkasse hat mir dreimal seit Februar einen Fragebogen geschickt, um die weitere Familienversicherung der Kinder festzustellen. Das ist Routine, weiß ich inzwischen. Tatsache ist, dass ich offenbar alle drei Anschreiben ungeöffnet weggeschmissen habe, weil auf den Umschlägen immer ganz groß «Sozialwahl» stand. Ich mach echt alles mit, aber ich hab im Januar, bevor die Fragebögen kamen, einmal einen dicken Brief von der Krankenkasse zur Sozialwahl geöffnet und studiert und festgestellt, dass ich hier die Grenze ziehen muss, was mein demokratisches Engagement angeht. Ich finde, zur Demokratie gehört auch, Verantwortung delegieren zu können. Ich habe keine Kapazitäten für die Sozialwahl 2017. Ich bin damit nicht allein, die Wahlbeteiligung betrug zuletzt nur etwa dreißig Prozent.

Ich habe wirklich Hochachtung vor diesen dreißig Prozent. Diese dreißig Prozent sind das Rückgrat unserer Demokratie. Aber ich kann nur nicht zu ihnen gehören.

Nun kriege ich auf einmal zwei weitere Briefe von der Krankenkasse, die ich bitte an die Kinder weiterleiten soll: Sie müssen sich nun selbst versichern, denn ihre Familienversicherung ist erloschen, weil ihr Vater einen Fragebogen dreimal nicht beantwortet hat. Die Briefe sind in einem ganz netten, fast ironischen Ton geschrieben, zwischen den Zeilen lese ich: «Herr Raether. Was geht ab. Einen Fragebogen nicht zurückschicken, na gut. Zwei Fragebögen nicht zurückschicken, mag sein, kann passieren. Aber drei? Ihr Ernst? Sehen Sie, Ihre Kinder müssten sich nun tatsächlich selbst versichern, quasi vom Taschengeld, und klar, wenn Ihnen das besser gefällt: Hier sind die entsprechenden Schriftstücke. Aber, PS: Das Taschengeld zahlen dann auch Sie, oder? Also. Rufen Sie an, okay?»

Weil die Krankenkasse nicht dumm ist (vor allem kennt sie mich ja: Sie weiß, dass ich bereits in psychotherapeutischer Behandlung war und also vermutlich zum Grübeln neige), schickt sie mir diese Unterlagen für meine Kinder so, dass ich sie am Sonnabend bekomme. Das heißt, ich kann schön zwei Tage darüber brüten. Ich weiß, es wird schon alles nicht so schlimm werden, aber: Manchmal weiß man das, und es reicht trotzdem nicht, um sich nicht aufzuregen. Also rege ich mich auf. Nach einer Weile geht es wieder (es stimmt wirklich, was hinten auf der Disaronno-Flasche steht, vulgo Amaretto: dieser Likör mit Whiskey und Eis ergibt ein wohlschmeckendes Getränk, genauer gesagt Gesöff. Ich würde jeden Brief aus Saronno öffnen).

Montagmorgen rufe ich bei der Krankenkasse an. Es ist alles kein Problem. Sie schicken mir gern den Fragebogen auch noch ein viertes Mal zu. Die Frau von der Krankenkasse ist so freundlich, dass ich ihr ungefragt erkläre, warum ich die ersten drei ungeöffnet weggeworfen habe. Sozialwahl 2017 und so weiter. Weil das immer so groß auf dem Umschlag steht. Die Frau lacht sich kaputt, als hätte ich mir das zurechtgelegt als Gag, es erheitert sie wie ein gelungener Scherz.

Wieder wird mir klar, dass es Menschen gibt, für die es unvorstellbar und bestenfalls auf bizarre Weise komisch ist, Briefe ungeöffnet wegzuwerfen oder zu verkramen. Und es gibt Menschen wie mich, für die das Alltagsgeschäft ist. Tut mir leid wegen der hohen Krankenkassenbeiträge. Eine Menge davon wird Porto für Erinnerungsbriefe an Menschen wie mich sein.

Bikinifigur

Wenn Sommer wird, mache ich mir Sorgen um meinen Bauch. Ich bin nicht der Einzige. Gut, ich bin der Einzige, der sich Sorgen um diesen speziellen Bauch macht. Die Welt begegnet ihm mit wohlwollendem Desinteresse. Aber andere Männer in meinem Alter machen sich ebenfalls Gedanken über ihre eigenen Bäuche. Es beginnt spätestens im April, nur dieses Jahr habe ich zum ersten Mal im Februar gehört, wie ein Freund sagte: «Ich muss mal wieder mit Sport anfangen, wir wollen ja im Sommer an den Strand.» Im Sommer! Es spricht natürlich von realistischer Selbsteinschätzung, sich für die Bauchfettbekämpfung ein halbes Jahr nehmen zu wollen. Aber es spricht auch für aufkeimenden Irrsinn: ein gutes halbes Jahr, in dem dieser Mann sich gedanklich mit seinem Bauchfett beschäftigen wird.

Und ich kann ihn auch noch verstehen.

Irrsinnig ist das, weil wir, um mal ein Wort zu benutzen, das in etwa so schwammig ist wie wir in der Körpermitte, «normale» Männer Mitte, Ende vierzig sind: vom Leben eher aufgeweicht als gezeichnet, aber auch nicht gesundheitsgefährdend dick. Ich habe für diesen Text meinen BMI ausgerechnet, er beträgt 27,5, statistisch gesehen Übergewicht, denn das beginnt in meiner Altersgruppe bei 26. Aber wenn ich Ihnen auf der Straße entgegenkäme, würden Sie nicht als Erstes denken: Grüß Gott, ein Übergewichtiger, sondern Sie würden höchstens denken: Was guckt der Typ denn so gequält. Nun, das ist mein Gesichtsausdruck, wenn ich zu viel an Essen denke und daran, dass ich abnehmen möchte, und ob ich die Badehose diesen Sommer eher unterm oder überm Bauch tragen werde. Gequält, weil ich weiß, dass all das Irrsinn ist. Gequält, weil ich den Verdacht habe, dass der schlanke Körper bei Männern über vierzig heute ein Statussymbol ist wie früher das dicke Auto.

Zeichen von Wohlstand und Geschäftigkeit taugen nicht mehr als Statussymbole: Autos, Uhren und viel Arbeit sind heute eher Symbole für Angeberei, Umweltzerstörung und eine kaputte Work-Life-Balance. Ein schlanker Männerkörper aber signalisiert: Der Typ hat die Disziplin, sich in Form zu halten, das ist einer, der nicht aufgibt, einer, der die Zähne zusammenbeißen kann. Ich lehne dieses Männerbild mit jeder Faser meines Daseins ab, möchte ihm aber dennoch mit jeder Faser meines Körpers entsprechen. Na, toll!

Eine der ersten wissenschaftlichen Untersuchungen zum veränderten männlichen Körperbild hat vor rund zehn Jahren Helen Fawkner von der University Melbourne gemacht. Sie fand heraus, dass seit den achtziger Jahren in westlichen Gesellschaften der Anteil von Männern, die unzufrieden mit ihrem Körper sind, von fünfzehn Prozent auf fünfundvierzig gestiegen ist. Dass ich nicht allein bin, ist aber kein Trost, im Gegenteil, es ist die Pest, denn mit jedem Mann, der mit seinem Körper unzufrieden ist, kommt einer hinzu, der einen mit dem Thema belästigt. Typisch, als ich neulich mit einem alten Freund im Kino war, ich hatte mich zu Quentin Tarantino bequatschen lassen, aus dem Alter bin ich eigentlich auch raus, ich muss konfliktfreudiger werden und klar ausdrücken, dass ich alle Tarantino-Filme gesehen habe, die ich je sehen wollte, und eher mehr als das. Im letzten Filmdrittel jedenfalls hat der Regisseur, der gerade fünfzig geworden ist, einen kurzen Gastauftritt. Früher hätten wir kurz genickt, Tarantino, schau, da wird er in die Luft gesprengt. Heute flüstert mein Freund: «Boah, guck dir Tarantino an. Ist der fett geworden.» Und ich: «Echt. Und der faltige Hals. Wahnsinn.» Bei Frauen ist uns das egal, aber bei anderen Männern sehen wir's sofort.

Umso mehr beeindruckt es mich, dass und wenn Frauen ein entspanntes Verhältnis zu ihrem Körper haben und womöglich sogar untereinander solidarisch sein können. Leider haben viele Männer und ich unberührt von den emanzipatorischen Leistungen der letzten Jahren übernommen, was Frauen hinter sich gelassen haben: Seid Ihr fertig mit der Bikinifigur? Ja? Dann hätten wir sie jetzt gern.

Gemütlichkeit

Seit ein paar Jahren beobachte ich mit wachsendem Widerwillen, wie Gemütlichkeit als Lebenseinstellung vermarktet wird, und zwar einerseits von der Lifestyle-Industrie, andererseits von der Politik. Zum einen gibt es diesen ganzen in sanften Erdtönen ausgeleuchteten Zirkus um die skandinavische Hygge, diese bestimmte Art der Behaglichkeit, für die man handgeknüpfte Wolldecken, hochflorige Teppiche, Zitronengrasingwertee und Scones mit selbstgemachter Blaubeermarmelade braucht, ein gepflegtes Sammelsurium aus allerhand Behaglichkeits-Accessoires. Zum anderen ist plötzlich der pseudo-behagliche Begriff Heimat wieder eine politische Kategorie, über die gestritten und nach der ganze Ministerien benannt werden.

Da merkt man dann, dass zwischen urgemütlich und ungemütlich nur eine ganz schmale Grenze liegt, nicht mal ein halber Buchstabe: Das Gefühl, sich an einen vertrauten Ort zurückziehen und es dort schön haben zu können, ist vergiftet dadurch, dass es entweder Teil eines Vermarktungskonzepts für Wohnzubehör ist oder Teil eines Politikkonzepts, das Menschen ausgrenzt, die womöglich eine andere Herkunft haben oder nicht zu unserer Vorstellung passen, was das überhaupt ist, Herkunft.

Als ich Kind war, habe ich gewissermaßen die Gemütlichkeit erfunden, jedenfalls für mich und als Lebensthema, daher möchte ich hier die Gemütlichkeit verteidigen gegen alle, die damit Geld oder Wählerstimmen gewinnen wollen.

Die Familienlegende besagt, dass zu meinen frühesten Äußerungen der Vorschlag oder eher die Forderung «mütlich machen» gehörte, worunter ich verstand, mir irgendwo aus einer Wolldecke und Kissen eine Höhle zu bauen, dort unter wenig Sauerstoffzufuhr eine Vielzahl Kekse zu essen und Vicki Leandros zu hören. Wie die Wolldecke aussah, war mir dabei völlig egal, und bei den Keksen war und bin ich auch nicht sehr wählerisch.

Dies ist eines der Grundprinzipien der Gemütlichkeit von und mit Kindern: Nicht das Womit ist entscheidend, sondern das Wann, Wo und Wie? Die Antworten auf diese drei Fragen zur Gemütlichkeit sind: Immer, aber natürlich am liebsten im Winter, überall, solange es zu Hause ist, und, ja, wie? Rücksichtslos. Bis meine Tochter etwa sechs war, hatte sie einen Lieblingsort zum Gemütlichmachen, der entstand, wenn man zwei Küchenschranktüren öffnete und die Schubladen darüber herauszog, sodass eine Art kleines, keinen Meter hohes Haus entstand, von dem aus man einen sehr guten Blick auf zusammengewürfelte Tupperdosen hatte. Am besten war es, wenn ich es mir dort mit ihr zusammen gemütlich machte, wenn auch vielleicht nicht am besten im orthopädischen Sinne.

Aber wenn man es sich mit Kindern gemütlich macht, dann so, dass man den unwirtlichen Teilen des Alltags eine Höhle oder Insel abringt und indem man das Bekannte herrlich neu und unvertraut macht: Teetrinken auf Treppenstufen, ein ausrangiertes Sofa im Heizungskeller. Als Erwachsener bleibt einem von dieser Improvisationslust nur das legendäre Frühstück im Bett, das auf genau die gleiche Weise scheinbar unpassende Dinge (Brötchenkrümel und heißen Kaffee im weichen, weißen Bettzeug) miteinander auf eine Weise vereint, dass etwas Überraschendes und ganz besonders Schönes dabei entsteht.

Die andere Art der Kindergemütlichkeit ist weniger ungestylt als vielmehr völlig uncool: In meiner Erfahrung lieben Kinder eine übertrieben konventionelle, fast steife Art von Gemütlichkeitsinszenierung. Meine Tochter und ich freuen uns im Grunde den ganzen Sommer darauf, Winter und Weihnachten gewissermaßen spielen zu können wie ein Theaterstück (Frau und Sohn haben nicht ganz so viel Sinn dafür). Hierfür brauchen wir durchaus Utensilien, aber sie unterscheiden sich vom gängigen Hygge-Klimbim dadurch, dass sie immer dieselben und selbst bei Kerzenlicht betrachtet recht hässlich sind: der Kram, die Servietten, die Deko in der «Weihnachtskiste» aus dem Keller. Mit deren Inhalt sitzen wir am Tisch, trinken Zimttee, essen gekaufte Kekse und hören ziemlich schreckliche Weihnachtsmusik, einfach, weil das alles dazu gehört. Womit wir weg von der Hygge oder dem Lagom sind (wo statt Übermaß und Kitsch das richtige Maß und der gute Geschmack eine wichtige Rolle spielen), und näher an der politischen Vorstellung von Heimat und Gemütlichkeit: Das wurde schon immer so gemacht, das gehört sich so. Mit dem wichtigen Unterschied, dass wir wissen: Es ist nur eine Inszenierung, und gerade deshalb genießen wir es.

Interessanterweise stellen sich ganz junge oder gerade werdende Elternpaare das Leben mit Kindern besonders ungemütlich vor: all die neuen Verpflichtungen, die Doppelt- und Dreifachbelastungen, der Stress, die Windeln und Gläschen, und wann und wo kommt man da eigentlich selber noch vor. Tatsächlich ist es mit Kindern von Anfang an viel gemütlicher gewesen, als ich je gedacht hätte: wie die Babys an jedem Ort, der ihnen passte, auf einem einschlafen, wie der Softball auf dem Kinderzimmerboden der gemütlichste Ort der Welt sein kann, wenn man mit dem Kopf darauf beim Gutenachtsingen einschläft; wie jeder ICE-Sitz und jeder Wartezimmerstuhl zu einer warmen, schwitzigen Kuschelzone wird. Ganz zu schweigen davon, wenn man plötzlich einen großen Pappkarton hat. Er ist und bleibt in meiner Vorstellung das Hauptutensil der Kinder-Gemütlichkeit. Noch heute bedauere ich, wenn ich ein Möbel in einer perfekten Pappverpackung bekomme, dass die Kinder inzwischen zu groß sind, um es mir mit ihnen darin gemütlich zu machen, und ganz kurz überlege ich dann, es allein zu tun.

Sex-Appeal

Der Winter ist wie ein launischer und nicht besonders beliebter Onkel, über den alle in der Familie nur Gutes sagen, weil er jetzt halt eine Zeit bei einem wohnt, und wenn man die ganze Zeit über ihn lästern würde, könnte man sich genauso gut gleich erschießen. Beliebtes Smalltalk-Thema im Winter daher: was am Winter eigentlich doch alles irgendwie gut ist. Schlimm ist ja diese feuchte Kälte, aber, so mein Beitrag, ich bin wirklich uninspiriert beim Winterloben: Dafür kann man es sich dann zu Hause so schön gemütlich machen. Gähn! Ganz anders Kollegin Christine, mit der ich in der Kaffeepause beim Winter gelandet bin.

«Mützen», sagt Christine, «Mützen sind das Beste am Winter.»

Okay, ich finde, Mützen sind eher mit das Langweiligste am Winter: Das einzig Aufregende an ihnen ist, dass man sie immer suchen muss. Und wenn mir noch mal jemand erzählt, dass wir immer eine tragen sollten, weil wir vierzig Prozent unserer Körperwärme über die Kopfhaut abgeben, renne ich raus und stecke meinen nackten Schädel in die nächstbeste Schneewehe (witterungsabhängig). Außerdem sind es nur zehn Prozent («British Medical Journal»). «Männer mit Mützen», präzisiert Christine fast verträumt, und mir wird klar, dass wir hier nicht bloß über Kopfbedeckungen reden, sondern über Sex-Appeal. Es scheint eine gewisse Mischung aus Unernst und Männlichkeit zu sein, die die Kollegin an Mützenträgern anziehend findet; schwärmerisch und gerührt erzählt sie von einem Mann mit zu kleiner peruanischer Ohrenklappenwollmütze, der ihr begegnet sei, und den sie am liebsten angesprochen hätte, um ihm mitzuteilen, dass die Mütze eine Spur zu kindlich für ihn sei. Der Mann mit Mütze scheint sie in Grenzbereiche des Kontrollverlusts zu führen, in jedem Fall beschert er ihr aufrichtiges Vergnügen. «Männer mit Mützen sind das Beste», sagt Christine.

Es ist verblüffend, wie wenig wir darüber wissen, was andere attraktiv finden. Zum Beispiel Frauen an Männern oder umgekehrt. Kein Mann, der sich morgens die dunkelblaue Dockarbeitermütze übers schüttere Haupt zieht, denkt dabei: «Damit mach ich sie alle verrückt. Zumindest Christine.» Wahrscheinlich verbindet uns, dass wir, wenn wir über Attraktivität, Sex-Appeal und unser eigenes Aussehen nachdenken, meist in Klischees denken, an Hintern, Kinne, Brüste, Augen, Münder, all das Zeug halt, das uns tagtäglich als verbesserungswürdig, weil potenziell sexy um die Ohren gehauen wird.

Dank dieser riesigen Verschwörung aus Gleichmacherei und Optimierbarkeit vergessen wir, dass uns selbst eigentlich ganz andere Sachen anziehen, dass Sex-Appeal nur im langweiligsten Falle mit kurzen Röcken oder engen Jeans zu tun hat. Für mich, im Winter, mit Rollkragenpullovern. Es ist diese unbeschreibliche Mischung aus «Ich habe in weiter Entfernung ein Pferd oder ein Rind auf der Weide, zu dem ich jetzt aufbrechen und ihm ein Fohlen oder Kalb entbinden werde» und «Meine Hobbys sind Rotwein, Zigaretten und Schlafentzug», diese Mischung aus Entschlossenheit und Selbstzerstörung, die ich aus rein privaten Gründen mit Rollkragenpullovern verbinde, weshalb ich

Frauen darin unwiderstehlich finde. Wie gesagt: rein private Gründe, individuell, von Mensch zu Mensch verschieden. Und darum so viel schöner als das, was uns die Sex-Appeal-Normierungsindustrie anbietet. Ohne Christines Männer mit Mützen hätte ich mich daran nicht erinnert. «Solange es sich dabei um eine Strickmütze handelt», fügt sie hinzu. Ich halte meine Breitcordschirmmütze in den Händen wie ein Steuerrad und nicke verständig.

Vater

Es ist nicht einfach, ein Mann zu sein. Zum Glück, denn die Zeiten, in denen es einfach war, waren die dunkleren der Menschheit. Als die Rollen klar verteilt waren und die Hierarchie eindeutig, und als Männer immer stark sein mussten, Bestimmer und Haushaltsvorstand. Und dabei viel zu oft gewalttätig und rechthaberisch. Das gibt es zwar immer noch, aber es ist in sympathischer Gesellschaft inzwischen unerwünscht. Schwirig ist nun, wie man einem Jungen und einem Mädchen als Vater vermittelt, wie ein Mann und ein Mensch zu sein hat.

Gut ist, dass die Kinder viel weiter sind, als ich oft denke. Ich möchte dem Dreizehnjährigen und der Zehnjährigen den Fall Weinstein und die MeToo-Debatte erklären, aber sie wissen intuitiv schon viel mehr, als ich bis vor einiger Zeit. Sie haben die «Casting Couch» nie als Standard-Witz alter Hollywood-Klischees kennengelernt, sie sind in Kindergärten sozialisiert worden, wo die Stopp-Regel heilig war und «Mein Körper gehört mir» auch. Zum Beispiel schauen wir «Mache mögen's heiß» von Billy Wilder, mit Marilyn Monroe, Jack Lemmon und Tony Curtis, der Film ist gerade wieder zum lustigsten aller Zeiten gewählt worden. Ich habe Billy Wilder, Marilyn Monroe und Jack Lemmon geliebt, seit ich denken kann, den Film allerdings lange nicht gesehen.

Beide Kinder sind komplett entsetzt. Meine Tochter möchte wissen: «Tut die nur so, als wäre sie so blöd, oder soll die wirklich so blöd sein? Und was soll daran witzig sein, wenn die Frau so dumm ist?» Beide finden es quälend unkomisch, Männer in Frauenklamotten chargieren zu sehen. Mein Sohn sagt: «Moment, also der andere hat sich jetzt nur deshalb als reicher Mann verkleidet, damit Marilyn Monroe mit ihm schläft? Nicht euer Ernst. Ist das nicht so eine Art Vergewaltigung?»

Sie haben in allem recht, der Film ist ruiniert für mich. Genau wie «Schlaflos in Seattle» für meine Frau: «Mama, die stalkt den doch einfach nur die ganze Zeit, die kennen sich doch gar nicht», sagen sie einhellig zu Meg Ryans vor zwanzig Jahren scheinbar so romantischer Jagd auf Tom Hanks.

Ihr soziales und emotionales Wissen aber hat sich in einer merkwürdigen Welt entfaltet: einer Welt, die bei aller Offenheit und Liberalität die Geschlechtertrennung bei Kindern viel stärker betont als zu meiner Kindheit. Ich sehne mich in gewisser Weise nach dieser Zeit, als wir alle auf dem Klassenfoto schulterlange Haare hatten und grünbraunen Cord trugen und von Rosa-Hellblau-Teilung keine Rede sein konnte. Wir haben zumindest bis zur Pubertät sorglos über die Geschlechtergrenzen hinweg miteinander gespielt, es ging nur darum, wer schon fertig war mit Hausaufgaben. Ich finde es heute schwieriger für Jungen und Mädchen, einfach sie selbst zu sein und nicht durch die Gesellschaft schematisch in Geschlechterklischees gepresste Wesen. Auch wenn «Das ist voll sexistisch» ein häufiges Urteil der Zehnjährigen ist, und auch wenn der Dreizehnjährige gern weibliche Computerspiel-Heldinnen spielt und mir die frauenfeindlichen Machtstrukturen in «Manche mögen's heiß» erklärt – «Pussy» ist trotzdem auch in ihrer Welt ein verbreitetes Schimpfwort. Egal, wie fortschrittlich sie derzeit im Denken sind: Sie müssen sich in einer Welt zurechtfinden, in der die alten Ungerechtigkeiten weiterbestehen und in der die Versuchung groß ist, sich irgendwann doch wieder im alten Rollenverhalten ausruhen zu wollen, einfach, weil das Leben im prekären Spätkapitalismus so unfassbar anstrengend ist.

Meine Frau ist für beide ein Vorbild, wie es besser nicht sein könnte. Sie arbeitet und ist für die Kinder da und macht keinen Hehl daraus, dass beides zusammen nicht immer einfach ist; sie regelt die Familienfinanzen und organisiert die Urlaube, sie lebt den Kindern ein zeitgemäßes, selbstbestimmtes Leben vor und ist dennoch unbestreitbar Mutter. Was aber will ich hier und heute für ein Mann und Vater sein, was ist eigentlich das, was ich meinen Kindern vorleben will?

Vor einiger Zeit schauten wir als Familie die zehnte Staffel von «Dein Song» auf Kika, diesem Songwriter-Wettbewerb, bei dem sich die Kandidatinnen und Kandidaten in kurzen Homevideos vorstellen. Die Eltern waren alle so zwischen Ende dreißig und Ende vierzig, und nach einer Weile fiel mir auf: Die Mütter sahen alle unterschiedlich aus, ganz verschiedene Styles, Auftreten, Temperamente, während die Väter alle mehr oder weniger gleich wirkten: ein bisschen zu jugendlich und zu schlunzig angezogen, nicht besonders sportlich, praktische Wenighaar-Frisur, unauffällige Brille, und mehr oder weniger schweigend am Rand, geduldig, amüsiert, aber auch leicht verlegen lächelnd. Meine Kinder haben vor einiger Zeit angefangen, mich nicht mehr «Papa» oder «Papi» zu nennen, sondern das hat sich abgeschliffen, ich heiße jetzt «Pupey». Und so sagte dann meine Tochter, liebevoll, aber auch ein bisschen frech: «Guck mal, das sind alles so Pupeys wie du.»

Ich wehrte mich erst dagegen, aber dann dachte ich: Sie hat ja recht. Womöglich ist es so, dass sich in den letzten Jahren ein Vatertyp herausgebildet hat, zu dem ich auch gehöre. Ich glaube, dass dieser Vatertyp eine Abneigung gegen die festgelegten alten Rollen hat, aber noch nicht weiß, was danach kommt. Wir halten an ein paar alten Vorstellungen von Männlichkeit fest, im Grunde sind sie uns aber nicht besonders wichtig. Wir sind abgekämpfter als frühere Generationen, weil wir den Kindern nicht weniger Aufmerksamkeit widmen wollen als der Arbeit. Wir haben den Anspruch, im Haushalt nicht nur «mitzuhelfen», sondern die Hälfte zu machen, denn, mit welcher Begründung bitte nicht? Zugleich scheitern wir ständig an unseren Ansprüchen, geben sie aber trotzdem nicht auf, denn was wäre die Alternative? Es gibt keinen Weg zurück in die Partnerschaft der fünfziger Jahre, und selbst wenn es ihn gäbe: nicht für mich und alle, die ich kenne.

Ich ahne, dass ich 2004, als mein Sohn geboren wurde, so was wie ein cooler neuer Vater werden wollte. Unbezahlte Elternzeit, Kind überall vor den Bauch geschnallt, einer von zwei Vätern beim Babyturnen. Hinter der Grenze zum nervig Demonstrativen. Aber ich bin kein cooler Vater geworden, ich bin ein Pupey. Ein uncooler, abgerockter, improvisierender Typ, der sich von einer Sache zur nächsten hangelt und wurschtelt.

Es hat eine Weile gedauert, bis mir klargeworden ist, wie glücklich ich darüber bin. Und mittlerweile bin ich davon überzeugt, meinem Sohn und meiner Tochter damit auch das Richtige vorzuleben. Nämlich dass man als Vater nicht alle und nicht mal die meisten Antworten haben muss, um Sicherheit zu geben. Dass man sich durchs Leben wurschteln und trotzdem hinreichend in sich selbst ruhen kann.

Und vor allem: dass man das alles nicht so verdammt ernst nehmen muss. Am klassischen Männerbild hat mich immer mit am meisten das Verbissen-Aggressive gestört, dieses Verkniffene, Schmallippige, dieses «Das muss so», «Ich zähl bis drei», «Was fällt dir ein». Ich möchte dem so ein achtzig-zwanzig-Ding entgegensetzen: den Kindern vorleben, dass ich mich bemühe, achtzig Prozent der Sachen einfach nicht so ernst zu nehmen. Regeln, Noten, vor allem, hoffentlich: mich selbst. Es gelingt mir weniger oder mehr, na ja, weniger. Was mir immerhin gelingt: die übrigen zwanzig Prozent sehr, sehr ernst zu nehmen. Zum Beispiel, wie ich vor und mit den Kindern rede. Nicht die Schönheit der Tochter und die Stärke des Sohnes loben, sondern genauso oft umgekehrt. Ziemlich stur weibliche Wortformen benutzen, damit bei den Kindern noch mehr einsickert, dass jede und jeder alles machen kann (aber nicht muss). Sagen, wenn ich mich schwach fühle, und zeigen, dass ich mich darum kümmere, dass es besser wird. Und vor allem: backen, kämpfen, malen, mich nicht vom Zehner trauen, Computer zocken, basteln, SXTN und Katy Perry hören, ohne zu thematisieren, was daran männlich oder weiblich ist.

Und natürlich gehört dazu, an all dem immer wieder zu scheitern. Sodass ich im Affekt dann mitunter doch wieder den alten Vater aus der inneren Schublade hole, der mit vorgeschobenem Unterkiefer die Kinder maßregelt, nur zwei Fingerbreit entfernt von «Solange du deine Beine unter meinen Tisch …». Aber die Zeit ist hinweggegangen über diesen Mann, meine Kinder verstehen diese Rolle schon nicht mehr, sie lassen mich als Patriarch über sich ergehen wie einen kurzen Furz im Kinderzimmer. Es nervt, aber es geht vorbei. Und wenn ich dann zerknirscht, aber friedlich auf dem Sofa liege, das Abendessen spät dran ist und ich trotzdem noch schnell zehn Runden Candy Crush auf dem Handy spiele, dann sagen sie: «Schön, dass du wieder normal bist.» Normal. Ein Mann, der längst nicht die Hälfte auf die Reihe kriegt und trotzdem meist damit klarkommt. Kein gutes, kein schlechtes, sondern ein unvollkommenes Vorbild, hoffe ich. Es muss reichen.

Erinnerungen

In der Grundschule war ich ganz gut mit Anja befreundet, und einmal erzählte sie in Kunst am Vierertisch ohne besonderen Anlass, dass sie sich ja immer dienstags und freitags die Haare waschen würde. Seitdem denke ich jeden Dienstag und Freitag daran, seit vierzig Jahren, und langsam reicht es mir.

Warum ist mir gerade das in Erinnerung geblieben? Warum kein Satz von Frau Hundertmarck, von Herrn Werner oder Herrn Lemcke? Warum ist dieses Alltagsritual einer Schulfreundin, die ich seit 1981 nicht mehr gesehen habe, mein Anker in die Vergangenheit geworden? Einer, an dessen Kette ich wirklich fast jede Woche zweimal rüttele?

Liegt es daran, dass Anja eine besondere Rolle in meinem Leben gespielt hat? Vielleicht war sie sogar so etwas wie meine erste große Liebe? Tatsächlich hatte ich viele erste große Lieben, ich war ein sehr romantischer Grundschüler. Anja war keine davon. Dies war eine Zeit in der damals noch jungen Bundesrepublik, als auch in der Grundschule Jungen und Mädchen einfach miteinander befreundet sein konnten, und zwar gut. Einmal waren wir auf Klassenfahrt in Rehau. Rehau ist ein Ort in Oberfranken, der Ende der siebziger und Anfang der achtziger Jahre vor allem dadurch in West-Berlin sehr bekannt war, dass ins dortige Schullandheim viele Schullandheimfahrten gingen. Als wir in der sechsten Klasse dort waren, hatten wir einmal Freizeit und durften vom Schullandheim in den Ort gehen, um dort von unserem Taschengeld Briefbeschwerer, Fanta-Jojos oder den «Bayern-Kurier» zu kaufen. Es gab einen Bus, der innerhalb von zwei Stunden einmal hin und zurück fuhr. An den Ausflug habe ich keine Erinnerung mehr, aber daran, dass, als wir wieder im Heim waren, Anja ihren Handschuh verloren hatte im Ort. Herr Lemcke, ein sehr strenger Lehrer, dem sie im Stasi-Knast in Hohenschönhausen ein Auge rausgeprügelt hatten und der daher nicht besonders gut in Tischtennis war («mir fehlt das räumliche Sehen»), ordnete an, sie habe zurückzugehen (der Bus fuhr nicht mehr), den ganzen Weg. Aber es müsste jemand mitgehen. Freiwillige vor (so wurde damals noch gesprochen von Grundschullehrern), sonst würde er jemanden bestimmen.

Ich glaube nicht, dass ich damals schon der Weiße Ritter war, als der ich mich später hin und wieder gern aufgespielt habe; ich vermute eher, dass mir klar war, als Klassensprecher würde ich am Ende sowieso bestimmt werden, also könnte ich mich auch gleich freiwillig melden. Außerdem fand ich die Aussicht, mit Anja drei Kilometer durch den Schnee hin und drei Kilometer durch den Schnee wieder zurückzustapfen, schöner, als beim Tischtennisturnier gegen einen Einäugigen zu verlieren oder zu gewinnen.

Jedenfalls gehört die Erinnerung an diesen Weg nach Rehau und zurück mit Anja zu den undeutlichsten und zugleich schönsten meiner Grundschulzeit. Ich weiß, dass wir über unsere Eltern sprachen und dass sie zu streng waren. Anja durfte wirklich gar nichts. Meine waren gerade getrennt, vermutlich habe ich damit ein bisschen angegeben. Viel genauer aber ist meine Erinnerung an den Weg, die klare Luft, wie der Schnee (natürlich) unter unseren Stiefeln knirschte (ein Geräusch, das hauptsächlich in der Erinnerung von Menschen meines Alters lebt), wie wir den Handschuh fanden oder nicht, und dass mich ein anstrengungsloses, freies Gefühl umgab: das, mit einer vertrauten, aber nicht kompliziert engen Freundin unterwegs zu sein, mit jemandem auf der Welt verbunden durch ein gemeinsames Ziel (Handschuh finden, sonst würde Anja vom Rodeln am nächsten Tag ausgeschlossen werden; das Besorgen eines neuen Handschuhs stand im Winter 1980/81 nicht zur Debatte) und eine gemeinsame Geschichte (ich kannte Anja ja nun schon so gut, dass ich wusste, an welchen Tagen sie jede Woche ihre Haare wusch; dienstags und freitags).

Vielleicht erinnere ich mich deshalb an ihre Haarwaschplanung so oft: weil mir der Aufhänger fehlt oder weil ich die emotionalen Instrumente nicht habe, mich deutlicher an diese sorglose Verbundenheit mit einem anderen Menschen zu erinnern, obwohl sie doch das ist, wonach ich mich jeden Tag meines Lebens sehne und worüber ich, wenn es gelingt, mit am glücklichsten bin.

Die dritte deutliche Erinnerung an Anja, mit der ich in Kunst am Vierertisch saß, stammt vom letzten Tag, als wir einander sahen. Es war der Tag unseres Abschiedsfestes von der Grundschule, im Sommer nach Rehau. In Berlin dauert die Grundschule ja sechs Jahre, ein großer Dienst an der Mensch- und vor allem der Kindheit, in Hamburg leider vereitelt durch Gestalten aus den reichen Vororten, die verhindern wollten, dass ihre Kinder länger als nötig (also höchstens bis einschließlich vierte Klasse) mit Kindern aus Mietwohnungen zur Schule gehen. Ich trug eine beigefarbene kurze Hose und ein in Tarnfarben breit geringeltes T-Shirt und auf dem Weg zur Schweizerhof-Grundschule den Teltower Damm entlang vor mir her einen Käseigel, der damals bereits von meiner Mutter zu sechzig Prozent ironisch gemeint war. Auf dem Weg bewarfen mich ein paar ältere Jungs aus einem Gebüsch am Rande des Johannisparks mit, wie ich immer noch hoffe, Wasser, und ich liebe mich heute noch dafür, wie ich erhobenen Hauptes in meinem lächerlichen Aufzug und mit meiner lächerlichen Fracht einfach weiterging. Heute könnte ich das auch wieder, ohne die Miene zu verziehen, aber zwischendurch gab es so in etwa fünfundzwanzig bis dreißig Jahre, in denen ich in dieser Situation aufgegeben hätte und nach Hause gegangen wäre.

Auf dem Buffet vor der Aula im Neubau der Schweizerhof-Grundschule platzierte ich also diesen Käseigel (Gouda und helle Weintrauben) und nahm mir ein belegtes Brötchen. Was ich für Schinken gehalten hatte, stellte sich als mir unbekannter Räucherlachs heraus (die achtziger Jahre hatten ja gerade erst angefangen), und angewidert ließ ich den Lachs in meine Hand gleiten. Das Brötchen aß ich leer weiter, die Lachsscheibe wurde wärmer in meiner Hand. Als ich aufsah, kam Anja auf mich zu in Begleitung eines erwachsenen Mannes, der, wie ich aus dem Kontext der Veranstaltung schloss, nur ihr außerordentlich strenger Vater sein konnte, der nicht zuletzt ihren freundschaftlichen Umgang mit Jungen beargwöhnte. Umso bedeutsamer war es, dass Anja nun sagte: «Papa, ich möchte dir gern mal Till vorstellen, von dem ich dir schon erzählt habe.» Ich war in diesem Moment ganz glücklich und verzweifelt zugleich, denn Anjas Vater streckte mir die Hand hin, und ich hatte keine andere Möglichkeit, als ihm meine zu reichen, bzw. die Räucherlachsscheibe, die sich noch darin befand.

Danach habe ich Anja nie wieder gesehen. Aber dass ich sie nie vergessen werde, merke ich jeden Dienstag und Freitag.

Erkältung

Erwachsene Kinder und ihre Eltern – eine engere und gleichzeitig konfliktreichere Beziehung ist kaum denkbar. Verwandtschaftliche Verbundenheit und ohnmächtige Wut liegen in dieser verhängnisvollen Konstellation näher beieinander als irgendwo sonst (abgesehen vielleicht von der SPD und der Sozialdemokratie oder Angela Merkel und der CSU). Ganz schlimm ist es in der kalten Jahreszeit.

Das erwachsene Kind wird am Sonntag von den Eltern angerufen und meldet sich am Telefon mit seinem Namen. Die Eltern lassen eine theatralische Schrecksekunde ins Land ziehen, dann sagen sie, grußlos: «Ach Mensch, bist du erkältet?», oder: «Sag mal, hast du Schnupfen?»

Das erwachsene Kind lügt frech: «Nein, wieso, ich bin nur gerade erst aufgestanden», dabei ist es 14 Uhr 12. Doch das erwachsene Kind weiß, dass es unter keinen Umständen zugeben darf, erkältet zu sein. Wer als erwachsenes Kind eine Erkältung hat, hat versagt. Wenn das Kind abstreitet, erkältet zu sein, besteht womöglich noch die Chance, ein halbwegs normales Gespräch zu führen. Denkt das erwachsene Kind. Doch die Eltern lassen sich nicht beirren, ihnen ist völlig egal, ob das erwachsene Kind erkältet ist oder aus einem anderen Grund heiser und verstopft (Allergie, Kater, sich lange in einem Flugzeug gestritten).

Die Eltern sind besorgt und vorwurfsvoll zugleich, für sie ist es ein Affront, dass das Kind erkältet sein könnte; es scheint, als hätten sie sich damit abgefunden, dass sie dem erwachsenen Kind so vieles nicht haben ersparen können: Herzbruch, falsche Jobs, mies geschnittene Wohnungen – da wollen sie doch zumindest nicht schuld sein, wenn ihr Kind eine Erkältung hat. Die Eltern senden dem erwachsenen Kind also zwei Botschaften, wenn sie sich besorgt über seine Erkältung äußern: Erstens, sie sind nicht schuld, und zweitens, es wäre zu verhindern gewesen.

Die Eltern sagen im allgemeinen Dinge wie: «Nimmst du genug Vitamin C?», Variante: «Jeden Morgen Ascorbinsäure, schön in Wasser aufgelöst, ich hab nie was!» Oder: «Du gehst aber auch nie an die frische Luft!» Oder: «Machst du denn eigentlich noch Sport?» Das erwachsene Kind kann auf all dies in ohnmächtiger Verzweiflung nur «Ja, ja» oder «Ich weiß» antworten. Gern möchte es sich wehren gegen die Entmündigung, die mitschwingt, wenn die Eltern einem erklären, wie man Erkältungen vermeidet oder kuriert («Hast du Zwiebeln im Haus? Für die Wickel?», «Du musst inhalieren, aber keine Korbblütler!», «Salzwasser, hoch in die Nase ziehen, bis es weh tut, das ist das Einzige, was wirklich hilft!»). Aber jede aggressive Abwehrreaktion wäre Beweis für eine erkältungsbedingte Persönlichkeitsveränderung. Als wenn es nicht ärgerlich genug wäre, erkältet zu sein! Es ist eine dermaßen überflüssige, unglamouröse, kindische Krankheit, zu allem Überfluss völlig ungefährlich. Nein, obendrauf kommt auch noch, dass die Eltern einem erklären, warum sie selbst «nie» einen Schnupfen haben.

Wütend zieht das erwachsene Kind die Nase hoch und leidet, a) weil es in Wahrheit ziemlich schlimm erkältet ist und b) den Verdacht nicht los wird, dass am Ende womöglich Vitamin C, Nasenduschen und Bewegung an der frischen Luft wirklich den Unterschied gemacht hätten.

Hamburger

Einmal alle paar Monate treffe ich mich nach der Arbeit mit einer Kollegin in einer Weinbar. Das, liebe Kinder und solche, die es gerade wieder werden wollen, ist ein Lokal, in dem es hauptsächlich Wein und verschiedene kleine, zu Wein passende Gerichte gibt. Vorige Woche nun stand ich vor dieser Weinbar und sah statt ihrer ein schwarz verklebtes Schaufenster mit der Aufschrift, ich zitiere aus dem Gedächtnis: «Bist du bereit? Die Hackpiraten kommen!»

Oder waren es Hackhelden, Hackbarone, Hackmatrosen, Hackmeier, eine Hackgasse, ein Hackbahnhof? Ich weiß es nicht mehr. Und, nein, ich bin nicht bereit.

Früher gab es in jeder größeren Stadt ein oder zwei Lokale, in denen man Hamburger verzehren konnte. Die Lokale sahen alle aus, als hätten sie im gleichen Fifties-Nostalgie-Großhandel die vorgeschriebenen Cola-Blechschilder und Elvis-Marilyn-James-Dean-Devotionalien erworben, die Burger schmeckten alle ein bisschen langweilig, einmal alle zwei bis drei Jahre ging man da aus Versehen hin, und es war gut. Heute wird insbesondere in den von Großeltern und Immobilienmaklern sogenannten Szene-Vierteln jedes wirtschaftlich schwächelnde Normal-Lokal vom Zeitgeist durch eine Burger-Braterei ersetzt. Die Lokale haben alle Namen, die nach folgenden Mechanismen funktionieren: Entweder kombinieren sie einen Männernamen mit der Abkürzung ihres Daseinsgrundes, also etwa Dulf's, Otto's oder Ruff's Burger. Oder sie betonen das handwerklich Fachmännische, das man offenbar braucht, um gebratenes Hack zwischen zwei Brötchenhälften zu klemmen: Hamburgerei, Hamburga, Burger Lab oder so. Von all den Wortspielen wie Burgermeister oder Peter Pane ganz abgesehen, in dieser Hinsicht sind Burger-Läden wirklich die neuen Friseure (ich warte auf Burgersprechstunde, Burgerliches Gesetzbuch sowie Hamburger-Mannheimer und Hamburger Schlemm-Verein).

Die Burger-Läden sehen immer noch alle gleich aus, aber anders als früher: Heute kommt die Einrichtung überall aus dem neuen Nostalgie-Großhandel, der auf Nachbauten von Fabriklampen, Werkbänken, Schulstühlen, Blechdosen fürs Besteck und vor allem auf Klemmbretter spezialisiert ist: Wenn die Speisekarte nicht sinnlos auf ein Brett geklemmt ist, ist es keine authentische Burger-Erfahrung. Und zu dieser Erfahrung gehört vor allem auch, dass die Burger überhöht und als Gourmetessen präsentiert werden.

Früher, als sie und ihre Läden noch nicht das Stadtbild dominierten, mochte ich Burger eigentlich ganz gern. Burger waren gut, weil sie eine Ausnahme waren, eine Grenzüberschreitung, Unvernunft. Hack im Brötchen mit Pommes und süßen Saucen: Wenn man das aß, konnte man der Selbstachtung, den Blutwerten und dem ganzen Erwachsensein für zehn bis zwölf Bissen den ketchupverschmierten Mittelfinger zeigen, sehr befreiend. Ich vermute, dies war auch der Motor für die Verburgerlichung der westlichen Welt. Die ersten High-End-Burger-Läden fielen mir Anfang, Mitte der nuller Jahre in den USA auf, bei Besuchen in New York und San Francisco. Es entsteht eine reizvolle Dissonanz, wenn einem ein tendenziell leicht schuldbesetztes, eher trashiges Fast-Food plötzlich als liebevoll kreierte Delikatesse präsentiert wird, mit karamellisiertem Bacon, Blauschimmelkäse, Zwiebelconfit, getrockneten Tomaten, Trüffelmayo oder allem zugleich. Es macht Freude, ein altes Drive-In-Food und eine Ich-ess-im-Gehen-Mahlzeit als liebevoll zubereitete Delikatesse mit saisonalen Zutaten zu zelebrieren (und mit Süßkartoffel-Pommes! Süßkartoffeln sind Pflicht, sie sind das Klemmbrett der Sättigungsbeilagen). Aber Freude machte es eben nur, solange das die Ausnahme war; nicht mehr, seit Hack aus allen Gastro-Nischen quillt.

Aber das ist längst nicht alles, was gegen die neue Hackordnung spricht. Rindfleisch ist eines der umweltschädlichsten Lebensmittel überhaupt, für kaum etwas anderes werden so große Flächen, so viele Ressourcen und so wichtige Bestandteile der Erdatmosphäre vernichtet wie für den nachgeordneten Spaß daran, an jeder Ecke einen Gourmet-Burger zu essen. Noch unmittelbarer ärgert mich persönlich, wie sehr die Burger-Liebe etwas ganz elementar Kindisches in der Gesellschaft bedient und verstärkt. Frikadellen und Hackbraten, das sind Erwachsenenessen. Die macht aber keiner, weil – ja, warum eigentlich nicht? Ach so, weil es ja überall so tolle Burger gibt. Burger aber sind an sich ein Kinderessen: Leicht voneinander zu unterscheidende Zutaten, die zusammengesetzt werden wie Bausteine, alles ist entweder sehr süß oder sehr salzig, und man darf mit den Fingern essen. Insofern spiegelt der Burger-Wahn in erster Linie das tiefgehende gesellschaftliche Bedürfnis, sowohl für immer Kind bleiben zu dürfen (hurra, jeden Tag Happy Meal), dabei aber gleichzeitig den erwachsenen Kenner raushängen lassen zu dürfen (und ernst darüber zu diskutieren, ob das Briochebrötchen als Hackfleischtransportsystem ideal oder viel zu brüchig ist).

Leider wird es nicht so schnell aufhören. In den USA sind seit ein paar Jahren die sogenannten Sliders aktuell. Das sind kleinere Burger, etwa halb- oder ein Drittel so groß wie normale, und man bestellt immer gleich mehrere davon. Sie sind noch verführerischer, weil sie noch kindischer sind. Sie sehen ein bisschen aus, als hätte sie jemand für seine Stofftiere zubereitet, und wenn man sie in der Hand hat, fühlt man sich wie ein großer, glücklicher Riese aus dem Märchen, dem beim Essen der Fleischsaft übers Kinn läuft.

Jeans

Was man sich nicht vorstellen kann, bevor die Kinder da sind: diese unfassbare Wut. Buchstäblich unfassbar, weil sie einen zu sprengen droht, weil man als Gefäß eigentlich zu klein für diese Wut ist. Atme, sage ich mir dann. Zeig dem Kind, dass du dich unter Kontrolle hast, und damit womöglich auch die Situation.

Gewinn Zeit, frag noch mal nach. Also.

«Entschuldige, aber was hat Portia gesagt?»

«Dass ich mal eine Diät machen soll.»

Ich schüttele ganz langsam den Kopf. «Was für ein Quatsch», sage ich lahm. Das Kind isst ungerührt weiter seine Käsestulle und sagt: «Habe ich auch gesagt. Ich hab gesagt, dass ist Bodybeschämung.»

Das 21. Jahrhundert ist schon ganz gut angebrochen, die Zukunft ist da, aber in den Grundschulen sagen die Kinder einander, sie seien zu dick. Sie fragen einander, wie viel sie wiegen, und zählen sich gegenseitig die Bissen in den Mund. Vor einiger Zeit schrieb die Bloggerin Journelle auf Facebook, ihre sieben Jahre alte Tochter hätte trotz warmen Wetters unbedingt eine Strickjacke in die Schule anziehen wollen. Warum? Weil die anderen Kinder Witze über ihre «dicken Arme» machen. Dicke Arme. Bei einem Kind. Und andere Kinder, denen das auffällt. Die überhaupt einen Blick und eine Kategorie dafür haben. Und daneben das Foto einer Siebenjährigen mit völlig normalen, wunderbaren Armen.

Wie mein Kind sagt: Bodybeschämung. Der amerikanische Kampfbegriff für jede Art von Dickenwitzen, Dürrenbashing, ungewollten Diät-Tipps, fiesen Profilfoto-Kommentaren und so weiter lautet «body shaming». Er ist mir mal rausgerutscht, als wir beim Abendessen über das Thema geredet haben, und dem Kind ist er hängen geblieben, halb eingedeutscht. Weil er treffend ist: Es geht um deinen Body, deinen Körper, von dem wir froh sind, dass er gesund ist, auf Bäume klettern, in Seen springen, auf dem Roller stehen und Räder schlagen kann. Aber es reicht nicht, froh zu sein über Körper: Sie müssen auch einem Ideal entsprechen. Im Moment ist das: dünn. Der Moment dauert schon mindestens hundert Jahre. Hundert Jahre zu lange. Wobei, das Ideal ist nur bei Mädchen dünn. Bei Jungen ist es: muskulös, aber dünn. Wenn du nur dünn bist, bist du «ein Lauch». Dieses inzwischen eher selten verarbeitete Gemüse ist als Schmähwort wiedergeboren worden. Auch keine schöne Karriere.

Ehrlich gesagt bin ich erstaunt über die Vehemenz meiner Wut. Vieles, was mir eigentlich nahegehen sollte, lässt mich kalt. Aber etwas zerbricht in mir, wenn Kinder einander für ihr Aussehen hänseln. Die Wut wurzelt nicht im persönlichen Erleben. Wie ich auf alten Fotos sehe, war ich wirklich keine Augenweide, aber außer ein paar «Tilli mit der Brilli»-Witzen hatte ich nichts auszustehen. Ich glaube, die Wut hat zwei Ursachen. Es sollte mich nicht überraschen, aber es regt mich auf, wenn die traurigen Standards der Erwachsenenwelt bei den Kindern ankommen. Schlimm genug, wenn wir uns das Leben zur Hölle machen. Aber auch noch den Kindern? Denn natürlich haben sie das von uns, die wir beim Essen sorgenvoll über Kohlehydrate, Transfette und Kalorien sprechen wie die frühen Menschen über Erdgeister und Dämonen. Jeder nicht wirklich adipöse Erwachsene, der in Hörweite seines Kindes sagt: «Boah, die Jeans passt auch nicht mehr, ich muss dringend ein paar Kilo abnehmen», zahlt ein auf den Wahnsinn und ist mitschuldig. Denn die Jeans geht ja noch. Man redet halt einfach nur vor sich hin und wär gern fünf Kilo leichter. Klar, der Typ mit der Jeans, das bin auch ich. Meine Wut ist auch eine auf mich selbst.

Das Zweite, was mich aufregt: die ganz grundsätzliche Gemeinheit der Bodybeschämung. Das Leben ist so verdammt hart, selbst in unserer, der besten aller derzeitigen Welten. An so vielen Seiten musst du als Erwachsener und erst recht als Kind rackern, kämpfen, strampeln, und dann kommt jemand und kritisiert das Allerelementarste, was du hast, den Körper, mit dem du dich durch diese irre anstrengende und komplizierte Welt bewegst? Wie gnadenlos und hart ist es, einander so grundsätzlich in Frage zu stellen.

Die Kinder nehmen es oft mit mehr Gelassenheit als ich. Aber wer weiß, wie's drinnen aussieht. Man kann ja von Jahr zu Jahr schlechter reingucken. Vielleicht merke ich die Strickjacke nur nicht, die sie nicht ausziehen wollen. Jedenfalls nehmen sie es nicht so ernst, und es fällt ihnen negativ auf, wenn Kinder andere beschämen. Im Prinzip war das immer mein Erziehungsziel: Gelassenheit, Dinge an sich abperlen lassen, alles nicht so ernst nehmen. Aber wieder einmal habe ich mich getäuscht. Ich rede mich in Rage, ich peitsche die Kinder auf, weil ich Angst habe, dass vielleicht doch was hängen bleibt und dass sie dann am Ende vielleicht doch denen gefallen wollen, die finden, dass ihr Körper mehr dem Ideal entspricht. Bei so vielem eiere ich herum in der Erziehung, aber in einer Sache bin ich ganz klar:

Wer sagt, jemand braucht eine Diät, und Melli wiegt schon fünfzig Kilo, und Marek hat keinen Hals, und Eva Plattfüße, und wer lacht, weil jemandem der Badeanzug kneift oder die Sporthose: Das, liebe Kinder, sind eure Feinde, und egal, wie ihr aussieht, und egal, wie sie aussehen, ihr werdet niemals so hässlich sein wie sie.

Nun brauchte meine Tochter eine neue Jeans, darum ging ich mit ihr zu H&M. Einfach, weil es so naheliegend ist. Wir wohnen in einer Großstadt, darum ist eine Filiale dieser schwedischen Bekleidungskette das erste Geschäft in unserer Nähe, in dem man für eine Elfjährige, die im letzten Jahr pro Monat einen Zentimeter gewachsen ist, eine Jeans kaufen kann. Dachten wir jedenfalls. Aber als wir wieder rauskamen, eine frustrierte Dreiviertelstunde später, sagte meine Tochter: «Einfach nur verletzend.»

Weil ihr bei H&M wieder keine einzige Jeans gepasst hatte. Meine Tochter findet sich nicht dick. Aber, sagt sie: «Wenn ich bei H&M rauskomme, habe ich das Gefühl, die teilen die Leute ein in Dünne und Dicke, und weil mir da nichts passt, gehöre ich zu den Dicken.» Oder, wie H&M selbst sagt in einer ganz dünnen Antwort auf meine Kritik: Das Angebot bei ihnen richte sich eben nach der Nachfrage. Das bedeutet konkret: H&M bietet online in der Kindergröße 164 einhundertundfünfzig verschiedene Jeansmodelle an. Die allermeisten, nämlich hundertsiebenunddreißig, in «slim fit» oder «skinny fit», und die, die etwas lockerer sitzen, sind fast ausschließlich für in diesem Alter schmalere Jungen. Es gibt also das Angebot für meine Tochter tatsächlich nicht. Kann man das aber mit der mangelnden Nachfrage erklären?

Manche sagen, wir sollen es doch mit Boyfriend- oder

Mom-Jeans-Schnitten probieren. Ganz abgesehen davon, dass ich die Bezeichnung «Boyfriend-Jeans» bei einer Elfjährigen völlig daneben finde: Wie bezeichnend, dass erst mal vor allem Männer ein Anrecht auf bequeme Schnitte haben, oder Mütter, die aus Sicht der Modeindustrie offenbar jenseits von Gut und Böse sind. Da gäbe es viel zu entpacken und zu analysieren, aber: Es ist absurd, mit einem Kind in einen Laden zu gehen und nach Mom- oder Boyfriend-Schnitten zu fragen.

Natürlich betrifft das Problem nicht nur H&M. Bei Zara und New Yorker und anderen ist es ähnlich. Aber H&M hat durch seine Allgegenwart in den deutschen Fußgängerzonen und Einkaufszentren, durch seine massenhafte Werbung mit großen Stars und durch seine niedrigen, taschengeldtauglichen Preise erreicht, dass die Marke bei Mädchen im Alter meiner Tochter als der erstrebenswerte Mode-Mainstream gilt. Das ist schön für die Marke (die dennoch an der Börse und insgesamt derzeit in wirtschaftlichen Schwierigkeiten steckt), aber sehr schlecht für Mädchen, die nicht in H&M-Jeans passen. Denn die Botschaft, die bei ihnen ankommt, ist ebenso klar wie, siehe oben, verletzend: Du gehörst nicht dazu.

Das gilt nicht nur für elfjährige Mädchen. Modepäpste, -zaren oder -zyniker wie die Mall-Fashion-Designer Abercrombie & Fitch haben nie ein Geheimnis daraus gemacht, dass ihre Sachen nur für Dünne sind. Auch der verstorbene Karl Lagerfeld pflegte sein Publikum mit Sprüchen über «dicke Muttis» zu unterhalten, die niemand in dünner Mode sehen wolle. Fat shaming gilt in jedem Alter, und auch für Jungen und Männer.

Aber es ist auf ganz besondere Weise verstörend, dabei

zuzusehen, wie einer Elfjährigen klar wird, dass für sie als Heranwachsende Regeln gelten, auf die sie keinen Einfluss hat. Ab dem Moment, wo sie bei H&M in keine «slim fit»- und «skinny fit»-Jeans passt, es in der Filiale aber nur solche in den Regalen gibt, wird ihr nicht nur klargemacht, dass sie nicht dazu gehört. Ihr wird klargemacht, dass von nun an andere darüber bestimmen wollen, ob sie und ihr Körper okay, richtig, normal sind oder nicht. Es ist wie eine Drohung: Von nun geht es nicht mehr darum, ob sie sich wohlfühlt, sondern darum, wie andere sie bewerten und beurteilen. Und zwar nicht ihre Freund*innen oder Mitschüler*innen, dafür gibt es inzwischen Trainings und aufgeklärte, kluge Lehrer*innen, und von Angesicht zu Angesicht wehren kann sie sich. Aber es ist diese übergeordnete Distanz, nenn es die Gesellschaft, nenn es das Patriarchat, nenn es den ganzen Scheiß: diese übergeordnete, unpersönliche, allgegenwärtige Stimme, die sich plötzlich erhebt, und die sagt, du bist zu dick für Jeans, und warte mal ab, bald erzählen wir dir noch ganz andere Sachen, und sobald du noch ein paar Jahre älter bist, gehört dir dein Körper schon gar nicht mehr, zum Beispiel nicht dein Bauch.

Für Eltern ist es ein böser, einschneidender Moment. Klar, wir lernen früh, dass wir Verantwortung über unsere Kinder abgeben müssen: an die Kita, an die Schule, an andere Menschen, mit denen unsere Kinder Zeit verbringen. Aber den Body-Shaming-Instanzen der Modeindustrie möchte ich mein Kind nicht ohne Gegenwehr überlassen. Ich weiß, es gibt sowieso schon genug Gründe, die gegen Modeketten wie H&M sprechen. Und es müsste mich beschämen, dass die Ausbeutung und die Wegwerfmentalität mich bisher nicht stark genug abgeschreckt haben. Ich führe ein unperfektes Leben im falschen. Meiner Tochter zu sagen, dass sie nicht in Ordnung ist: das ist dieses eine Ding zu viel. Für mich sind Läden, wo einer Elfjährigen keine Hose passt, gestorben. Ich hoffe, ihr bleibt eines Tages auf einem Everest von Skinny-Jeans sitzen, oder eure Läden werden darunter begraben.

Pakete

Das Internet besteht außer aus Pornographie und AfD hauptsächlich aus Klagen über Paketboten, die gelbe oder blaue Zettel hinterlassen haben, obwohl man doch nachweislich zu Hause war, den ganzen Tag, verdammte Axt. Mit eingerechnet die vielen Fotos, die Leute posten, von Aushängen, die andere Menschen geschrieben und an ihre Türen gehängt haben, um Paketboten auf komische, tragische, verzweifelte, aber doch auch boshafte und herablassende Art und Weise zu maßregeln und um Pakete anzuflehen.

Ich habe früher auch gemeckert, aber ich bin geläutert. Wir alle, die wir uns Pakete liefern lassen, sind schuld, und nicht die Menschen, die diese Pakete bringen oder unter Umständen eben nicht bringen, zu spät bringen, falsch abgeben oder im sehr großen Mietshaus einen Zettel abgeben, worauf steht: «Ihr Paket wurde abgegeben bei: NACHBAR.» Lernt man eben endlich mal alle Nachbarn kennen.

Meine Läuterung trat ein, als ich einen Tag vor dem Geburtstag einer mir wichtigen Person auf die Lieferung eines zu spät bestellten Geschenks wartete. Aus der Sendungsverfolgung konnte ich entnehmen, dass das Paket um 14 Uhr das Logistikzentrum verlassen hatte und auf dem Weg zu mir sein sollte. Ich verbrachte den Nachmittag und den Abend daher am Fenster, an der Tür, auf dem Hof, und dort endete das sehr schöne Gespräch mit der Nachbarin abrupt, als sie merkte, «Sag mal, du wartest auf DHL, oder?», weil ich die ganze Zeit über ihre Schulter starrte und bei allem

Gelbem, was in der Straße auftauchte, ins Schnaufen geriet. Das Paket kam nicht.

Ich hätte das Geschenk in der Zeit, in der ich vergeblich darauf wartete, selbst doppelt und dreifach besorgen können. Man kann, soll und darf per Paket nichts bestellen, auf das man unbedingt angewiesen ist. Wenn man aber nicht unbedingt darauf angewiesen ist, warum bestelle ich es dann überhaupt? Und wenn es wirklich unverzichtbar ist, muss man eben einen Zwanni raustun und einen Kurier bestellen oder die Druckfahnen, das Medikament oder den Blumenstrauß von einer freundlichen Taxifahrerin liefern lassen.

Die Paketlieferung kostet in den allermeisten Fällen gar nichts. Was nur unwesentlich weniger ist, als Paketzusteller verdienen. Man regt sich also über das Nichtfunktionieren einer sehr billigen Dienstleistung auf, die von sehr schlecht bezahlten Dienstleistern ausgeführt wird. Das ist die letzte Bastion, in der deutsche Normalbesteller sich noch als Adel fühlen dürfen, als Spitze der Gesellschaft: Es ist sooo schwierig, gutes Personal zu finden, ach, immer Kummer mit den Dienstboten bzw. Paketboten. Die dann noch, wenn ich gar kein Paket erwarte, mit ihren hässlichen gelben Autos in zweiter Reihe parken und mir die Fahrt in den Feierabend versperren, so, als gäbe es noch andere Menschen, die Pakete erwarten!

«Zwei Euro», sagt mein Freund Udo, er ist Kurierfahrer und liefert zu Stoßzeiten auch Pakete aus, denn ich habe ihn gefragt, was ein gutes Trinkgeld wäre. «Damit kann ich was anfangen, und es tut dir nicht weh, wenn du eh schon die Kohle hast, dir irgendwelchen Scheißdreck nach Hause liefern zu lassen.»

Je älter ich werde, desto empfänglicher oder anfälliger bin ich für klare, einfache Regeln. Außerdem drohe ich, im Kleinen ein Sparfuchs zu werden, je mehr größeres Geld ich verschwende. Es ist mir peinlich, wie weh die zwei Euro tun. Dabei ist es für Selbstbestrafung immer noch recht preiswert.

3. ÜBER LIEBE: DIE FRAU MIT DEM ORANGEFARBENEN FAHRRADHELM

Fahrradhelm

Badezimmerläufer

Pullover

Luise

Dankbarkeit

Lieblingsband

Ohrstöpsel

Fernsehen

Männlichkeit

Schlüssel

Einkaufen

Gleich

Glück

Fahrradhelm

Besonders gefällt mir an meiner Frau, dass sie einen orangefarbenen Fahrradhelm hat. Und zwar aus drei Gründen. Erstens bin ich froh, dass meine Frau sich auf diese Weise beschützen lässt. Ich brauche sie noch. Zweitens bin ich froh, dass meine Frau und ich in einem Alter sind, in dem es uns egal ist, wie wir mit Fahrradhelm aussehen. Meine Frau sieht übrigens sehr gut mit dem Fahrradhelm aus, aber das liegt daran, dass sie ihn mit einer Mischung aus Selbstbewusstsein, Humor und Mir-doch-egal trägt. Meine Frau macht auch andere Dinge mit dieser Mischung, das hat sich aus meiner Sicht sehr bewährt, allerdings scheitere ich immer wieder daran, wenn ich versuche, auf die gleiche Weise der Welt zu begegnen.

Ich sehe mit dem Fahrradhelm, zu dem meine Frau mich überredet hat, längst nicht so gut aus wie sie mit ihrem. Leider ist mir das dann nicht so egal, wie ich es mir wünschen würde.

Mein Leben ist viel zu oft ein Abwägen zwischen dem, was ich eigentlich tun möchte, und dem, was wohl die anderen davon halten. Manchmal vergesse ich deshalb meinen Fahrradhelm mit Absicht und fahre ohne. Weil es besser aussieht. Wobei ich dann denke: Was werden die anderen sagen, wenn ich jetzt auf den Kopf falle, und dann kommt raus, der Helm hing bei mir zu Hause, schön blöd. Meine Frau vergisst ihren Helm nie.

Das Schönste am Fahrradhelm meiner Frau aber ist, drittens, dass ich sie damit sehr gut erkennen kann. Niemand sonst in unserem Viertel hat einen derartig drollig orangefarbenen Fahrradhelm. Manchmal, wenn ich unterwegs bin, sehe ich schon von weitem dieses Helmorange, und dann weiß ich: Ach, da ist ja meine Frau. Und sie hat mich noch nicht gesehen. Das ist vielleicht einer der schönsten Momente in einer festen Beziehung oder auch, wenn man jemanden sehr liebt, mit dem man verwandt ist: Wenn man die Person sieht, ohne dass sie einen ihrerseits gesehen hat, und für einen Moment kann man sie so wahrnehmen, wie sie in der Welt ist, ohne einen. Meist sieht meine Frau ganz vergnügt aus, was mich freut, denn dann ist sie erst recht wunderschön. Manchmal wirkt sie aber auch sorgenvoll, und dann ist es schön, wie ihre Miene sich aufhellt, sobald sie mich in meinem Helm aus dem Supermarkt kommen sieht (ich vergesse den Helm zwar hin und wieder absichtlich, um besser auszusehen, mache das dann aber anderntags wieder kaputt, indem ich vergesse, den Helm abzunehmen, sobald ich ein Geschäft betrete).

Wenn die Miene meiner Frau sich bei meinem Anblick aufhellt, hüpft mir das Herz. Diese Formulierung setze ich nur mit größter Vorsicht ein, es ist womöglich das erste Mal. Der Gesichtsausdruck meiner Frau, wenn ich überraschend vor ihr stehe, gibt mir eins von zwei oder drei Lebenszielen, die ich habe: Nie möchte ich, dass die Miene meiner Frau sich bei meinem Anblick verfinstert. Es kommt dennoch hin und wieder vor, und es ist furchtbar. Die Frage ist ein Kompass: Wäre das, was du vorhast, ein potenzieller Mienenverfinsterer? Dann Finger weg.

Insgesamt möchte ich daher ungebeten zwei in fünf Lebensjahrzehnten erworbene Beziehungsratschläge weitergeben: Kinder, sucht euch einen Partner, den ihr euch jetzt schon gut mit Fahrradhelm vorstellen könnt; am besten, euch hüpft das Herz, wenn ihr daran denkt. Und Paare, sorgt dafür, dass der andere einen Helm trägt. An dem man ihn schon aus großer Entfernung gut erkennen kann.

Badezimmerläufer

Meine Frau und ich leben jetzt seit über fünfzehn Jahren in einer gemeinsamen Wohnung. In dieser Zeit haben wir eine Art geheime Kommunikation erfunden, wir führen eine wortlose Parallel-Ehe im Raum des Ungesagten, die mich immer wieder überrascht. Am besten kann ich es vielleicht am Beispiel des Badezimmerläufers erklären. Wir haben das Thema nie besprochen, aber meine Frau und ich sind völlig unterschiedliche Badezimmerläufertypen.

Ich habe es gern, wenn er die ganze Zeit vor der Dusche liegt. Meine Frau hat es gern, wenn nicht permanent der Badezimmerläufer auf dem Boden liegt, sondern nur dann, wenn er gebraucht wird, also etwa nach dem Duschen. Sie legt den Läufer zwischendurch über den Badewannenrand, und erst, bevor sie duscht, vor die Dusche. Und hinterher wieder über den Badewannenrand, zum Trocknen. Ich bin davon überzeugt, dass die moderne Badezimmerläufertechnologie auch das Trocknen auf dem Fußboden ermöglicht, ja, ich verstehe gar nicht, wie der Läufer besser über dem Wannenrand trocknen soll. Aber das Leben ist zu kurz, um derlei Kleinkram auszudiskutieren. Deshalb wandern der Läufer und seine Nachkommen seit fünfzehn Jahren ständig durchs ganze Bad. Wenn ich reinkomme, tue ich ihn dahin, wo er mir gefällt. Meine Frau ihrerseits genauso. Und zwischendurch ergeben sich Dutzende von alternativen Orten, an dem er liegt oder hängt, weil meine Frau ihn nur beiseitegeschoben hat, oder weil ich kurz eine Art Kompromisslage für ihn eingerichtet habe. Ganz ähnlich ist es mit den Messern oder der Pfeffermühle. Meine Frau findet offenbar, die Messer müssten in die linke Schublade, ich sehe sie eher in der rechten. Die Pfeffermühle stellt meine Frau in den Gewürzschrank, ich habe sie gerne immer auf dem Tisch. Seit fünfzehn Jahren. Kein Standort und keine Schublade haben sich je endgültig durchsetzen können, wir haben keinen Kompromiss gefunden, etwa: mittlere Schublade, oder: auf dem Küchentresen.

Die Folge ist, dass immer wenn ich geduscht habe, der Läufer ein paar Meter entfernt über der Wanne hängt. Und wenn ich beim Kochen die Pfeffermühle brauche, gehe ich erst zum Tisch und finde sie dann im Schrank, oder umgekehrt. Nie ist ein Messer in der Schublade, in der ich es vermute.

Es hat was Verflixtes, aber wie gesagt, Ausdiskutieren oder gar Vorwürfe helfen hier nicht weiter, man ist dann nur ganz schnell bei sinnlosen Kategorien wie «Bei uns zu Hause wurde das immer so gemacht», «Das ist doch eine Mikrofaser» oder «Im Grunde gehören Messer gar nicht in die Schublade, aber du willst ja keinen Messerblock rumstehen haben», und das sind Sätze, die kein Erwachsener sich selbst gern sagen hören möchte.

Außerdem habe ich festgestellt, dass es gut so ist. Es ist wie ein Kleinkrieg im Schatten, aber liebevoll: Ich merke, wir sind stillschweigend übereingekommen, dass man in der Ehe mindestens eine Schutzzone braucht, in der keine Kompromisse und keine Absprachen mehr gelten, und in der jeder einfach immer macht, was er oder sie will, und der andere korrigiert das dann wortlos. Und dann wieder umgekehrt und immer so weiter, es schmeckt nach Ewigkeit, und darum mag ich es. Wenn ich je ins Bad käme und der Läufer läge ganz genau richtig vor der Dusche, dann wüsste ich: Meine Frau ist weg oder ihr ist alles egal geworden. Solange ich ins Bad komme, und der Läufer hängt über der Wanne, und in der Küche ist das Messer in der falschen Schublade und ich finde den Pfeffer nicht, weiß ich, dass ich nicht alleine bin.

Pullover

Zum letzten Geburtstag bekam ich von meiner Frau einen Pullover geschenkt, den kompliziertesten, schwierigsten, im Übrigen auch kratzigsten und vielleicht hässlichsten Pullover der Welt. Schottische Schurwolle, ein traditionelles Muster in einer relativ gewagten Farbkombination, Brauntöne mit Lila und Orange. Während ich ihn auspackte, strahlte meine Frau mich sehr erwartungsvoll an, wie eine Frau, die hofft, nein: weiß, das sie ein phantastisches Geschenk gemacht hat, und die nur noch gespannt darauf ist, welche Möglichkeiten der Empfänger finden wird, seine Freude auszudrücken.

Ich war ratlos. Der Pullover, der da aus seinem Geschenkpapier quoll, wirkte kostbar und originell, ich liebe eigentlich diesen ganzen schottischen Kram. Was außerdem für den Pullover sprach, war das Risiko, das meine Frau damit eingegangen war: kein Wir-führen-eine-langweilige-Ehe-Geschenk, wie es ein weicher dunkelblauer Pullover gewesen wäre.

Ich sagte «Wow!», um Zeit zu gewinnen. Dann zog ich den Pullover an. Er fühlte sich auf diese ganz spezifische Weise falsch an, an die sich jeder erinnert, der schon mal von einer Nenntante mit Wolle aus Senatsreserve einen Pullover gestrickt bekommen hat. Ich brauchte einen bodentiefen Spiegel, denn der Pullover hing weit hinunter. Meine Frau, wurde mir klar, hält mich für einen noch sehr viel schwereren und formloseren Mann, als ich bin. Ich sah aus wie ein

Physiklehrer, der sich aufgegeben hat. Ich schwitzte stark, obwohl ich im Februar Geburtstag habe.

«Und?», fragte meine Frau.

«Schön warm», sagte ich.

Meine Frau ist ja nicht dumm. «Wenn du willst, kannst du ihn umtauschen», sagte sie tapfer.

«Nein», sagte ich, denn ich fand den Pullover so absurd, dass ich das Gefühl hatte, er käme auf geheimnisvolle Weise direkt aus dem Herzen meiner Frau, als hätte sie sich etwas dabei gedacht, das ich im Laufe der Zeit schon noch verstehen würde. Und vielleicht wenn man ein Hemd drunterzog. Oder für auf dem Land, vorm Kamin, mit den Hunden, nach einem langen Winterspaziergang. Wir sind zwar nie «auf dem Land» und haben dort keinen Kamin und Hunde sowieso nicht, aber – vielleicht war dieser Pullover der Anfang von alldem.

«Ich will ihn behalten», sagte ich, «ich muss mich nur ein bisschen an ihn gewöhnen. Er ist was ganz Besonderes.»

Und ich gab mir Mühe. Als die Temperatur unter minus zehn Grad fiel, trug ich ihn draußen lässig statt Jacke, aber der Wind pfiff gnadenlos durch seine Fair-Isle-Intarsien, und ich schwitzte trotzdem. Ich legte ihn mir beim Brunch mit Freunden lässig über die Schulter und fand ihn und mich dabei genauso unpassend und überflüssig wie einen Brunch. Mit Hemd drunter sah ich aus, als hätte ich beschlossen, nie wieder Sex zu haben. War es das wert?

Trotzdem habe ich den Pullover behalten, und das auch, obwohl er wirklich viel Platz im Schrank wegnimmt, er hat, wie man sagt, ordentlich Volumen. Gerade hatte ich ihn wieder in der Hand: Keller? Rotes Kreuz? Ganz hinten?

Ganz hinten, ja, aber jedes Mal, wenn ich ihn berühre,

habe ich dieses merkwürdige Gefühl: dass ich ihn nicht weggeben kann, weil er etwas bedeutet, weil er ein Geheimnis birgt. Der Pullover ist ein Symbol für Ewigkeit und Vergänglichkeit zugleich, er ist das Letzte, das mir bleiben wird, er wird mir von Jahr zu Jahr kostbarer werden, und weil er von so hoher Qualität und so hoher Hässlichkeit ist, steht er außerhalb aller Moden und Verfallsprozesse. Dieser Pullover ist der, mit dem ich ins Altersheim gehen und den meine Kinder in der Hand wiegen werden, wenn sie irgendwann nach meinem Tod Vatis Sachen aus dem Pressspanschrank räumen.

Weißt du noch, Papas Pullover?

O Gott, ja. Schrecklich. Aber er hat ihn geliebt. Ich glaube, er hatte keine Ahnung, wie hässlich der ist.

Luise

Ich hab mich immer noch nicht entschieden, ob ich Luise suchen und ersetzen werde. Es ist seltsam: Seit vielen Jahren schreibe ich über mich und mein Leben. Als ich damit anfing, Mitte der neunziger Jahre, hatte ich eine Freundin, die damit nichts zu tun haben wollte. Also, mit meinem Leben schon, aber nicht damit, dass und wie ich darüber schrieb. Also erwähnte ich sie in meinen Texten nie, und wenn ich über Beziehungen schrieb, schrieb ich über Freund*innen von uns und änderte deren Namen, oder ich schrieb über uns und tat so, als wären wir es nicht.

Dann, zu Beginn des Jahrhunderts, fing ich an, eine regelmäßige Kolumne zu schreiben, und fortan rückte das, worüber ich schrieb, noch näher an mich heran. Und an die Frau, mit der ich inzwischen zusammen war. Sie arbeitet im gleichen Beruf wie ich, wir haben uns sogar in der gleichen Redaktion kennengelernt, darum wollte ich sie von Anfang an «da raushalten», wie wir in der Kleintextbranche sagen. Also nahm ich, was an unseren Erlebnissen, Hoffnungen und Missgeschicken als Paar charakteristisch und allgemein gültig war, und nannte die Frau, mit der ich das alles erlebte, nicht, wie meine damalige Freundin und heutige Frau wirklich heißt, sondern Luise.

Damals war nicht abzusehen, dass ich jemals Kinder haben würde. Also, ich habe es mir immer gewünscht, aber für diese außerordentlich weit in der Zukunft liegende Zeit, in der ich erwachsen und bereit dafür sein würde. Ich war dreißig, einunddreißig und dachte, diese Zeit würde frühestens eintreten, wenn ich vielleicht vierunddreißig, fünfunddreißig wäre, also so weit entfernt, wie man in kosmischen Dimensionen Entfernungen in Lichtjahren misst. Aber ich wusste, wenn ich jemals Kinder haben würde, dann würde meine Tochter Luise heißen. Es ist mein Lieblingsname seit meiner Kindheit. Womöglich liegt dies an meiner West-Berliner Prägung, wir sind aufgewachsen mit Idealisierungen von Bauskandalen und preußischen Prinzessinnen.

Bevor ich eine Tochter bekam, fing ich jedoch an, über meine Frau zu schreiben. Oder eine Version von ihr. Eine ziemlich vereinfachte. In meinen Texten kann ich ihr ohnehin nicht gerecht werden. Also brauchte ich einen Namen. Und da ich Luise ja schon im Kopf hatte, hieß sie von nun an und hier und da in diesem Buch Luise.

Leider konnte ich nun, als ein paar Jahre später meine Tochter geboren wurde, auf den Namen nicht mehr zurückgreifen. Einer fiktiven Ehefrau in regelmäßigen Texten einen Lieblingsnamen zu geben, ist eine Sache. Aber der frisch geborenen Lieblingstochter den Namen der fiktiven Ehefrau zu geben – das wäre creepy. Meine Tochter heißt daher Ilona*.

Meine Frau jedenfalls wurde nun viele Jahre von Freund*innen und Bekannten scherzhaft mit «Na, Luise» angesprochen, was sie anfangs na ja und später nicht mehr so besonders lustig fand. Niemand möchte so angesprochen werden wie eine vereinfachte Version von sich selbst, auch wenn sich das in Wahrheit vielleicht hinter jeder namentlichen Ansprache verbirgt.

* Name geändert.

Tatsächlich ist dieses Schreiben über mich selbst eine ständige Grenzverletzung. Denn erstens bin ich ja nicht alleine, und ich bin nicht sicher, ob es mir wirklich immer gelingt und gelungen ist, die Grenzen derer zu wahren, die auch noch vorkommen. Zweitens: meine eigenen Grenzen. Ich glaube, dass man sich, wenn man über sich selber schreibt, zur Verfügung stellt, als ein Gegenüber, bei dem die Leserin oder der Leser immer sagen kann: Stimmt, geht mir auch so, oder aber: Oh Gott, bin ich froh, dass ich nicht so bin; was für ein Lappen. Das ist in Ordnung für mich. Vielleicht auch deshalb, weil ich in meinem Leben jenseits der Texte deutlich zurückhaltender bin.

Ich kann das selbst entscheiden und steuern, aber Luise wurde irgendwie nie gefragt. Vielleicht, wie gesagt, weil es sie gar nicht gibt, weil sie eine vereinfachte Version ist. Am Anfang habe ich geschrieben, dass ich noch überlege, ob ich «Luise» suche und ersetze hier im Text, gegen «meine Frau» oder so. Aber ich glaube, ich lasse sie.

Meine Frau arbeitet nach vielen Jahren wieder in der Redaktion, für die ich oft Kolumnen schreibe. Darum frage ich sie jetzt vorher immer, ob es ihr recht ist, wenn sie vorkommt. Manchmal vergesse ich es. Dann sagt sie: «Toll. Ariane und Jule haben mich darauf angesprochen, dass dir offenbar der Pullover nicht so gut gefällt, den ich dir vor zwei Jahren zum Geburtstag geschenkt habe.»

«Es ist nur ein Text», sage ich dann.

Oder sie kommt nach Hause und sagt: «Mann. Alle freuen sich, weil du so in mich und meinen orangefarbenen Fahrradhelm verliebt bist.»

Es ist nicht nur ein Text.

Dankbarkeit

Es gibt eine schöne Geschichte vom amerikanischen Schriftsteller David Sedaris über Dankbarkeit. Darin erzählt Sedaris, wie er in jungen Jahren mit einem Kumpel die Wohnungen von reichen New Yorkern putzt und davon träumt, selber reich und außerdem berühmt zu sein. Einmal steht eine Oscar-Statue in der Wohnung einer Drehbuchautorin, und Sedaris beschreibt, wie er anfängt, mit der Statue vor dem Spiegel zu posieren und so zu tun, als würde er eine Dankesrede vor einem Millionenpublikum halten. Mit theatralischer Stimme dankt er allen Menschen, die ihm einfallen, die Rede ist wahnsinnig lang und emotional, und dann, als er sich den Kopf zerbricht, wie eine seiner Grundschullehrerinnen mit Nachnamen hieß, wird ihm klar: Er hat allen gedankt, nur nicht seinem Kumpel, mit dem er seit Jahren putzt, und der gerade dabei ist, nebenan in Hörweite die Badewanne zu schrubben.

Ich habe diese Geschichte immer sehr gemocht, weil nichts peinlicher und kränkender ist, als jemand in einer Dankesrede zu vergessen. Es ist mir schon passiert. Aber es hat lange gedauert, bis mir klargeworden ist: Ich halte viel zu wenig Dankesreden im ganz normalen Leben, und wenn, dann würde ich wahrscheinlich die Person direkt neben mir vergessen.

Dankbarkeit in der Beziehung ist wie Kichererbsensalat: Man weiß, er wäre gut für einen, aber die Herstellung klingt trist und unglamourös, und man käme nie von allein auf die

Idee, einen anzubieten. Dankbarkeit ist ein ganz und gar abgewohntes Wort, runtergerockt durch evangelische Kirchenmusik im Guten («Danke für diesen guten Morgen/danke für jeden neuen Tag/Danke, dass ich all meine Sorgen auf dich werfen mag») und durch den Mangel an Dankbarkeit im Schlechten: Meistens wird ja nur über Dankbarkeit geredet, wenn man mehr davon erwartet hätte. Von Schwiegereltern, Flüchtlingen, Kindern. Oder, noch schlimmer, man setzt das Wort «dankbar» als Synonym für «lohnend» ein: eine «dankbare Aufgabe» ist eine, die man mit auf einer Arschbacke abreißen kann.

Eine Beziehung ist in diesem Sinne keine dankbare Aufgabe. Wer in einer festen Beziehung ist, hat, je länger diese dauert, mit ganz großer Wahrscheinlichkeit eine Frau oder einen Mann neben sich, die mit sehr wenig Dankbarkeit auskommen müssen. Die Standard-Einstellung im Sound der langjährigen Beziehung ist eher was auf der Skala zwischen «stummer Vorwurf» bis «passiv-aggressives Zurückmaulen». Unterbrochen hin und wieder von Vorsätzen und Versuchen, besser klarzukommen, sich mehr zusammenzureißen, und bei Gelegenheit mal wieder was Schönes zusammen zu machen. Dabei müsste man wirklich viel öfter denken, fühlen und vor allem sagen: Danke, dass du es mit mir aushältst.

Die Wissenschaft der sogenannten positiven Psychologie, die sich mit dem guten und gelingenden Leben beschäftigt, lässt keinen Zweifel daran: Nichts macht eine Beziehung haltbarer als Dankbarkeit. Dies haben einige Forscher in den vergangenen Jahren mit Hilfe von Studien belegt. Die Psychologin Sara Algoe von der University North Carolina hat herausgefunden, dass Dankbarkeit die Intimität stärkt, sie bringt Paare einander näher. Ihr Kollege Robert Emmons von der University of California in Davis sagt, dass Dankbarkeit eine Quelle von Stärke ist und dass man sie trainieren kann und muss wie einen Muskel. Wie das funktioniert, hat Annie M. Gordon von der University of California in Berkeley beschrieben: Sie spricht vom «Kreislauf der Wertschätzung» und sagt, dass die Dankbarkeit, die ein Partner ausdrückt, im anderen die Bereitschaft und den Wunsch auslöst, seinerseits Dankbarkeit zu zeigen.

Aber einfach ist es nicht. Denn psychologisch erwiesen ist auch, dass Nähe zwischen zwei Menschen zu mehr Gleichgültigkeit und Nachlässigkeit führt. Je näher Menschen sich einander fühlen, desto mehr stumpfen sie ab und nehmen sich Dinge heraus, die sie sich Bekannten oder Fremden gegenüber nie erlauben würden. In Unterhose vorm Bildschirm sitzen ist dabei noch die sympathische Variante. Aber es gibt zum Beispiel diese ganz charakteristischen einsilbigen Fragen und Antworten, die man den Nachbarn niemals zumuten würde, und die man sich in der Beziehung gegenseitig zupuckt wie Fliegen, die einem in den Mund geraten sind. Kommst du, kannst du, ja doch, gleich.

Dankbarkeit muss man sich erkämpfen. Also, erst mal, sie überhaupt zu empfinden. Der Paartherapeut Hans Jellouschek sagt, man müsse hierzu «die ganze Realität der Beziehung wahrnehmen». Also nicht immer nur den Alltagskram direkt vor der Nase sehen und vage im Hinterkopf all die verpassten Chancen und Gelegenheiten spüren. Sondern innehalten, den Blick weiten und sich klarmachen: Was ist eigentlich alles auch gut an dem, was wir haben? Und warum sage ich nicht danke dafür, denn ich hab das, was gut ist, ja nicht alles allein gemacht? (Also, von ein paar Ausnahmen abgesehen.)

Dankbarkeit hört nicht auf, ein bisschen heilig zu klingen. Vielleicht muss man sich das Empfinden von Dankbarkeit weniger pastoral und mehr wie ein Weitwinkelobjektiv vorstellen, das einem in Momenten, in denen man sich gern aufs Unmittelbare verengen würde, das ganze große Bild zeigt. Also versuche ich, wenn ich genervt vom Alltagskram bin, im großen Bild zu sehen, wie froh ich bin, dass es diesen Alltagskram überhaupt gibt. Denn dieser Alltagskram ist mein Leben. Mit meiner Frau.

Und dann muss man's halt auch sagen. Da sind sich die Wissenschaftler*innen einig: Messbaren Erfolg fürs Halten der Beziehung bringt nur die Dankbarkeit, die man ausdrückt. Die Dankbarkeit, die man stillvergnügt nur für sich empfindet, kann man sich genauso gut in die Haare schmieren.

Also arbeite ich am Danke sagen. Oh, toll, danke, dass du mein Bett mitgemacht hast. Danke, dass du auf mich gewartet hast. Danke, dass du mich erinnert hast, den Brief einzustecken. Ich hätte gern ein paar glamourösere Beispiele, aber: Je mehr man im Kleinen anfängt, danke zu sagen, desto mehr wird einem die große, tiefe Dankbarkeit bewusst. Die Forscher sagen, dass es wirklich kleine Dinge sind, die diesen «Kreislauf der Wertschätzung» in Gang setzen. Man muss kein Mantra und kein Ritual draus machen. Es reicht völlig, sich kurz darüber klarzuwerden: Okay, sie war heute zwar früher zu Hause und hatte mehr Zeit zum Kochen, aber selbstverständlich ist es trotzdem nicht. Bequemer wär's gewesen, für Stullen zu decken und sich aufs Sofa zu fläzen.

Danke, dass du Essen gemacht hast.

Alles in Ordnung bei dir?, fragt meine Frau.

Okay, man darf nicht zu dick auftragen. Aber nach einer

Weile merke ich: Sie sagt auch häufiger Danke. Kreislauf der Wertschätzung, siehe oben. Die Stimmung ist nicht nur besser, sondern es passiert noch etwas anderes: Als wir einen mittleren und einen großen Streit haben, reißen wir nicht lauter andere Dinge mit in die Diskussion, wir stellen nicht alles in Frage, wir bleiben bei der Sache. Vielleicht, weil wir vorher immer mal wieder gesagt haben, dass ja das meiste gut ist, danke. Dankbarkeit zieht auch eine positive Grenze, hinter die man nicht mehr so leicht zurückfallen kann.

Je älter ich werde, desto deutlicher ahne ich, wie wichtig Dankbarkeit ist. Es gibt diese klassische Klischeegeschichte vom Mann in meinem Alter, der sich eines Tages aus heiterem Himmel unsterblich in eine zehn Jahre jüngere Frau verliebt. Die Liebe! Sie schlägt halt ein wie der Blitz. Ach ja, wirklich, tut sie das. Plötzlich klingen Freunde und Bekannte, die sich zwanzig Jahre nicht emotional geäußert haben, außer es ging um den Abgasskandal, wie Frankie Goes To Hollywood 1984: Power of Love, verstehste. Und im nächsten Satz geben sie einem zu verstehen, sie hätten sich aber eben auch auseinandergelebt mit der Frau, mit der sie seit fünfzehn, zwanzig Jahren zusammen sind, und mit der sie ein, zwei, drei Kinder haben. Oder sie sagen: Die Frau hätte sich eben nicht weiterentwickelt, sie sei irgendwie stehengeblieben.

Inzwischen sehe ich diese älteste Geschichte der Welt auch als Dankbarkeitsstory, genauer gesagt: als eine Geschichte über Wertschätzungsdefizite. Sicher, es gibt Beziehungen, die von Jahr zu Jahr schlechter werden, aus tiefen Gründen, gegen die man auch mit Dankbarkeit nicht ankäme. Und es gibt bestimmt auch Beziehungen, in denen man ab einem gewissen Punkt einfach nicht mehr genug Anlass hat, einander dankbar zu sein. Und ich frage mich, ob manche Beziehung in meinem Alter nicht auch daran scheitert, dass einer oder beide irgendwann aufgehört haben, die Nähe des anderen als etwas Besonderes zu empfinden.

Lieblingsband

Ich war dabei, als meine Frau sich neu verliebte. Es war im Spätsommer vor einem Jahr, und wir waren auf einem Konzert in Hamburg. Wir gehen nicht mehr so oft auf Popkonzerte, wenn ich ehrlich bin. Ich hab nichts gegen Stehen, es soll ja sehr gesund sein, aber nicht so gern stehe ich Bauch an Rücken mit Leuten, die ich nicht kenne, und dann das Gleiche noch mal umgekehrt von hinten.

Unsere Musikauswahl war auch recht generationstypisch: die französische Band Phoenix, die wir beide sehr mögen, seit wir sie 2001 auf einer langen Autofahrt durch Europa wieder und wieder hörten. Es kommt mir vor, als wäre es gestern gewesen, aber beim Hinschreiben merke ich: In jenem Jahr wurden Menschen geboren, die heute bereits einen Schulabschluss haben. Wir hören Musik von vorgestern.

Und ich fühlte mich gleich übers Ohr gehauen, als statt Phoenix erst mal eine Vorband auf die Bühne kam. Dafür hatte ich nicht eine dreiviertel Stunde jemandes Pferdeschwanz im Gesicht gehabt. Ich stöhnte gequält, während vorn auf der Bühne fünf sehr junge Männer hell und milde sangen, dies war nicht, worauf ich gewartet hatte. Aber meine Frau wollte nichts von meiner Ungeduld wissen, sie war von Anfang an verzaubert, und seit diesem Abend ist sie nicht mehr dieselbe.

Die Band, in die meine Frau sich verliebt hat, heißt Parcels, fünf sehr junge Australier aus Berlin. Sie machen, wie ich sagen würde, sehr schöne, aber nicht sehr weltbewegende Musik. Gerade das zweite stimmt aber eben nicht: die Parcels haben die Welt meiner Frau ganz außerordentlich bewegt. Die Begegnung mit den Parcels hat meine Frau verändert. Unmittelbar nach diesem ersten, zufälligen Konzertabend versuchte sie, ihre Freundinnen dazu anzuregen, mit ihr ein reguläres Parcels-Konzert in Hamburg zu besuchen. Dies verlief schleppend, die Freundinnen waren wie ich, wenn es um Konzerte geht von Bands, die man selbst nicht kennt: Ach, tolle Idee! Aber müssen wir da extra hingehen? Ist das weit weg? Muss man da raus? Ich ruf dich an! – Zack, war das Konzert ausverkauft, und meine Frau hatte keine Karte. Sie schaltete in einen Krisenmodus, den ich eigentlich nur kenne, wenn ich die Familienfinanzen versaut habe oder wenn alle Haushaltsgeräte auf einmal kaputt gehen. Sie ließ Verbindungen spielen, wie ich es noch nie erlebt hatte, sie organisierte sich eine Restkarte über dunkle Kanäle. Und fuhr zwei Tage später nach Berlin, um die Parcels gleich noch mal zu sehen.

Wie gesagt, es ist über ein Jahr her, aber immer noch, wenn ich nach Hause komme und meine Frau schon da ist, laufen die Parcels. Sie folgt den fünf Jungs auf Instagram, sie informiert mich über ihre neuen Videos, sie analysiert mir und den Kindern ihr Debütalbum, das gerade erschienen ist, und an unserer Pinnwand hängt immer irgendeine Parcels-Karte für die Zukunft. Man kann sehr gut tanzen zu den Parcels, also tanzt meine Frau in der Küche. Meine Frau ist Fan. Die Kinder und ich sind auf gewisse Weise zugleich amüsiert und erschöpft von den Parcels und meiner Frau.

Aber nicht nur das. Denn die Wahrheit ist: Verliebt sein

macht Menschen in vielerlei Hinsicht schön. Weshalb man oft so anziehend wird, wenn man verliebt ist. Das trifft auf meine Frau definitiv zu. Mag sein, dass ich mit den Parcels nicht viel anfangen kann – aber meine Frau ist entzückend, wenn sie von ihnen schwärmt.

Ohrstöpsel

Nach dem Aufwachen erzähle ich Luise anschaulich und voll psychologischer Details, was ich in der Nacht geträumt habe. Danach kommentiere ich die Nachrichten aus dem Radiowecker mit zotigen Zwischenrufen. Dann frage ich meine Frau, was sie frühstücken möchte. Ihre Augen sind wach. Nach einer Weile zieht sie einen Stöpsel aus ihrem Ohr und sagt: «Waas?»

Das Leben mit einer Ohrstöpsel-Userin ist ein verdammt einsames Geschäft. Es kann auch hart sein, zum Beispiel, wenn Schlafenszeit ist und nur ein Ohrstöpsel auffindbar. Krise. «Schau doch mal in deinem anderen Ohr», sage ich müde. Obwohl, die beschriebene Situation ist unrealistisch, denn eigentlich sind immer genug Ohrstöpsel auffindbar; sie neigen dazu, sich über die ganze Wohnung zu verteilen, eigentlich liegen überall welche, an jedem beliebigen Ort könnte man sich bei uns zustöpseln, jederzeit.

Bisher habe ich die Ohrstöpsel-Sucht für Luises Individual-Marotte gehalten, aber verschiedene Beobachtungen lassen mich vermuten, dass es sehr, sehr viele Frauen in Luises Generation gibt, deren bevorzugtes Lifestyle-Accessoire der sogenannte «Lärmstopp» ist. Es ist der Lifestyle der Erschöpfung, der Doppelt-und-Dreifach-Belastung, der Ich-will-meine-Ruhe-haben-Lifestyle.

Man kann in diesem Zusammenhang nicht von einer schweigenden Mehrheit sprechen, eher von einer abgedimmten, ausgeblendeten. Das Leben verursacht Geräusche, bei Tag und bei Nacht, damit findet man sich ab, oder man stöpselt sich zu. Neulich sah ich eine Frau in meinem Alter, die in einem Café saß und die Zeitung las. Mit Ohrstöpseln. Interessant ist auch, wenn Bekannte plötzlich herausfinden, dass sie beide mit Ohrstöpseln schlafen. Es ist ein Durchbruch der Zwischenmenschlichkeit, sofort entsteht zwischen den beiden eine ganz neue Art von Gemeinsamkeit, ein stilles Einvernehmen, das paradoxerweise lautstark bekräftigt wird. Als Nackt-Ohr fühlt man sich ausgeschlossen.

Dann wollte ich am Sonntagnachmittag ruhen, doch in der Nachbarwohnung wurde zornig gesaugt. Aha! Ich fummelte im Sofa, bis ich zwei von den fleischfarbenen Schaumstoff-Bollen gefunden hatte, drückte sie zwischen den Fingern platt und schob sie mir rein. Erst mal hörte ich nicht, wie erhofft, nichts, sondern das Sich-Ausdehnen des Schaumgummis, ein seltsam zähes, formloses Geräusch, wie eine Bundestagsrede des Heimatministers. Dann ganz kurz Stille, dann ein anschwellendes Rauschen mit einem aufdringlichen Pa-plöng-Pa-plöng-Pa-plöng im Vordergrund. Was war denn jetzt kaputt? So also klang ich von innen, mein Blut, mein Herz, mein Sound. Das muss man aushalten können. Hypochondern rate ich ab von Ohrstöpseln.

Dann rasselten meine Knochen, Knorpel und Gelenke noch ein wenig, und dann war Ruhe. Ich schluckte. Endlich allein. In meiner eigenen Welt. Das war ja super hier drinnen! Was hatte ich all die Jahre mit offenen Ohren verpasst.

Nach einer Weile blickte ich auf, Luise war ins Zimmer gekommen und bewegte den Mund. Mit größtem Widerwillen zog ich einen Stöpsel aus dem Ohr und sagte: «Was?»

Fernsehen

Früher hatte ich eine Horrorvorstellung von einer Zukunft als Paar, die ging so: Wir auf dem Sofa und die Glotze flimmert. Das sah man manchmal bei älteren Verwandten, wo nichts mehr lief außer dem Fernseher. Heute ist das für mich die schönste Vorstellung überhaupt: Wir auf dem Sofa, und die Glotze flimmert. Glücklicherweise ist das Fernsehen besser geworden. Früher gab's ja zum Als-Paar-davor-Sitzen nur Sachen wie «Zum blauen Bock», «Unser Lehrer Dr. Specht» oder das «ZDF-Magazin» mit Richard Löwenthal, da wäre es schon besser gewesen, Dichtungsringe zu sortieren oder rund um die Uhr Sex zu haben, stelle ich mir vor. Heute ist die Fernsehserie die am weitesten entwickelte Kunstform von allen, sie hat den Kinofilm und den Roman als große Erzählung der Gegenwart abgelöst, man kann es schon gar nicht mehr hören. Wenn Bekannte darüber reden, als wären die Serien, die man guckt, Persönlichkeitsmerkmale oder Freizeittrophäen. Aber die Paarbeziehung ist die am weitesten entwickelte soziale Konstellation, um sich diese Kunstform, wie wir in der Fernsehserienseherszene sagen, «reinzuziehen». Dies liegt daran, dass man als Paar in der Mitte des Lebens aus logistischen Gründen (gemeinsame Wohnung, zu schwach zum Ausgehen) ohnehin recht viel Zeit miteinander verbringt. Und um die zeitgenössischen Fernsehserien staffelweise zu gucken, braucht man eben vor allem dies: Zeit.

Vor vielen Jahren hat mich eine Leserin darauf gebracht.

Als ich in einer Kolumne schrieb, dass ich gern am Wochenende mehrere Folgen der Serie «Emergency Room» hintereinander auf Video gucke, um mir das Gehirn durchzublasen, schickte sie mir die komplette Serie auf Videokassetten, die sie selbst im Laufe der Jahre aus dem Fernsehen aufgenommen hatte. Das war ein fettes Paket (ich bin heute noch dankbar dafür). Damals gab es nur eine Lösung: Ich musste meine Frau ebenfalls süchtig machen nach «Emergency Room», andernfalls hätte ich meinen Job kündigen und das tagsüber allein gucken müssen.

Das Tolle daran war, dass die Serie uns nicht nur dazu anregte, Loriot-artig nebeneinander auf dem Sofa zu sitzen und in eine Zimmerecke zu starren, sondern vor allem, über das Leben der Serienfiguren und damit über unser eigenes zu reden. So ist das geblieben: Wenn wir abends zusammen Zeit haben, gucken wir Fernsehserien auf DVD oder direkt aus dem Netz und reden dann den Rest der Woche darüber, was sie mit unserem Leben zu tun haben. «Mad Men» hat uns angeregt, über die ersten Berufsjahre unserer Mütter Anfang der Sechziger zu reden und wahrscheinlich überhaupt zum ersten Mal nachzudenken; bei den «Sopranos» sind wir uns bis heute nicht einig, ob Carmela, die Ehefrau des Mafiabosses Tony Soprano, genauso schuldig ist wie er oder einfach keine andere Wahl hatte, als ihm den Rücken freizuhalten (ich habe dabei viel über das Wertesystem meiner Frau gelernt und möchte mich nicht im Bereich der Illegalität mit ihr überwerfen). Es hat auch dazu geführt, dass wir mit Freunden bei Abendeinladungen wieder andere Themen haben als abwesende weitere Paare. Wobei man ganz klar sagen muss: Nichts ist aufwühlender und befriedigender, als mit befreundeten Fans über die Abgründe der englischen Gesellschafts-Serie «Downton Abbey» zu diskutieren; nichts ist aber auch langweiliger und trostloser, als unbeteiligt und an «Downton Abbey» uninteressiert daneben zu sitzen, während erwachsene Freunde sich über die ethischen Dilemmata fiktiver Fernsehfiguren erregen. Dies sage ich aus eigener Erfahrung, denn ich kann mit «Downton Abbey» nichts anfangen und habe diese Serie daher niemals gesehen, möchte aber nicht, dass sich hier jemand ausgeschlossen fühlt.

Auch darum eignet sich das Paar so gut als Kommunikationszelle, um gemeinsam Serien wegzugucken: Wir sind immer auf demselben Stand, keiner kann aus Versehen verraten, wie's weitergeht, und keiner fällt gelangweilt ins Essen beim Drüberreden. Außer einmal, da habe ich etwas Schlimmes getan: Ich war krank und so gespannt, wie es weitergeht bei «Weeds», dass ich vormittags ein halbes Dutzend Folgen allein geguckt habe, obwohl ich wusste, wie sehr meine Frau ihnen entgegenfieberte. Abends verpasste ich, ihr dies zu sagen, es wäre wie Verrat gewesen, und dann saßen wir davor, und sie war fassungslos, weil die ganze Stadt abbrannte, und ich musste tun, als wäre ich es auch. Verdammt einsames Gefühl, das tu ich nie wieder.

Männlichkeit

Anfang zwanzig betrank ich mich zum ersten und letzten Mal aus Liebeskummer. Meine langjährige Freundin hatte mich wegen eines anderen, ebenfalls noch sehr jungen Mannes verlassen. Mehrere Tage nach diesem Ereignis war ich immer noch nicht so traurig darüber, wie ich erwartet hätte. Mir schien, als würde eine tiefe Emotion fehlen, um an diesem Einschnitt in meinem Leben als Mann zu wachsen. Also steigerte ich mich im Laufe eines Freitagnachmittags planvoll in eine brauchbare Verzweiflung, die ich mit alten Fotos und Briefen befeuerte, von denen die meisten Zettel waren, die wir uns während der gerade erst verstrichenen Schulzeit zugesteckt hatten.

Kurz vor 18 Uhr (die Reform des Ladenschlussgesetzes lag noch sieben Jahre in der Zukunft) hatte ich eine Eingebung: Nun war ich so traurig über die Trennung, dass ich mich vorschriftsmäßig betrinken musste. Dies kannte ich aus Filmen, irischen Romanen und dem Verwandtenkreis. Männer ertränkten ihren Kummer, am besten in Whisky oder Whiskey, wenn der Kummer so tief war, dass er einen weiteren Vokal erforderte. Männer tranken stumm oder mitteilsam, weil sie anders ihre Gefühle nicht besiegen oder überhaupt welche haben konnten. Hemingway. Bogart. Bukowski. Ich war doch gerade dabei, auch einer von denen zu werden: ein Mann. Also musste ich mich betrinken. Nur so würde ich reifen können an meinem Schmerz.

Der damals viel beworbene «Jack Daniel's» aus Lynchburg, Tennessee, wo die Angestellten während der vertraglich vereinbarten Arbeitszeit auf Holzfässern Dame spielten, war zu teuer, daher «Jim Beam». Als der Freund, mit dem ich zusammen wohnte, nach Hause kam, saß ich in der Küche und hatte, wie ich es stolz bei mir nannte, bereits «einen intus», ich schwenkte die Flasche und rief noch eine Spur zu aufgeräumt «Ich kann sie nicht vergessen!» und «Es hat alles keinen Sinn mehr!». Er wollte aber nur was holen, seine Mutter wartete im Auto. Ich hatte mir vorgestellt, zum großen Suff-Schmerz gehörte ein mittrinkender Zuhörer-Mann. Aber einsam war viel besser, da noch trauriger. Und: mehr «Jim Beam» für mich.

Noch heute habe ich das Gefühl, beim Betrunkenwerden das Betrunkensein nur zu spielen; so auch damals. Nach zwei Stunden mit Van Morrison und «Jim Beam» (oder waren es Jim Morrison und Van Beam?, alles verschwamm), verlor ich die Geduld mit mir und meinem einfach nicht tiefer und männlicher werdenden Schmerz. Um den angebrochenen Abend pragmatisch zu nutzen, begann ich, Hemden zu bügeln. Dies tat ich damals einmal im Monat, drei, vier Hemden reichten für diesen Zeitraum.

Beim Bügeln trank ich weiter, warum nicht, und sang halblaut «Snow in San Anselmo» wie jemand, der sich beobachtet fühlt. Ich kam mir lächerlich vor, bis ich mit dem zweiten Hemd fertig war, es in den Schrank hängen wollte und den Weg dorthin plötzlich nur noch auf Knien zurücklegen konnte. Endlich hatte ich Tränen in den Augen, aber sie kamen von der Fußleiste, an der ich mir das Knie gestoßen hatte.

Es hat lange gedauert, bis ich wieder Bourbon trinken konnte. Noch heute sehe ich beim ersten Schluck immer die verzinkten Ständerstreben eines billigen Klappbügelbretts von unten vor meinem inneren Auge. Zwei Hemden hatten am Rücken diesen charakteristischen braunen Bügeleisenbrand, da hatte ich zu lange gebraucht, um den ganz neuen CD-Spieler zu bedienen, ich trug sie künftig unter der Jacke. Am nächsten Morgen hatte ich Kopfschmerzen, gekotzt und nicht das Gefühl, männlicher geworden zu sein. Seit jener Nacht weiß ich, dass Mannsein eine Rolle ist, die man nur spielt. Manchmal gelingt mir das. Meistens aber nicht.

Schlüssel

Auf eine Art ist auch das, was jetzt folgt, eine Liebesgeschichte, und ich möchte ausdrücklich festhalten, dass ich keinen Groll empfinde gegen meine Frau.

Sagen wir: Ich fürchte mich jetzt schon vor dem Herbst. Das liegt daran, dass ich oft meinen Schlüssel vergesse. Oft heißt: etwa alle drei Monate. Klingt wenig, kann aber entscheidend zu viel sein. Zum Beispiel im vorigen Jahr, an einem Montag Anfang Oktober (Tiefsttemperatur in der Nacht: 7 Grad). Ich war mit ein paar Kolleginnen Käsefondue essen, das zog sich wunderbar hin, und als ich, mit Kirschwasser abgefüllt und stark nach Greyerzer riechend, vor der Haustür stand, war es kurz vor eins.

Ich hatte ein fast leeres Handy und mein Geld in der Tasche, aber: keinen Schlüssel.

Ich habe von meinem Vater das Vergessen, Verlegen und Verlieren von Schlüsseln und Brieftaschen geerbt, diese Macke verbindet uns wie ein starkes Band, geflochten aus Scham, Selbsthass und Unverbesserlichkeit. Wir trösten einander seit Jahren damit, dass wir beim Aufbruch Wichtigstes vergessen, weil wir mit unseren Gedanken eben oft woanders sind, bei aufregenden Ideen und großen Plänen; wobei mir in dem Moment, als ich ohne Schlüssel aufbrach, ehrlich gesagt nur «Käsefondue! Käsefondue!» durch den Kopf ging.

Meine Frau liebt mich, davon bin ich überzeugt, aber sie liebt nicht die Geräusche, die ich beim Schlafen mache (leichtes Atmen) oder wenn ich vom Käsefondue nach Hause komme (Kühlschrank nach mehr-Käse-durchwühlen), darum schläft sie immer mit Ohrstöpseln. Diese Technologie ist sehr ausgereift, die Haustür, das Telefon, das Handy und geduldiges Wummern kommen nicht dagegen an. Ich stand also vor verschlossener Tür, meine Frau hörte mich nicht.

Um eins in der Früh ist vielleicht gerade noch die Zeit, zu der man bei Nachbarn klingeln kann. Aber ich klingelte und wummerte und rief zu Hause an bis kurz vor zwei.

Später bin ich oft gefragt worden: Warum habe ich nicht den Schlüsseldienst geholt oder bei Freunden angerufen? Nun, es war eine Mischung aus Sehnsucht, Hoffnung und immer größer werdendem Triumphgefühl. Man kann sich nicht vorstellen, wie groß die Sehnsucht nach dem eigenen Bett wird, wenn man nur etwa zehn Meter davon entfernt steht, aber nicht reinkann. Und die Hoffnung erneuert sich mit jedem Klopfen, mit jedem Anruf: Jetzt wird sie rangehen. Jetzt ist sie aufgewacht, und alles wird gut. Das Schöne, das Phantastische daran ist: Plötzlich scheint die Liebe, die Ehe, die ganze menschliche Existenz viel einfacher als im Alltag: Es scheint, als müsste man nur in sein Bett kommen, und alles wäre gut. Zugleich aber eben der Triumph: Sieh, was du mir angetan hast! Ich habe nur den Schlüssel vergessen, du aber hast mich in die Kälte verbannt. Schau, jetzt ist es zwei, ich gebe auf, ich muss morgen arbeiten und will sehen, ob ich mich auf zwei Gartenstühlen für eine Weile betten kann, sieh, ich ziehe die Tischabdeckung aus dem Garten der Nachbarn über mich, ich stecke das Sakko hinten in die Hose, damit der Herbst nicht reinkriecht. Das Handy ist leer, die Sterne verschwimmen vor meinen Augen. Und alles nur wegen deiner Scheißohrstöpsel. Seit der Kindheit hat Selbstmitleid nicht mehr so süß geschmeckt.

Um drei resignierte ich, es war zu kalt. Übernachtungstipp Hamburg: Im Bereich des Altonaer Bahnhofs werden Sie Montag nachts, wenn Sie das Sakko hinten in der Hose haben und nach Käse und Kirschwasser riechen, bei den Hotels abgewiesen mit der Begründung, man sei ausgebucht. Der erste ICE Richtung Hannover fährt um halb vier, darin kann man leidlich dösen, anderthalb Stunden hin und anderthalb Stunden zurück.

Insgesamt war es dennoch das Beste, was mir passieren konnte. Erstens hatte ich es die nächsten drei, vier Tage sehr leicht: Ich musste nur hin und wieder leidend die Stirn runzeln und mir ins Kreuz fassen, um das schlechte Gewissen meiner Frau neu zu entfachen. Und zweitens muss ich jetzt, wenn mir mein Leben sinnlos und leer erscheint, nur daran denken, wie sehr ich mich in jener Nacht gesehnt habe nach seinen banalsten Aspekten, und mir wird klar, wie herrlich es ist.

Einkaufen

Jeder Mensch hat etwas, das ihn erschreckt oder traurig macht, obwohl es eigentlich harmlos ist. Für manche sind es Harlekin-Figuren, für andere künstliches Obst oder selbst gezogene Kerzen. All dies stört mich nicht oder nur bedingt. Aber was mich fertig macht, runterzieht und bis an den Rand des Kontrollverlusts bringt, ist der Anblick von Paaren, die zusammen einkaufen. Zeigt mir eine Frau und einen Mann, die mehr oder weniger gemeinsam einen Einkaufswagen durch Supermarktgänge schieben, und ich zweifle augenblicklich am Projekt Partnerschaft bzw. am Projekt Mensch. Denn nie sehen diese Paare glücklich aus, bestenfalls schauen sie tapfer, so, als würden sie kraft ihrer noch relativ unverbrauchten Verliebtheit oder durch völlige Abstumpfung gemeinsam etwas durchstehen. Meist wirken sie aber einfach nur total genervt: sie, weil er wie ein Trottel hinterherläuft und nicht weiß, was er tun soll; er, weil er wie ein Trottel hinterherläuft und nicht weiß, was er tun soll. Und dann halte ich kurz an, wende meinen Blick in ein Regal mit Fischkonserven, die fürwahr einen schöneren Anblick bieten als Paare, die gemeinsam einkaufen, und dann danke ich meiner Frau und mir, dass wir nicht gemeinsam einkaufen.

Ich habe von meiner Frau das Einkaufen und die Aufgabenteilung an sich gelernt, und zwar indirekt, weil sie Einkaufen hasst. Ich dachte eigentlich auch immer, dass ich einkaufen hasse, aber der Witz ist: Ich hasse es weniger als sie es hasst. Ich hasse dafür Wäsche machen. Es ist so unübersichtlich, und jedes Waschmittel riecht, als hätte man was zu verbergen. Sie findet Wäsche machen etwas weniger schlimm als ich. Also kaufe ich immer ein, alles, und sie macht immer die Wäsche. Und als wir uns darüber klar wurden, hatten wir, glaube ich, den heiligen Gral der Aufgabenverteilung im Haushalt gefunden: Jeder macht das, was der andere noch unlieber macht, und der Rest bleibt liegen, oder man holt sich Hilfe. Diese Entscheidung haben wir vor etwa fünfzehn Jahren getroffen, und seitdem streiten wir etwas weniger. Vor allem, seitdem wir nicht mehr zusammen einkaufen.

Ich bin überzeugt, dass Paare nur deshalb zusammen einkaufen, weil sie sich dem Thema Aufgabenverteilung noch nicht gestellt haben. Das gemeinsame Einkaufen ist wie ein Symptom der Verdrängung, egal, ob das Paar zwanzig, dreißig, fünfzig oder siebzig ist. Und darum werde ich mich eines Tages bei Edeka vor zwei Menschen aufbauen, die mit zusammengebissenen Zähnen einen gemeinsam angelegten Einkaufszettel studieren, und ich werde ihnen sagen: Partnerschaft ist nicht, alles gemeinsam zu tun. Partnerschaft ist, dass man jemanden hat, der einem was abnimmt. Tut nicht so, als würde es euch Spaß machen, darüber zu diskutieren, ob «noch Hack im Tiefkühler ist» oder ob die irische Butter besser schmeckt als die deutsche. Solche Entscheidungen sind so banal, dass sie einsam und schnell gefällt werden sollten. Von einem, der das allein durchsteht, und der (oder die) darüber im Laufe der Jahre zum Einkaufsprofi wird. Was dann Zeit spart. Sodass man mehr gemeinsame davon hat. Denn zusammen Einkaufen ist keine gemeinsame Zeit. Es ist gemeinsame Lebenszeitverschwendung. Der andere könnte derweil zu Hause die Wäsche machen. Oder, vielleicht noch besser, auf dem Sofa liegen und sich auf all die schönen Dinge freuen, die gleich ins Haus kommen werden. Haltet inne und kehrt um, denn es ist nie zu spät, einander zu erzählen, was man am meisten hasst, um es sich dann wechselseitig abzunehmen.

Außerdem komme ich dann am Sonnabendvormittag schneller durch die Gänge, denn Paare mit Einkaufswagen sorgen mit ihren passiv-aggressiv gesäuselten Beratungen ständig für Staus.

Gleich

Eines Tages, als er gerade Anfang vierzig war, sah der Mann*, dass er einen Busen hatte. Auf einem Foto, das ihn am Strand zeigte. Der Mann war es gewöhnt, Urlaubsfotos danach abzuscannen, wie sehr man seinen Bauch sah. Dies hier aber war neu: zwei halbovale Schatten oberhalb der Bauchfalte.

«Was ist das?», schrie der Mann zu seiner Frau. Sie studierte das Foto, und an der Art, wie sie kurz die Stirn runzelte, sah er, dass sie gleich lügen würde. «Du siehst aus wie immer», sagte sie.

Seitdem weiß der Mann, dass er ein Mann ist, der bei ungünstiger Beleuchtung (also jeder Art von Tages- oder Kunstlicht) einen Busen hat. Nicht groß, aber: da entwickelt sich etwas. Der Mann steht also abends vorm Spiegel und staunt ein bisschen. Was soll das? Warum, nach den Haaren aus den Ohren, dieser weitere absurde Scherz seines Körpers auf seine Kosten? Als wollte sein Körper sagen: Guck mal, du wirst älter, aber es kann auch ganz witzig sein. Also, nicht so im Sinne von geistreich witzig, mehr so im Sinne von Karnevalskostüm und Bürostreich, aber trotzdem: haha. Ja, liest der Mann, der Männer-Busen ist eine ganz normale Alterserscheinung, begünstigt durch sein Übergewicht, das er paradoxerweise «leicht» zu nennen sich angewöhnt hat.

---

* Der Mann bin ich, aber ich wollte das nicht gleich so an die große Glocke hängen.

Er sieht, dass er beileibe nicht der Einzige ist, aber es ist jetzt auch nicht so das Gesprächsthema in seinem Freundeskreis: «Und, hast du nach dem Urlaub auch immer so weiße Ringe unter den Brüsten?»

Der Mann erinnert sich an ein Zitat des Komikers Steve Martin, der im Film «L.A. Story» sagt: «Wenn ich eine Frau wäre, würde ich wohl den ganzen Tag damit verbringen, mit meinen Brüsten zu spielen.» Der Mann ist zwar keine Frau, könnte dies nun aber theoretisch tun, den ganzen Tag mit seinen Brüsten spielen. In der Praxis erweist es sich als eher unerfreuliche und definitiv nicht tagfüllende Tätigkeit. Er könnte «Shapewear» tragen, also Unterwäsche, die den Körper formt. Das Angebot für Männer ist nicht viel kleiner als das für Frauen. Ein «Cotton Compression Tank»-Unterhemd der in diesem Bereich führenden Marke «Spanx» kostet 64 Euro. Das könnte er sich ja mal vom Munde absparen. Aber nein, so weit kommt es noch, dass er sich von zwei Otternasen seine Unterbekleidung oder seinen Ernährungsstil diktieren lässt. Er wird sich nicht unterkriegen lassen von seinen Zuwächsen.

Stattdessen beginnt der Mann, im Kraftraum seines Sportvereins die Brustmuskelübungen schmerzhaft auszudehnen. Dies führt dazu, dass sein Busen durch die wachsende Muskelschicht immer weiter nach außen gedrückt wird. Das heißt, der Busen wächst, statt von den Übungen aufgezehrt zu werden. Der Körper möchte sich offenbar um keinen Preis trennen von seiner Neuerwerbung. Der Busen scheint wichtig zu sein, er muss etwas bedeuten. Der Mann liest, dass es in langjährigen Partnerschaften während des Alterungsprozesses zu einer Androgynisierung kommt: Frauen werden mehr wie Männer, Männer mehr wie Frauen.

Studien belegen, dass androgyne Menschen im Alter als attraktiver empfunden werden. Dies könnte den Mann trösten, aber zwischen ihm und «im Alter» liegen noch gut und gern zweieinhalb bis drei Jahrzehnte, die es trotz, mit oder dank Busen zu überbrücken gilt.

Forscher*innen sagen, dass eine «androgyne Rollenorientierung» das Älterwerden erleichtert. Es reicht also nicht, dass einem Brüste wachsen, man muss auch fähig sein, die alten Männer-Frauen-Klischees hinter sich zu lassen. Vielleicht sind die Brüste eine Art Mahnmal dafür, diese Aufgabe nicht zu vergessen. Oder Verdienstorden, wenn es einem bereits gelungen ist. Eine OP begönne bei zwölfhundert Euro. Absurde Vorstellung. Der Mann wird seinen Busen mit Würde tragen, als Zeichen dafür, dass er die Hälfte seiner Wegstrecke mehr oder weniger anständig zurückgelegt, immer den Teller leer gegessen und akzeptiert hat, dass alles eins ist.

Glück

An der Frage, was eine glückliche Ehe ausmacht, kann man eigentlich nur scheitern. Die kleinen Dinge, miteinander reden, ein halbes Mal Sex pro Woche, möglichst keine längere Haftstrafe – alles schön und gut, aber was es nicht zu geben scheint, ist die eine, die einfache Antwort, unter der man sich gleich was vorstellen kann.

Bis jetzt. Paarforscher von der angesehenen Rutgers University im nicht ganz so angesehenen US-Bundesstaat New Jersey haben in einer Studie herausgefunden, dass das Geheimnis einer glücklichen Ehe eine glückliche Frau ist. Die Qualität einer Partnerschaft wird von allen Beteiligten umso höher eingeschätzt, je höher die seelische Zufriedenheit der Frau ist. Ich habe das in einer Meldung gelesen, in der die schöne Formulierung vorkam: «Umgekehrt besteht der Zusammenhang nicht.»

Seitdem ich das weiß, gehen mir ganz seltsame Gedanken durch den Kopf. Erst mal muss ich feststellen, dass ich einer glücklichen Beziehung einen relativ hohen Stellenwert beimesse, da kann das Fahrrad noch so oft geklaut werden, und die Grillmesser mögen stumpf sein: Es ist mir ziemlich egal, solange wir als Paar zufrieden sind. Bisher war mir aber nicht klar, dass es theoretisch so einfach wäre, das hinzukriegen, bisher bin ich bei der Verfolgung dieses Ziels eher planlos vorgegangen, intuitiv. Und ich merke, dass mich der Gedanke fasziniert: Wenn ich mein Leben oder zumindest einen großen Teil davon der Aufgabe widmen würde, meine Frau glücklich zu machen, dann hätten wir beide was davon.

Wie muss es sein, sein Leben auf einen anderen Menschen auszurichten? Wie wäre es, immer erst mal zu gucken: Was wäre für den anderen das Beste, was würde ihr jetzt richtig gut gefallen? Und ich erfreue mich dann am trickle-down-Effekt, also an dem, was für mich noch weiter nach unten durchsickert von ihrer Fröhlichkeit.

Damit wir uns richtig verstehen: Wenn man auf der Welt jemanden suchen sollte, den glücklich zu machen und nach dem sein Leben auszurichten eine gute Sache wäre, dann ist meine Frau im Prinzip definitiv die richtige Wahl. Während meiner Kindheit war ich glühender Verehrer des Satirikers Ephraim Kishon, der einen tollen literarischen Kniff hatte: In seinen Texten nennt er seine Frau nie beim Namen, sondern immer nur «Die beste Ehefrau von allen». Wenn er die Idee nicht schon gehabt hätte, würde ich diesen Titel gern meiner Ehefrau verleihen, möchte aber aus Respekt vor Ephraim Kishon und seiner Frau dennoch nicht zu «Die zweitbeste Ehefrau von allen» ausweichen.

Aber ich gebe zu, dass bisher nicht bei allem, was ich tue und lasse, mein erster Gedanke war, ob es meine Frau glücklich macht. Ich weiß, so ist diese Rutgers-Untersuchung auch gar nicht unbedingt zu verstehen, aber der Gedanke hat dennoch etwas irre Bestechendes: Im Moment weiß ich gar nicht, warum ich was tue und wann und wie, es geht eigentlich alles immer relativ durcheinander, so eine Mischung aus «Muss sein», «Kann man machen» und «Besser als verhauen werden», aber je älter ich werde, desto mehr stelle ich fest, dass meinem Leben der rote Faden fehlt, das Thema, vielleicht am Ende sogar ein Ziel, was darüber hinausgeht, das Ganze einigermaßen anständig über die Runden zu schaukeln. Es muss so toll und so einfach und so befreiend sein, immer erst mal einen klaren Ansatzpunkt zu haben: Macht es meine Frau glücklich? Es wäre eine Art Zwei-Personen-Religion, oder genauer gesagt eine Ein-Mann-Religion, denn darüber informiert, würde meine Frau vermutlich ablehnen und sagen, genau dies würde sie nun nicht glücklich machen, sondern irritieren, und ich wäre wieder orientierungslos, was die Glücklichkeit angeht, also sage ich lieber nichts.

Vielleicht würde ich mich selbst verlieren, mag sein, aber ganz ehrlich, manchmal fände ich das gar nicht so schlecht: vielleicht bedeutet sich verlieren, Pause machen von sich selbst.

4. ÜBER NÄHE UND DISTANZ: SPIEL DOCH WAS MIT DEN ANDEREN

<u>Schüchternheit</u>
<u>Alkohol</u>
<u>Ompha Potato</u>
<u>Huhn</u>
<u>Sprachnachrichten</u>
<u>Diskutieren</u>
<u>Fersensporn</u>
<u>Freundschaft</u>
<u>Sprüche</u>
<u>Heimweh</u>
<u>Aushalten</u>

Schüchternheit

Mein Leben lang habe ich unter großer Schüchternheit gelitten. Am schlimmsten war, wenn meine Eltern mich mit zu Freunden nahmen und erwarteten, ich würde dort, während die Erwachsenen von braunen Steinguttellern aßen und über Willy Brandts Rücktritt diskutierten, mit deren Kindern spielen. Lieber hätte ich sechs Stunden im Auto gewartet. Oder unter dem Auto.

Während meines Studiums habe ich fünf Jahre lang mit niemandem geredet, den ich nicht vorher schon kannte, außer einmal, als eine Studentin mich fragte, ob neben mir noch frei sei. Wir waren dann mehrere Jahre zusammen; ich kann nur ganz oder gar nicht. Am liebsten aber eben gar nicht.

Mit meinem Eintritt ins Berufsleben wurde dies von einer quälenden Eigenschaft zu einem großen Problem. Ich habe viel Zeit auf den Toiletten von Stehpartys verbracht, weil ich mich dort entweder vor den Menschen versteckte, oder davon erholte, dass ich auf Menschen getroffen war. Andere networkten, aber ich hatte nur immer sehr saubere Hände und viel Zeit, um mein Gesicht im Spiegel von Networking-Event-Toiletten zu erforschen: Was ist los mit dir? Du gehst jetzt da raus und redest mit den Leuten. Kann doch nicht so schwer sein. Die Leute tun es doch auch. Und dann kam jemand rein, nickte mir zu, sagte «Tolles Meeting, oder?», und ich dachte: Sag was Interessantes, heraus kam: «Hajahmm», und dann wusch ich mir noch mal die wunden Hände.

Vor einigen Jahren bekam, was ich immer als Defizit empfand, einen Namen: introvertiert. Für einen kurzen Moment wurde dies in den Medien zu einer idealisierten Eigenschaft: statt schüchtern war ich also still, nachdenklich, womöglich tiefsinnig, gute Sachen alles. Aber es hat sich nie gut angefühlt. Weil es mich über die Jahre so wahnsinnig viel Energie gekostet hat, das immer wieder zu überspielen, mich immer wieder zusammenzureißen, auf Menschen zuzugehen. Das ist meine Horror-Formulierung: auf Menschen zugehen. Ich spüre jeden einzelnen Schritt, wenn ich sie höre.

Neulich war es dann wieder so weit. Eine Freundin würde mit ihrer Band in einer Kneipe spielen, ich wollte gern hin, aber ich wusste, vorher würde ich mit Leuten, die ich nicht gut kannte, herumstehen und reden müssen oder allein an der Bar lehnen. Das war immer das Schlimmste: allein auf der Party zu stehen, und alle denken, Oh Gott, wie unangenehm, der Typ ist ja so was von schüchtern.

Aber ich riss mich zusammen und ging hin. Der Vorgang des «Sichzusammenreißens» ist schwer zu beschreiben, er umfasst bei mir Ausbrüche von Selbsthass, die ich mir selbst gegenüber zu überspielen versuche, sowie Trotzanfälle, die ich an der Familie auslasse, furchtbar, bis ich schließlich fluchend das Haus verlasse oder in diesem Fall eben: verließ.

Ich traf auf diesem sich anbahnenden Kneipenkonzert einen entfernten Bekannten, nach zwei Sätzen fiel uns nichts mehr ein, und er sagte: «Kommst du mit raus, die anderen rauchen noch.» Ich wusste nicht, wer diese anderen sind, ich wollte nicht mit raus, also sagte ich: «Nein, ich bleib lieber hier, ich bin ein bisschen schüchtern.» Dann setzte ich mich allein in eine Ecke, aus der ich einen guten Blick hatte, und versuchte, meinen Triumph zu verstehen: Indem ich es ausgesprochen hatte, war es okay, ich hatte mich zu meiner Schüchternheit bekannt und so den Bann gebrochen. Ich saß allein, ging kurz vor Ende der Show, bedankte mich am nächsten Tag per Telefon und bin seitdem ein neuer Mensch. Wenn ich jetzt auf einer Tagung bin, mache ich in den Pausen schamlos einsame Spaziergänge. Beim Bastelnachmittag in der Schule unterhalten sich alle Eltern, und ich bin der Einzige, der tatsächlich bastelt. Und zwar stillvergnügt. Weil nie die Schüchternheit das Problem war, sondern mein Zwang, sie zu überspielen.

Alkohol

Mit Ende vierzig bekam ich ein massives Alkoholproblem. Dieses bestand darin, dass ein guter Freund mir mitteilte, er würde von jetzt an auf Alkohol verzichten.

Erst mal bekam ich einen Schreck, weil ich in Sorge war. Wenn wir uns trafen, tranken wir immer Rotwein zusammen, und es war schön. Wie würde es ohne Rotwein werden? Und dann bekam ich einen zweiten Schreck, weil ich überhaupt einen ersten bekommen hatte. Es ist gesund, nichts zu trinken. Ich sollte mich also freuen für meinen Freund und ihn unterstützen.

«Cool», sagte ich, ohne jede Überzeugung.

Woher diese Enttäuschung, dieses Gefühl, etwas sei zu Ende gegangen? Ich wusste es nicht. «Und warum?», fragte ich. Dies fand per Mail statt, wir planten unser nächstes Treffen. «Ich glaube», schrieb mein Freund, «es würde mir guttun. Ich hab das Gefühl, nervös zu werden, wenn ich nichts zu trinken kriege. Das möchte ich nicht. Ich will mich davon frei machen.»

Ich schluckte. Trocken.

Mein guter Freund lebt in Berlin, ich in Hamburg, wir kennen uns seit dreißig Jahren, und zwei-, dreimal im Jahr treffen wir uns hier oder da und reden über die Arbeit, die Familien und unsere gemeinsamen Interessen. Mittelpunkt unserer Treffen war bisher stets eine Flasche Rotwein. Nicht inhaltlich, aber sie steht zwischen uns auf dem Tisch, wer den anderen besucht, bringt sie mit, und meist öffnen wir noch eine zweite. Selten trinken wir die zweite Flasche auch aus. Aber es ist wichtig, dass sie da ist, wichtig zu wissen, dass wir könnten, wenn wir wollten.

Zu unserem nächsten Treffen brachte ich erst gar keine Flasche mit. Weil ich mir beweisen wollte, dass ich, wie es so schön heißt, auch ohne Alkohol fröhlich sein kann. Außerdem spürte ich einen deutlichen inneren Druck, zu beweisen, dass auch ich jederzeit darauf verzichten könnte. Wer dem Alkohol entsagt, strahlt oft zugleich etwas Überlegenes und Unfrohes aus, das ist eine schwierige Kombination, man möchte nicht anecken bei so jemandem.

Nun war ich also in Berlin, und wir saßen um den in der Mitte leeren Tisch und tranken tatsächlich Kräutertee. Ich liebe Kräutertee. In anderem Zusammenhang. Aber hier am Tisch? Da bringt er es einfach nicht. Das, was Rotwein einem bringt. Oder Weißwein oder was auch immer. Dieses Gefühl, dass das Gespräch, das man hat, wichtig ist, dass es etwas Besonderes ist, dass es losgelöst vom Alltag ist, dass man sich was gönnt, was leistet, was traut, dass man ein Risiko eingeht, dass man ein klein wenig lauter, ein klein wenig klüger, ein klein wenig lebensfroher wird. Die Minuten kriegen ein wunderbares Gewicht mit Alkohol, die Gegenwart wird so plastisch und greifbar. Und weil wir beide das bisher so empfunden haben, waren wir uns näher als sonst, wenn wir Alkohol tranken.

Alkohol trinken ist ein soziales Ereignis. Wer damit aufhört, wendet sich ab und zieht sich auf sich selbst zurück. Niemand verabredet sich mit jemandem, um «mal wieder in Ruhe nicht einen zusammen zu trinken». Hauptsächlich erzählte mein guter Freund, dass sein Sozialleben praktisch zusammengebrochen war, seit er keinen Alkohol mehr trank.

Ihm war vorher nie aufgefallen, wie viel bei Tisch über den Wein geredet wurde, wenn man bei Freunden zum Essen eingeladen war, in der Kneipe musste er sich den Kopf zerbrechen, um was Interessanteres als Mineralwasser oder Apfelschorle zu trinken, und im Büro oder in seiner recht großen Familie gab es ständig was, worauf man anzustoßen hatte: Komm, nur ein Schlückchen, damit du auch was im Glas hast.

«Du übertreibst», sagte ich.

«Ja, ein bisschen», sagte er und nippte am Tee. Aber ich wusste, dass er recht hatte. Dass Alkohol so schädlich ist und zugleich diese Wichtigkeit hat, diese gesellschaftliche Funktion, ist ein Widerspruch, den man im Grunde nur in Alkohol auflösen kann. Sportsendungen werden von Biermarken gesponsert, Eltern diskutieren beim Elternstammtisch nach der zweiten Runde besorgt über den Cannabis-Konsum ihrer Ältesten. In der Zeitung lese ich, dass jeder Fünfte in meiner Stadt ein Alkoholproblem hat, aber Nachschub gibt es an jeder Ecke, im Grunde rund um die Uhr.

Meine Hände suchten das Rotweinglas auf dem Tisch und fanden den Teebecher. Ich sagte was über eines unserer Lieblingsthemen, aber es war nicht besonders interessant oder intelligent. Um Gottes willen, dachte ich. Was bin ich ohne Alkohol? Und wie gefährlich ist, was ich mit ihm bin?

Ich habe den entsprechenden Test der Bundesgesundheitszentrale für gesundheitliche Aufklärung gemacht. Mein Alkoholkonsum ist demnach «riskant». Dies ist, wohlgemerkt, die zweite von fünf Stufen, das Beste, was man erreichen kann, ist «risikoarm». Man merkt, dass es für Fachleute keinen risikolosen Alkoholkonsum gibt. «Riskant» habe ich erreicht, weil ich einmal oder mehr in den letzten dreißig Tagen fünf alkoholische Getränke an einem Abend zu mir genommen habe. Ja, das kann passieren. Selten, aber wenn, dann genieße ich es sehr. Ich lebe so kontrolliert, dass ich mich alle ein, zwei Monate an einem Minirausch erfreue. Betonung auf Mini: Die Kontrolle gebe ich selbst beim unmäßigen Trinken so gut wie niemals ab. Aber, wie gesagt: riskant. Und wenn man auf die Hirnforschung hört, ist all das, was ich oben als Nähe, als bewusster erlebte Zeit, als kleine Weltveränderung beim Trinken beschrieben habe, nur eine Illusion. Normalerweise kann unser Gehirn gut unterscheiden, ob etwas einfach nur unser Belohnungszentrum stimuliert, oder ob es langfristig gut für uns ist. Darum kann ich fast immer nach der halben Tafel Schokolade aufhören und nach drei Stunden Fernsehserien: Es fühlt sich zwar im Moment super an, aber ich weiß, dass mir nach acht Stunden oder zwei Tafeln schlecht und traurig zumute wäre. Alkohol drückt immer nur die Belohnungstaste und sagt dir: Das, was du gerade tust, ist wunderschön, du hast keinen Grund, es in Frage zu stellen.

Ich habe Alkohol erst relativ spät für mich entdeckt, mein erstes eigenes Bier habe ich mit achtzehn Jahren auf einer Kursfahrt in London getrunken. Und dann noch eins. Und noch eins. Dann konnte ich nicht mehr so gut aufstehen, ich fühlte mich schwer und leicht zugleich und dachte: Oha. Nicht schlecht. Mein Belohnungszentrum war sehr happy.

Aber Alkohol funktioniert noch auf einer anderen Ebene, und erst, seit mein guter Freund nicht mehr trinkt, habe ich Grund, darüber nachzudenken. Alkohol hilft mir, der Mensch zu sein, der ich gern wäre: aufgeschlossen, unverkrampft, gesprächig. Ich hasse Empfänge und ich mag keinen Sekt, aber wenn ich beruflich zu einem Empfang muss, greife ich am Eingang begierig nach genau diesem Sekt, weil ich weiß: ein, zwei Gläser davon bringen mich dem Menschen, der ich heute Abend gern wäre, zumindest ein wenig näher. Vielleicht ist es das, was mein guter Freund meint mit: sich abhängig zu fühlen, sich frei machen zu wollen. Wäre es nicht ehrlicher und für meine Leber besser, wenn ich nicht mehr zu Veranstaltungen ginge, die mir ohne Alkohol schwer erträglich sind? Oder, vielleicht noch besser, wenn ich lernen würde, sie auszuhalten, indem ich mir sage: Ich bin halt einer von den zehn Prozent, die hier schüchtern und verkrampft herumstehen? Davon ginge die Welt auch nicht unter. Vom Trinken vielleicht schon.

Ich kenne mir eng verbundene Menschen, die der Alkohol fertig gemacht hat. Tragödien, deren Treibstoff Alkohol war. Ich weiß, dass «Risiko» nicht nur ein Wort ist, das heimelig nach Brettspiel und Wim Thoelke klingt. Eben weil ich das weiß, stört es mich so, dass der Alkoholverzicht meines guten Freundes mich stört. Ich ertappe mich bei dem Gedanken, dass es mich womöglich noch mehr stören würde, wenn meine Frau sagte: Ich trinke nichts mehr. Was bin ich für ein Scheusal, fast brauche ich einen Schnaps auf diese Erkenntnis. Für Frauen ist Alkohol ein noch größeres Gesundheitsrisiko als für Männer. Das weiß ich, und trotzdem wäre es für mich ein Verlust, mit meiner Frau abends kein Glas Wein oder zwei mehr zu trinken.

Was liebe ich wirklich so am Alkohol? Indem ich trinke, markiere ich einen Übergang. Von der Arbeit in den Feierabend. Vom Alltäglichen ins Feierliche. Oder eben vom Netten ins Freundschaftliche, Unkontrollierte, Offene. Vom Distanzierten in die Nähe. Der Alkohol verursacht in mir eine Veränderung, die mir signalisiert: Jetzt beginnt etwas Neues. Alkohol ermöglicht und feiert diesen Übergang zugleich.

Mein Glück ist vielleicht, dass ich nicht gern alleine trinke, nie. Es ist jetzt fast ein Jahr her, dass mein guter Freund aufgehört hat zu trinken, und langsam merke ich: Vielleicht habe ich noch ein anderes großes Glück. Nämlich dass mir die Vorstellung unerträglich wäre, dass jemand in fünf Jahren sagt: Hast du eigentlich noch Kontakt zu deinem guten Freund in Berlin?, und ich müsste ehrlich antworten: Nein, denn er trinkt keinen Alkohol mehr. Das wäre lächerlich und dumm.

Ompha Potato

Seit vielen Jahren führe ich an einigen Orten der Welt ein Doppelleben unter falschem Namen. Auf sehr niedrigem Niveau, wenn man sich die möglichen Abgründe von Doppelleben vor Augen führt. Dazu muss ich ein bisschen ausholen.

In Bad Godesberg hatten wir eine Nachbarin, die mich als Kindergartenkind sehr beeindruckte: Frau Tschuly hatte einen Pool im Garten und um diesen Pool in meiner Erinnerung Gartenmöbel aus geschwungenem weißen Draht, und als sie ein paar Bäume fällen lassen musste, lief sie anschließend mit dem Benzinkanister durch den Garten, um die Stümpfe abzubrennen. Mit einer brennenden Zigarette im Mund. Die Baumstümpfe blieben in ihrer Form erhalten, aber schwarz verkohlt. Ich dachte damals, so geht Gärtnern.

Frau Tschuly guckte nachts die Muhammad-Ali-Kämpfe in anderen Zeitzonen, berichtete mir am nächsten Tag davon, und als ihre Dackelhündin Afra Welpen warf, überreichte sie mir die kleinste und sagte, «Der gehört jetzt dir». (Meine Eltern waren begeistert.) Als meine Schwester geboren wurde, fuhr Frau Tschuly mich im goldenen RO 80 ins Krankenhaus. So weit, so Siebziger-Jahre-Kindheit.

An Herrn Tschuly erinnere ich mich nicht, aber es gibt eine Geschichte über ihn, die mir sehr gegenwärtig ist. Er war viel unterwegs und offenbar sehr wohlhabend (der Pool, die Baumstümpfe). Außerdem galt er, wenn ich mich richtig erinnere, als Exzentriker. Meine Eltern erzählten, er müsste viel fliegen, und da er ungern jemanden neben sich hatte, buchte er stets zwei Sitzplätze. Mit einem Bonuseffekt: Den zweiten, nicht benötigten Sitzplatz, buchte er stets auf den Namen «Ompha Potato». Um sich, wie in der Nachbarschaft berichtet wurde, am Flughafen dann mit wachsender Intensität über die immer dringenden Aufrufe für «Ompha Potato» zu freuen.

Ich habe diese Geschichte nie in Frage gestellt, im Gegenteil, sie ist mir immer als ein fabelhaftes Beispiel dafür erschienen, welche Möglichkeiten das Erwachsenenleben für mich bereithalten würde. Flugreisen! Reichtum! Lustige Namenswitze! Heute hasse ich Flugreisen und Namenswitze, aber ich merke, dass ich immer noch eine kindliche Sehnsucht nach Ompha Potato habe.

Nun gibt es auf vielen Flughäfen kostenloses WLAN, das ich brauche, um auf meinem Telefon ohne Roaming-Gebühren «Wordfeud» zu spielen oder Sachen wie «Nailed It – Das Gelbe vom Ei» zu gucken. Vor etwa acht Jahren wurde ich erstmals dazu aufgefordert, mich in einem Flughafen-WLAN mit meinem Namen und meiner E-Mail-Adresse anzumelden. Darauf hatte ich natürlich keine Lust, weil ich nicht bis an den Rest meines Lebens über die Duty-Free-Sonderangebote von Amsterdam Schiphol informiert werden wollte. Ohne nachzudenken, aber aus tiefster Seele, tippte ich «Potato» und «Ompha» in die Nach- und Vornamensfelder, und dann «ompha789@yahoo.com» oder so ins Adressfeld. Das habe ich seitdem in Paris, New York, Málaga, New Orleans, Seattle, Toulouse und Salzburg gemacht und an ein paar Londoner Flughäfen.

Wie gesagt, ich hasse Flugreisen. Abstürzen ist meine geringste Sorge. Es ist die Unfreiheit und das Ortlose, nirgendwo fühle ich mich verlorener als auf Flughäfen. Jeder Flughafen, auf dem ich gewesen bin, war wie alle anderen Flughäfen, die Unterschiede sind Erfindungen, an die das Gehirn sich klammert, um nicht völlig den Halt zu verlieren. Der Flughafen kann nicht verhehlen, dass wir keinen Grund haben, uns an ihm aufzuhalten. Er will uns nicht und kann uns nicht wollen, wir sind immer gerade zu viel, alles ist gerade zu teuer, die Wege sind gerade zu weit, die Schlangen zu lang, und zugleich ist alles noch gerade so weit unterhalb der Unerträglichkeitsgrenze, dass ich bis zum nächsten Mal vergessen habe, dass ich nie wieder fliegen wollte.

Der Ompha-Potato-Anmelde-Reflex kam daher ganz von innen, aus einem augenblicklichen Wunsch nach Geborgenheit, dem Gegenteil dessen also, was der Flughafen anbietet. Der Flughafen handelt von und mit Geworfenheit: selbst als einigermaßen freiwillig Reisender bist du machtloser als anderswo; selbst wenn du mit der Familie reist, bist du womöglich allein. Weil der Flughafen nur *dein* Gepäck frisst. Weil der Flughafen nur *deinen* Pass seltsam findet. Weil du zurückbleiben musst, und sei's nur ein paar Schritte, denn die Schatten dessen, was du in dein Handgepäck gestopft hast, sind erklärungsbedürftig.

Ich frage mich, ob es Herrn Tschuly damals auch schon so ging und ob er für sich deshalb Ompha Potato erfunden hat. Und ich frage mich, ob es uns unterscheidet oder gerade verbindet, dass er sich Ompha Potato als imaginären Freund buchte, ich mich aber ausgebe als Ompha Potato.

Jetzt, in den Märzferien, hat sich der Kreis zum ersten Mal geschlossen. Ich war in Gatwick, lahmgelegt, weil der Flughafen nicht konnte und wollte im Schnee. Ich nahm mein Telefon, um mich im WLAN anzumelden, denn von meinem letzten Gatwick-Flug vor zwei Jahren wusste ich, das Internet ist gut. Sobald ich das Anmeldefenster im Browser geöffnet hatte, war da nichts auszufüllen, sondern nur ein grüner Haken und die Worte: «Welcome Back, Ompha Potato». Es fühlte sich an wie zum ersten Mal endlich ankommen.

Huhn

Eines Tages beschloss ich, ein Huhn zu töten. Sagen wir nicht: zu schlachten. Sagen wir: zu töten.

Schuld daran waren meine Kolleginnen und der amerikanische Schriftsteller Jonathan Safran Foer. Er hat ein Buch geschrieben, das in den USA viele Menschen dazu bekehrt hat, kein Fleisch mehr zu essen. Es heißt «Tiere essen» und erzählt anschaulich, warum es ethisch und ökologisch falsch ist, Fleisch zu essen. Deshalb fragten wir uns auf der Redaktionskonferenz: Was machen wir zu dem Thema? Noch einmal schreiben, dass wir gegen Massentierhaltung sind, dafür, weniger Fleisch zu essen, und wenn, dann bio? Ist das nicht selbstverständlich? Auf diese Haltung konnten wir uns jedenfalls alle einigen: die Vegetarierinnen in der Runde und jene, die sich nicht vorstellen könnten, ohne Fleisch zu leben.

Ich merkte, dass ich zu keiner dieser beiden Gruppen gehöre. Ich bin definitiv kein Vegetarier. Im Gegensatz zu Jonathan Safran Foer esse ich gern Tiere. Ich esse viele Tiere. Ich esse fast täglich Tiere. Ich finde, ein Käsebrot schmeckt besser, wenn man noch zwei Wurstscheiben darauflegt. Es ist dann zwar kein Käsebrot mehr, aber egal. Das Käsebrot ist ja schon von selbst grausam. Und wenn ich essen gehe, schaue ich auf der Karte erst mal unten rechts, wo die großen Fleischstücke stehen.

Wenn ich samstags für die Familie einkaufe, plane ich zwei bis drei Fleischgänge für die Woche ein. Ich bilde mir sehr, sehr viel auf meine Bolognese ein. Cheeseburger am Bahnhof, Currywurst im Stehen, Döner auf dem Heimweg nachts um zwei: Ich liebe es. Mein Appetit auf Fleisch ist emotional, lustvoll: Fleisch schließt eine Lücke in mir, die keine Sellerieknolle füllen kann. Obwohl ich Sellerieknollen schätze und respektiere. Aber ich liebe sie nicht. Wenn ich auf Fleisch verzichte, dann aus persönlichen Gründen: entweder, um mich selbst zu schützen (Cholesterin, Doppelkinn, Lebensmittelskandale), oder weil ich keins mehr im Haus habe. Und doch schlägt beim Thema Fleisch mein Lebenslüge-Detektor aus. Ich habe wegen Fleisch ein schlechtes Gewissen.

Elementarer und quälender, als wenn ich an einem heißen Tag statt mit dem Rad im Auto zur Arbeit fahre, einfach wegen der Klimaanlage, Erde egal. Das schlechte Gewissen besteht aus zwei Teilen. Zum einen weiß ich, dass der maßlose Fleischverzehr von Menschen wie mir dazu beiträgt, unsere Welt langsam, aber sicher zu vernichten; und ich weiß, dass jeder 99-Cent-Hamburger dazu beiträgt, mehr Tiere in Massenhaltung zu quälen. Wissen kann man verdrängen. Nicht mehr verdrängen kann ich den zweiten Teil meines schlechten Gewissens: das Gefühl, grundsätzlich ein perverses, falsches, feiges Verhältnis zum Fleisch zu haben.

Denn ich bin der typische Großstädter: Ich habe nie gesehen, wie meine Großeltern Tiere geschlachtet haben, um sie zu essen. Ich finde Kühe in der Landschaft malerisch und Lämmchen süß. Ich bin völlig entfremdet vom Ursprung dessen, was ich am liebsten esse. Ich kaufe Fleisch, das möglichst wenig nach Tier aussieht. Schon die Zubereitung eines küchenfertigen Vogels bereitet mir Unbehagen, weil jedes Hähnchen durch seine fast vollständige Anatomie eine allzu ex-lebendige Anmutung hat. Mein Verhältnis zu Tieren ist sentimental. Ich bin gerührt, dass meine Kinder glauben: Tiere fühlen und denken wie wir, bloß verstehen wir ihre Sprache nicht. Mein Sohn war vier, als er beim Abendessen mit vollem Mund fragte: «Papa, woraus werden eigentlich Würstchen gemacht?» Die Antwort überraschte ihn nicht, aber sie verstörte ihn. Er hielt inne und betrachtete die Wiener in seiner Hand, und über sein Gesicht zog eine Vielzahl von Gefühlen, bevor er schweigend weiteraß. Selten sah er mir ähnlicher als in diesem Moment. «Ich liebe Fleisch, aber ich esse es mit schlechtem Gewissen», sagte ich in unserer Konferenz. «Ich habe das Gefühl, ich müsste ein Tier schlachten können, um das Recht zu haben, es essen zu dürfen. Aber ich glaube, das könnte ich nicht. Hätte ich nicht das Recht verwirkt, je wieder Fleisch zu essen, wenn es mir nicht gelingt, ein Tier zu schlachten? Und wenn es mir gelingt, kann es dann nicht sein, dass ich nie wieder Fleisch essen will? Das ist mein grundsätzliches ethisches Dilemma.» Während dieses kleinen Vortrages musste ich das eine oder andere Aufstoßen unterdrücken, denn in der Kantine hatte es Bulette gegeben.

«Wenn das so ist», sagte meine Kollegin Meike Dinklage, Vegetarierin, «dann musst du dich dem stellen. Und ein Huhn schlachten. Mit dem Risiko, danach kein Fleisch mehr essen zu können.» Ich wusste, dass sie recht hatte. Die anderen nickten, ich nickte auch. Und hatte augenblicklich sehr, sehr große Angst.

Finde mal ein Huhn zum Schlachten, es ist gar nicht so einfach. Man kommt sich halbkriminell vor, wenn man bei Leuten anruft, um sie zu fragen, ob man bei ihnen mal ein Huhn schlachten darf. «So was machen wir hier nicht», sagte der Mann vom Hühnerhof, «wir lassen die Tiere abholen.» Ein befreundeter Koch sagte, ich könnte am Ruhetag in seine Küche kommen, müsste das Tier aber selber besorgen. Ich dachte: Ich kann kein Huhn kaufen und es dann im Auto zum Schlachten fahren, was wäre das für ein Leben für das Huhn. Meine Geschichte schien an der Logistik zu scheitern. Wir sagen im Redaktions-Jargon: Ich hatte sie totrecherchiert, ich war bereit, das Thema zu killen. Berufsalltag. Und war es nicht besser so, für mich und ein Huhn? Aber das waren Ausflüchte, es gab kein Zurück. Ich hatte ein moralisches Gelände betreten, aus dem ich nicht mehr herausfand. Mir schmeckte kein Fleisch mehr, so feige fühlte ich mich.

Dann kam Frauke Prien vom «Brigitte»-Haushaltsressort. Sie hat eine Ausbildung zur Ländlichen Hauswirtschaftsleiterin, in deren Verlauf sie das Hühnerschlachten erlernte. Frauke kommt vom Land, sie lebt mit ihrem Mann und ihren Kindern, Hühnern und drei Schweinen in einem Dorf, eine Autostunde außerhalb von Hamburg. Frauke strahlt vor Menschlichkeit und Kompetenz. Frauke sagte: «Ich helfe dir. Du kommst zu uns, und ich zeige dir, wie man ein Huhn schlachtet.» Ich war erleichtert, denn plötzlich war ich nicht mehr allein auf einem fremden Planeten, auf dem es nur mich und ein dem Tode geweihtes Huhn gab.

Ich merkte, dass Frauke großen Respekt vor unserem gemeinsamen Nachmittag hatte. Das beruhigte mich, aber es verstärkte auch mein Gefühl, etwas Unerhörtes vorzuhaben. Unser Termin lag in weiter Ferne: drei Wochen. In der ersten Woche dachte ich nicht darüber nach, das Huhn schien so gut wie geschlachtet. In der zweiten legte sich eine Dunkelheit über meine Seele, die schwärzer wurde, je näher der Schlachttag rückte.

Frauke sagte: «Du brauchst Gummistiefel und altes Zeug.» Ich dachte: Oh Gott.

Frauke sagte: «Am Mittwoch muss ich um Viertel nach fünf die Kinder abholen, aber bis dahin sollten wir das Schlimmste hinter uns haben.» Ich dachte: Das ist doch schrecklich, das passt doch alles nicht zusammen. Muss die Welt nicht stillstehen am Nachmittag, an dem man tötet?

Am Wochenende vor der Schlachtung machte ich mit meiner Familie einen Ausflug nach Warnemünde, und wir aßen in der «Broiler-Stube» halbe Hähnchen, es bot sich an, sie war unten im Hotel. Ich war sehr traurig. Ich hatte Mitleid, aber mehr mit mir selbst als mit dem Huhn. Fraukes Familie hatte elf Legehennen der Rasse Rhodeländer und einen Hahn. Am Abend vor unserer Verabredung wählte ihr Mann zwei Hennen aus, die besonders alt waren und den nächsten Winter vermutlich nicht überleben würden. Ich stieg mit einem Rucksack voller Schlachtkleidung und einer Kühltasche fürs Huhn in Fraukes Auto, und auf der Fahrt sprachen wir zum ersten Mal über den Schlachtvorgang. Wir würden die Methode anwenden, die sie in ihrer Ausbildung gelernt hatte: den sogenannten Ohrscheibenstich. Ich betrachtete das Wort wie einen fremden Gegenstand. Es war drei Jahre her, dass Frauke ein Huhn geschlachtet hatte. Es machte ihr keinen Spaß, es stand ihr bevor, aber im Gegensatz zu mir war sie mit sich im Reinen: mit Tieren aufgewachsen, nie in Versuchung gewesen zu verdrängen, woher das Essen kommt. Ich zog Gummistiefel an und eine Anglerhose, geliehen von meiner Kollegin Andrea Benda, die in dieser Hose vom Elbhochwasser 2002 berichtet hatte. Ich sehnte mich nach einer Naturkatastrophe.

Die Kinder hätten gern zugesehen, aber Frauke schickte

sie weg. Um mich zu schonen, nicht unbedingt die Kinder. Neben dem Schweinekoben war der Hühnerstall, er sah aus wie in den schwedischen Kinderbüchern über Petterson und Findus, mit dem Unterschied, dass das Holz grün war und nicht rot. Die Tür war aufgegangen, die Hühner waren ausgebüxt. Frauke fing ihre Henne ein, während ich das Messer hielt, ein ganz normales, kurzes Küchenmesser, nur dass Frauke die Klinge im Schlachthof oben und unten extra hatte schleifen lassen. Dann gingen wir an den Rand der benachbarten Weide, hinter einen Knick, damit wir allein waren mit dem Huhn. Ich setzte einen Fuß vor den anderen. Es war ein sehr schöner Tag. Frauke sprach liebevoll mit ihrem Tier. Als es tot war, ging sie, um meines zu holen. Ich stand neben dem toten Huhn und wartete. Frauke kam nicht wieder. Ich dachte: Sie ist erschüttert, sie will nicht mehr, wo habe ich sie da reingezogen. Ich musste mich sehr konzentrieren, um nicht wegzurennen. Dann sah ich durch den Knick, dass Frauke von einer Nachbarin aufgehalten und in ein Gespräch verwickelt worden war. Wie konnte es sein, dass trotzdem einfach alles weiterging, der Reetdachdecker das Reetdach deckte, die Nachbarin was erzählte, und Kinder riefen und lachten am Teich?

Mein Huhn war dünn, und am Hals verlor es von seinem hellbraunen Federkleid. Als Frauke es mir gab, wurde mir klar: Ich hatte noch nie in meinem Leben ein Huhn gehalten, erst jetzt, um es zu töten. Mit dem Huhn zwischen den Knien ging ich in die Hocke, es wehrte sich nicht. Dann nahm ich den Knüppel, um es zu betäuben, und dachte daran, was Frauke im Auto gesagt hatte: «Wenn du es tust, dann tu es entschlossen, entschieden, ohne zu zögern.» Ich schlug dem Huhn zweimal auf den Kopf. Dann stach ich ihm das Messer schräg hinter dem Ohrfleck in den Hals und schnitt ihm mit einer schnellen Bewegung nach vorn die Kehle durch. Jetzt, da es tot war, begann das Huhn zu krampfen und zu zucken, es hatte sehr viel Kraft, und während der Minuten, in denen es ausblutete, war mir, als kämpfte ich mit der ganzen Welt. Wie konnte sich dies so falsch anfühlen, wenn Chicken McNuggets für die Kinder und ein Grilled Chicken Wrap für mich am Autohof Wittenburg genau das Richtige waren? Frauke kochte Wasser auf und füllte es in einen großen Zinkeimer. Nachdem wir den Hühnern die Köpfe abgeschnitten hatten, hielten wir sie an den Füßen und tauchten sie in das heiße Wasser, damit die Federn leichter abgingen. Wir setzten uns auf Holzstühlen vor die Scheune, in der im Stroh neben dem alten Trecker ein Igel schlief. Wir rupften die Hühner. Ich merkte, wie ernst wir waren und dass ich mir bis eben nicht erlaubt hatte, irgendetwas zu fühlen. Anders wäre es nicht gegangen. Es war ein tiefer Ernst, der mich erinnerte, wie albern der Umgang mit Fleisch viel zu oft ist: ein Jamie-Oliver-Rezept, wo das Grillhähnchen auf einer Bierdose sitzt, die man ihm in den Hintern schiebt; Bärchen-Wurst; fröhlich lachende Cartoon-Schweine auf Schinkenpackungen; die Tatsache, dass ich mein Huhn als Gummi-Adler bezeichnet hätte, wenn es mir im Restaurant serviert worden wäre.

In der Küche entzündete Frauke Spiritus in einer Schale, ich schwenkte mein Huhn durch die Flammen, um die letzten Federreste zu entfernen. Es roch, als wäre jemand mit den Haaren in eine Kerze geraten. Dann lagen die beiden Hühner nebeneinander auf der weißen Arbeitsfläche. Wir achteten darauf: dein Huhn, mein Huhn. Ich brach meinem Huhn die Beine an den Kniegelenken, um sie abtrennen zu können. Es war schwer, den Schlund herauszuziehen. Der Kropf war weich und hart zugleich, voller Schalen und Körner. Noch schwerer war es, durch den Bauchschnitt mit einer Hand die gesamten Innereien aus dem Hühnerleib zu ziehen. Ich war stolz, dass es mir gelang, ohne den Darm zu beschädigen. Frauke zeigte mir die Leber, das Herz und den Magen. Bevor man es zubereiten kann, schneidet man das daumengroße Herz auf, um sicherzugehen, dass kein Blut mehr in den Kammern ist. Das Herz meines Huhnes war leer. Sein Magen war fest und prall, wie ein Säcklein, in dem jemand etwas Wichtiges aufbewahrt. Ich schnitt ihn auf, um die Magenhaut zu entfernen, denn dann kann man ihn braten. Er war voll von allem, was das Huhn an seinem letzten Tag gegessen hatte. Ich ekelte mich nicht: Ich verrichtete eine anspruchsvolle, schwierige Küchenarbeit, ich war dabei, zum ersten Mal ein Essen wirklich vorzubereiten. Jedes Huhn, das man isst, müsste man selber schlachten und ausnehmen. Jedes, das man kauft, müsste 100 Euro kosten statt 3,99. Was ich tat, war richtig. Dann sah ich, wie die Eier in zunehmender Größe nacheinander aufgereiht waren von den Eierstöcken der Henne aus, von millimeterklein bis hin zu einem in Größe L oder XL. «Das hätte sie heute noch gelegt», sagte Frauke. Ich schwieg und dachte: Ein Ei esse ich nie wieder. Als ich das Huhn wusch, wurde sein Hals steif von Todesstarre. Mir war, als hätte ich etwas unschätzbar Kostbares zerstört.

Später fuhr Frauke mich zum Bahnhof. Im Zug stellte ich die Kühltasche mit meinem Huhn auf den Sitz neben mich, nicht auf den Boden. Ich war erschöpft und absolut ratlos. Wie jemand, der mit großer Anstrengung auf einen viel zu hohen Baum gestiegen ist und dann nicht weiß, wie er jetzt wieder herunterkommen soll. Zu Hause tat ich meine blutbeschmierte Kleidung in die Waschmaschine und das Huhn in den Tiefkühler. Es war zu mager, um es zu grillen, ich würde eine Suppe daraus kochen. Schließlich hatte ich das Huhn geschlachtet, um es zu essen. Aber nicht heute. «Du brauchst mindestens eine Woche, bis du dir vorstellen kannst, das Huhn zu essen», hatte Frauke gesagt.

In dieser Woche sah ich überall Fleisch, ständig wurde es mir angeboten, es wimmelte von Würstchen, überall gab es Hack, Steaks waren im Angebot. Ich floh in Arrabbiata-Nudeln. Dann holte ich das Huhn aus dem Tiefkühler. Es war ein Wiedersehen, auf eine Art kannte ich dieses Tier besser als mich selbst, zumindest von innen. Ich bereitete die Suppe, langsam und sorgfältig. Ich ließ das Huhn so lange kochen, wie das Schlachten gedauert hatte: zwei Stunden. Ich verharrte neben dem Topf und schöpfte Schaum ab, als wollte ich das Huhn jetzt nicht allein lassen. Wir setzten uns zu Tisch. Meine Frau war etwas betreten, denn sie kannte den Ursprung des Suppenhuhns. Aber die Suppe, sagte sie, schmecke ausgezeichnet. Die Kinder beklagten sich über das Gemüse und aßen die Suppe, indem sie Toastbrot hineintunkten. Ich saß dabei und hielt den Löffel auf halber Höhe, unfähig, ihn zum Mund zu führen.

Sprachnachrichten

Die einen versenden Sprachnachrichten, die anderen wollen sie nicht hören. Wenn ich auf mein WhatsApp oder einen anderen Messenger-Dienst schaue, sobald ich eine Benachrichtigung bekommen habe, und ich sehe statt Wörtern das dreieckige Sprachnachricht-Symbol – dann sinkt mein Herz. Ich hasse es, Sprachnachrichten anzuhören, und ebenso, sie aufzunehmen.

Ich sitze in einer langweiligen, aber recht offiziellen Runde, als mein Telefon vibriert: mein Sohn, der gerade aus der Schule gekommen ist. Mit einem Auge schaue ich unter dem Tisch aufs Display: eine Sprachnachricht. Ich seufze und schreibe mit einem Finger: «Bin in Besprechung, bitte schreib.» Vielleicht ist was Dringendes! Aber er kennt das Wort «Besprechung» nicht, er ist vierzehn, für ihn ist besprechen: das Telefon flach halten und ins Mikro reden, um eine Sprachnachricht aufzunehmen.

Als Nächstes kommt also wieder eine von ihm, aber diesmal ist sie immerhin nur sieben Sekunden und nicht eine Minute, sehe ich. Hören kann ich sie trotzdem nicht. Ich tippe: «SCHREIB». Er schickt ein Reg-dich-ab-Gif und: «Nix Wichtiges».

Können wir uns darauf einigen, dass es eigentlich nie so richtig was Wichtiges ist, wenn es in einer Sprachnachricht erzählt wird? Sie ist eine seltsame Zwischenform: Wenn etwas eilig und kurz mittelswert ist, reichen ein paar Wörter: «Bring Salat mit», «Hast du meinen Schlüssel?», «Ich liebe dich». Wenn etwas kompliziert und vielschichtig ist, muss man miteinander reden, von Angesicht zu Angesicht, oder eben wie früher durchs eigentliche Telefon. Aber die Sprachnachricht hängt so dazwischen: Wer sie aufnimmt, ist sich nicht so sicher, was es eigentlich zu erzählen gibt, und vor allem, wie. Anders gesagt: Was du als Sprachnachricht aufnimmst, kommt bei mir als Gelaber oder Gefasel an.

Es gibt natürlich Kolleginnen und Kollegen, die das viel positiver sehen. Die Kollegin Anna Mayr erklärte einmal in der «Zeit», die Sprachnachricht sei das Medium der Zukunft und schwärmte: «Sprachnachrichten fordern den Storyteller in uns heraus.» Das mag sein, aber ich habe den Eindruck, dass alle Leute, die mir Sprachnachrichten schicken, an dieser Herausforderung scheitern.

Auch die umständliche Handhabung ist ein Problem: Wenn man keine Kopfhörer angehängt hat, hört der ganze Großraumwagen mit, wie mein Sohn in Thomas-Mann'scher Ausführlichkeit die Nachmittagsplanung einer entscheidungsschwachen Gruppe von Teenagern beschreibt. Was mich aber vor allem an der Sprachnachricht stört, ist die Art, wie sie mich einmal mehr an das Gerät bindet, mit dem ich sowieso schon zu viel Zeit verbringe, dem ich eh zu viel Aufmerksamkeit schenke. Eine Textnachricht kann ich auf einen Blick erfassen, beim Telefonieren vergesse ich das Gerät, aber die Sprachnachricht zwingt mich, dem Smartphone mit all meinen Sinnen all meine Aufmerksamkeit zu schenken, gerne mehrfach, falls ich was nicht verstanden haben sollte.

Die einzigen Sprachnachrichten, über die ich mich freue, kommen von meinem ältesten Schulfreund Patrick. Er lebt auf einem anderen Kontinent, neun Stunden Zeitverschiebung, also haben wir eigentlich wirklich keine Chance, einander was zu sagen, sofern wir uns nicht sehen oder Sprachnachrichten schicken. Das heißt, ich mache gern eine Ausnahme: Sobald ihr mehr als achttausend Kilometer entfernt seid, hör ich mir eure Sprach-Storys gerne an.

Die schönsten Gespräche habe ich übrigens mit meinem Sohn, wenn er am Tisch sitzt und ich auf dem Sofa liege, in Hör-, aber nicht Sichtweite. Er erzählt ganz gelöst, ein bisschen zusammenhanglos, und antwortet assoziativ und ausführlich auf meine Fragen. Es ist sehr schön.

Nach einer Weile merke ich, dass er mit Ohrhörern drin Sprachnachrichten an seine Freunde aufnimmt und sich wundert, dass ich auch im Raum war.

Diskutieren

Diskutieren hat einen sehr guten Ruf. Deutschland soll mehr miteinander reden, Menschen, die unterschiedlicher Meinung sind, sollen sich miteinander austauschen. Damit nicht jeder und jede in der eigenen Blase bleibt, damit die Spaltung im Land nicht immer tiefer geht. Ich fühle mich aber sehr wohl in meiner Blase. Ich möchte nicht mehr mit Menschen diskutieren, die eine andere Meinung haben als ich. Meine Energie und meine Zeit sind mir zu schade.

Egal, ob es auf Facebook, auf Familienfeiern oder auf der Arbeit ist, die Situation ist immer recht ähnlich: Jemand kommt mit einer Meinung um die Ecke, die nicht meine ist, und hat die Erwartung, ich würde da jetzt gegenhalten. Das tue ich ganz gern, wenn es um das neue Buch von Juli Zeh, den neuen Song von Ariana Grande oder die Frage geht, was in das leere Ladenlokal an der Ecke kommen sollte. Aber es geht ja, wenn wir reden sollen, um ganz andere Themen: Grenzen auf oder zu, Özil deutsch oder türkisch, Rassismus sehr verbreitet oder eingebildet, Gleichberechtigung weit entfernt oder zu weit gegangen. Auch dazu habe ich Meinungen, aber es bringt mir nichts, mit denen, die andere haben, darüber zu diskutieren.

Die Fragen, über die wir uns derzeit und fürderhin uneins sind, berühren so sehr die Fundamente dessen, woran Menschen glauben und worauf sie ihr Leben gebaut haben, dass am Ende der Diskussion bei mir nie ein «Stimmt, so kann man es auch sehen» steht, sondern Frustration, wenn nicht

Feindseligkeit. Mich stößt das Ritual, das wir entlarvend «Meinungsaustausch» nennen, ab: Ich gebe dir meine Meinung, du gibst mir deine, so geht das hin und her, wir kennen die Formulierungen und Argumente des anderen aus ähnlichen Diskussionen, und wenn mir schon mein eigener Sound zu den Ohren wieder rauskommt, was soll ich dann erst über deinen sagen?

Und: Viele, die finden, man müsste mit ihnen diskutieren, vertreten Meinungen, die nicht mal mehr durch das Grundgesetz gedeckt sind. Mag sein, dass Großonkel Rudolf es für eine legitime Ansicht hält, man sollte Menschen zur Abschreckung ertrinken lassen, und für diskussionswürdig, dass Frauen mit ihrer Kleidung und ihrem Verhalten zu Vergewaltigung einladen. Beides sind verbreitete Meinungen von diskussionsfreudigen Menschen, beides aber liegt außerhalb der Werte, auf denen unsere Gemeinschaft beruht. Warum soll ich meine Energie und meine Zeit dafür opfern, Großonkel Rudolf das Gefühl zu geben, dennoch gehört zu werden? Wenn Großonkel Rudolf damit anfängt, gehe ich in den Garten, wo die Cousinen rauchen, damit ich unter meinesgleichen bin, und auf Twitter und anderswo mache ich das auch. Vorher rolle ich mit den Augen oder sage, was ich davon halte, aber das ist nicht diskutieren: Ich bin für widersprechen und weggehen.

Und vor allem für etwas anderes. Wir müssen reden? Nein. Wir müssen zuhören. Für jede fruchtlose Diskussion mit Menschen, die eine andere Meinung haben, möchte ich von jetzt an lieber nur noch denen zuhören, die sich mit dem Thema auskennen. Statt mit Menschen wie mir, die keine Ahnung von Rassismus haben, darüber zu diskutieren, ob es ihn in Deutschland gibt oder nicht, lese und höre ich lieber die Erfahrungen derer, die ihn erlebt haben. Je härter die Auseinandersetzung wird, desto tröstlicher und erhellender finde ich das: zuhören, statt mitzureden. Wahrnehmen und verarbeiten, was Menschen mit echten Erfahrungen und Kenntnissen sagen, statt zu diskutieren mit denen, die eigentlich nur ein Ziel haben: Dampf ablassen und Müll abladen.

Fersensporn

Meine älteren Verwandten sprachen früher, als die Kassen noch alles zahlten und Ärzte wie Rockstars waren, meist über ihre Krankheiten. Oder, wie sie es nannten in gruselig lautmalerischer Verniedlichung: ihre Zipperlein. Diese Zipperlein hatten seltsam volkstümliche Namen wie Knöchelwurz, Klemmohr, Blauer Bock oder Fersensporn. Es waren Krankheiten, von denen ich als junger Mensch dachte, sie würden mit diesen Verwandten aussterben.

Sehen Sie diesen Absatz? Merken Sie, wie unheilvoll dräuend er dasitzt? Nun denn. Also wachte ich neulich morgens auf, wollte aufstehen und brach schier zusammen. Die Formulierung «ich bin schier zusammengebrochen» verwende ich inflationär und bis jetzt immer bildhaft, in diesem Fall aber meine ich es wörtlich: Meine Füße trugen mich nicht mehr, sie schmerzten zu stark, ich krümmte mich beim Gehen, stützte mich an der Wand ab und merkte, wie mein Gesicht währenddessen grau wurde und einfiel. In den folgenden Tagen und Monaten kam der Schmerz immer wieder, und als meine Frau anfing, deshalb mit den Augen zu rollen, beschloss ich, zum Arzt zu gehen. Dies ist mein wichtigstes Arztbesuch auslösendes Krankheitssymptom: das Augenrollen meiner Frau, die meine Klagen nicht mehr hören mag.

Nun wurde ich untersucht, meine Quanten geröntgt, dann der Arzt so: «Fersensporn.» Ka-Bumm! Ich schwöre, bis eben dachte ich, den Namen dieses Zipperleins hätte ich als Kind im sonntagnachmittäglichen Mon-Chéri-Rausch aus den öden Gesprächen der Verwandtschaft herbeiphantasiert, aber jetzt weiß ich, es gibt den Fersensporn und ich habe zwei davon. Mehr geht nicht. Kolleginnen und Freunde haben auch Fernsporn. Falls Sie keinen haben und wissen wollen, was das ist, schauen Sie bitte selbst auf Wikipedia, das ist auch die Quelle meines medizinischen Wissens, mein Hausarzt wird Ihnen dies gereizt bestätigen. Auf Wikipedia steht: «Gewöhnlich liegt das Erkrankungsalter oberhalb von 40 Jahren» – check! – «abnorme Pronation im Rückfuß» – klingt nach Siebziger-Jahre-Kunstprojekt – «kann begünstigt werden durch Fußfehlbildungen, jedoch auch durch Übergewicht, ungeeignete Sportarten und ungeeignetes Schuhwerk.» Ungeeignetes Schuhwerk? Wie bitte? Unverschämtheit. Und «Fußfehlbildungen», das kann man auch netter sagen: Knick-Senk-Spreizfuß, genau, habe ich von Anfang an. Als Kind trug ich Einlagen und verlor sie immer, im Grunde bin ich mit nassem Abdruckgips an den Füßen im Wartebereich von «Ortmaier Bandagen» am Teltower Damm aufgewachsen. Mit neunzehn hörte ich auf, Einlagen zu tragen, irgendwie dachte ich, Einlagen wären nur für Kinder. Sie helfen aber auch gegen den Fersensporn, dieses Ehrenabzeichen Über-Vierzigjähriger mit ungeeigneten Sportarten.

Ich also seit fast dreißig Jahren zum ersten Mal wieder im Sanitätsfachgeschäft. Einlagen abnehmen geht schneller als früher, man tritt nur in einen Karton mit mittelhartem Schaum, das macht außerordentlich Spaß, aber jeder Kunde darf nur jeweils in zwei Kartons treten (glauben Sie mir, ich habe gefragt). Seitdem schmerzt es etwas weniger, aber nicht wenig genug. Meine Kollegin Tatjana ist der Empfehlung des Orthopäden gefolgt und hat sich ihren Fersensporn mit Hilfe von Stoßwellentherapie zertrümmern lassen. Sie sagt, es habe «ganz gut» geholfen, aber die Prozedur habe mehr weh getan, als ihre Kinder zu gebären. Aha. Da staunt der Laie (Mann). Deshalb nehme ich stattdessen homöopathische Mittel, die mir die Kollegin als Trostpflaster empfohlen hat. Das Tolle an diesem Mittel und indirekt also auch am Fersensporn ist: Man weiß nicht so genau, ob es hilft, also kann man sich schier endlos darüber austauschen. Und so wird mir jetzt erst klar, was der Hintergrund der verwandtschaftlichen Zipperlein-Gespräche war: Es ging immer nur darum, mit anderen in Verbindung zu sein. «Only connect» hat der englische Romancier E. M. Foster seinem Meisterwerk «Howard's End» und seinem Leben als Motto vorangestellt: Verbindet euch bloß!, das ist alles, was zählt. Und wenn nichts anderes mehr dafür taugt, gibt das Leben uns den mittleren Schmerz, um uns miteinander zu verbinden: Only connect through the Fersensporn.

Freundschaft

Vielleicht wäre die Welt besser ohne Freundschaft. Besser, weil es keine enttäuschten Erwartungen, kein gebrochenes Vertrauen, kein schlechtes Gewissen gäbe wegen Telefonschulden, oder weil man lieber zu Hause bleiben würde, als sich wie verabredet in der Kneipe zu treffen. Es gäbe ohne Freundschaft auch andere Bierwerbung, ein weiterer Vorteil.

Vor allem aber wäre die Welt womöglich freundlicher ohne Freundschaft: Statt sich auf die statistisch gesehen ein bis fünf wirklich engen Freundinnen und Freunde und einen größeren Kreis immer noch ganz guter zu konzentrieren, müsste man jedem Menschen offen und freundlich begegnen, man müsste sich der Welt vertrauensvoll zuwenden, statt gebückt an ihr vorbeizuschleichen, Blickkontakt nur mit den WhatsApp-Nachrichten derer, die man auserkoren hat zu guten, sehr guten oder besten Freunden.

Aber die Welt ist voll von Freundschaft, und zwar womöglich von einer überhöhten, idealisierten und der Zeit nicht mehr angemessenen Variante von Freundschaft. Ich liebe meine Freunde. Aber bin ich gut darin, ein Freund zu sein?

Meine Zweifel am Konzept Freundschaft wurden durch zwei Dinge ausgelöst: einen Artikel des amerikanischen Schriftstellers Richard Ford im «Guardian», und eine WhatsApp-Nachricht eines ehemaligen Kollegen. Der Text von Richard Ford ist überschrieben mit «Wer braucht Freunde?», und vor allem fragt sich Ford darin: «Ich bin absolut für menschliche Intimität, aber kann ich nicht die ganze Welt mögen?» Er schreibt, dass er im Grunde kein guter Freund sei und auch keine wirklich besten Freunde habe, da ihm das ganze Konstrukt nicht behage: die Vorstellung, dass man sich ausschließlich einer ganz kleinen Gruppe von Menschen öffnet, die man dann den Rest seines Lebens mit sich schleppt. Er bemüht einige prominente Kronzeugen, etwa den englischen Schriftsteller C. S. Lewis, von dem die Beobachtung stammt: «Zu sagen, ‹Das sind meine Freunde›, bedeutet: Und die anderen sind es nicht.» Ford stört genau dieses Ausschließende, Abtrennende an der Idee der Freundschaft: Warum sind unsere Freunde etwas so Besonderes, dass wir ihnen unsere ganze Aufmerksamkeit, unser ganzes Vertrauen, unsere Nähe schenken? Wäre es nicht besser, die ganze Welt als etwas Besonderes zu sehen und unsere Nähe und unser Vertrauen viel demokratischer zu verteilen?

Natürlich drängt sich die Frage auf: Wäre es auch möglich? Nun, man muss sich ja nicht vorstellen, dass wir alle als freundlich grinsende Oh-wie-schön-ist-es-auf-der-Welt-zu-sein-Trottel durch die Gegend laufen, einander an Bushaltestellen wildfremd in tiefe Gespräche verwickeln und beim Aussteigen mit großzügig verteilten Umarmungen verabschieden. Aber könnte es nicht vielleicht sein, dass der Mangel an Freundlichkeit in der Welt ein bisschen damit zusammenhängt, dass wir uns zu sehr zurückgezogen haben auf die paar guten und engen Freundschaften, deren Pflege so viel Energie kostet?

Richard Ford beschreibt, wie ihm ein Bekannter von jemandem erzählt, mit dem er sich eigentlich gut verstehen müsste, die beiden sollten sich doch mal treffen, und Ford antwortet: «Nein, danke, ich habe genug Freunde.» Genau die Ausschließlichkeit, die ihn selbst an Freundschaft irritiert und verwundert. Daran musste ich denken, als ich kurz nach der Ford-Lektüre eine Nachricht von einem alten Kollegen bekam, den ich mag und dem ich alle paar Jahre über den Weg laufe. Nach der letzten Begegnung schrieb er, es sei zwar schön gewesen, mich zu sehen, aber er müsste immer daran denken, wie ich vor vielen Jahren, als wir beide bei der gleichen Zeitschrift in Hamburg arbeiteten, nach einem Mittagessen mal gesagt habe, ich hätte einen «Aufnahmestopp» für Freundschaften. Was ihn damals sehr verwundert hätte.

Im Nachhinein bin ich erschrocken über diese Formulierung (würde ich heute sagen: «Obergrenze»? Oder «atmender Deckel»?). Vermutlich hatte er gerade mehrfach vergeblich versucht, das Kind im Fußballverein oder beim Ballett anzumelden, und deshalb war sie mir im Ohr und auf der Zunge. Und genau das war das Thema: Der Kollege und ich hatten darüber gesprochen, wie schwierig es ist, ab einem gewissen Alter neue Freunde zu finden. Ich hatte das Gefühl beschreiben wollen, zwischen Job und Familie schon den alten Freunden nicht mehr gerecht werden zu können und daher keine Kapazitäten für neue zu haben: ein frustrierendes Gefühl. Das von der Wissenschaft bestätigt wird: Die meisten Freunde haben Menschen mit etwa 25 Jahren, danach sinkt die Zahl kontinuierlich. Und, andere Studie, ähnliches Ergebnis: fast alle Menschen, die einem im Leben nah sind, lernt man unter 30 kennen.

Natürlich hat das ganz praktische Gründe. Freundschaftsforscherinnen wie Rebecca Adams von der University of North Carolina nennen drei Voraussetzungen, unter denen sich Freundschaft entwickelt: räumliche Nähe; wiederholte, ungeplante Interaktionen; und ein Setting, das

Menschen dazu ermutigt, sich einander anzuvertrauen. Man kann das schnell überprüfen: Ja, meine Freunde habe ich in der Schule, an der Uni, als Anfänger im Job und dann zuletzt, als die Kinder klein waren, gefunden, am Rande von Spielplätzen, über die Matte hinweg beim Kleinkinderturnen. Die Gelegenheiten, bei denen alle drei Faktoren Nähe, Wiederholung und Öffnung gegeben sind, werden weniger, sobald man genug Routine entwickelt hat, um sich im Job nicht mehr erschüttern zu lassen und die Kinder nicht mehr wollen, dass man sie zu Verabredungen begleitet. Und dann kommt dieses eigentlich fürchterliche Aufnahmestopp-Gefühl. Und wenn man ganz ehrlich ist, liegt es vielleicht viel weniger daran, dass man zu viele Freunde hat, mit denen man wahnsinnig tolle und freundschaftsfördernde Dinge erlebt, sondern eher daran, dass man immer so müde ist, und dann das Sofa, und dann die Fernsehserien.

Hat mich der Gedanke von Richard Ford, man müsste doch aller Welt Freund sein und nicht nur der ein paar willkürlich ausgewählter Besonderer, deshalb so erschüttert? Weil ich in Wahrheit zu faul und zu bequem geworden bin, mich den paar Freundinnen und Freunden zu widmen, die ich noch von früher habe? Zu faul und bequem, um mich auf neue einzulassen, geschweige denn, machen wir uns nichts vor, um der ganzen Welt ein freundliches Gesicht zu zeigen?

Ja, schon. Aber es ist nicht nur das. Vor allem merke ich, dass ich nicht mehr mag, was ich vor mir sehe, wenn die Welt von Freundschaft spricht. Da hat sich etwas verändert im Laufe der letzten Jahre. Als ich aufwuchs, erlebten Freunde zusammen Abenteuer. Ziemlich egal übrigens, ob es Freunde oder Freundinnen waren oder gemischt. Winnetou und Old Shatterhand, Thelma und Louise, Maja und Willy. Freunde hatte man, um der Welt nicht allein gegenübertreten zu müssen, sondern zu zweit oder zu mehreren. Heute wird das anders präsentiert, heute hat man Freunde, um sich nicht allein vor der Welt zurückziehen zu müssen, sondern zu zweit oder zu mehreren. Wir sprachen eingangs schon über Bierwerbung. Das Bild ist heute, dass Männer Freundschaften haben wie in der Bierwerbung und Frauen wie in der Proseccowerbung. Du kommst in die Kneipe, und erst siehst du keinen, aber dann stehen deine Freunde alle schon am Tresen, und sie haben dir schon ein Bier bestellt und es fühlt sich einfach total gut und richtig an, und ihr bildet so eine kleine, ganz dichte Traube am Tresen, die verhindert, dass jemand Fremdes sich dazustellt, und auch, dass die Welt irgendwie da eindringen könnte. Ein Hoch auf uns! Oder du liegst halt mit deinen Freundinnen auf dem Sofa, und ihr kichert und macht eine Kissenschlacht oder lackiert euch die Nägel. Und wenn ihr eine ganze Freundesclique seid, dann sitzt ihr immer irgendwie auf dem Sofa, und entweder einer klaut die Chips, unerhört, oder bringt Küsschen mit, toll, aber der Blick geht nach innen, in die Tüte, das Glas oder die HD-Röhre. Im Grunde ist Freundschaft nur noch Hygge mit Ersatzfamilienanschluss.

Das Bedürfnis habe ich selbst: mich bei den Freunden von der Welt zu erholen. Aber es macht mich misstrauisch, mir selbst gegenüber und dieser seltsamen Vorstellung von Freundschaft als Rückzugsraum. Einen Bereich, wo man getröstet wird, wo man sich verkriechen kann, die Fleece-Decke des sozialen Nahbereichs.

Die Freundschaftsforscherin Beverly Fehr von der Universität Winnipeg sagt, dass «Selbstoffenbarung» der Kern einer Freundschaft ist. Wechselseitig gehen Menschen ein gewisses Risiko ein, um dem anderen zu signalisieren, schau, ich erzähl dir ein kleines Geheimnis nach dem anderen, ich vertraue dir, also kannst du auch mir vertrauen. Genau, sagt auch der Freundschaftsforscher Wolfgang Krüger. Wer Freundschaft so negativ sähe wie Richard Ford, müsste erstens ein sehr «beschädigtes Vertrauen in andere Menschen» haben (was Ford in seinem Text auch so beschreibt), und außerdem eine entsprechende familiäre Prägung (auch das beschreibt Ford in seinem Buch «Zwischen ihnen» über seine Eltern: dass seine Eltern keine Freunde hatten außer einander, und dass sie ihn immer von seinen fernhielten). «Freundschaft», sagt Krüger, «gelingt im Gespräch: Indem ich dem anderen nach und nach einen tiefen Blick in mein Lebensgefühl gewähre, lerne ich, mich ihm zuzumuten.»

Beides finde ich ebenso nachvollziehbar wie bemerkenswert: das Risiko, das man eingeht, den Mut, den man braucht – denn der steckt ja im «Zumuten» genau wie die Zumutung, die man selbst ja eben auch ist.

Wenn aber die Freundschaft von vornherein so viel Mut erfordert, wenn sie solch ein Risiko ist – dann ist es doch ein Jammer und eine Schande, all den Mut nur zu benutzen, um so was bräsig Bierseliges daraus zu machen, die Freundschaft als Entmüdungsbecken, in dem man sich wieder Kraft holt für die nächste Runde darin, sich von der feindlichen Welt die Fresse polieren zu lassen. Blogger schreiben darüber, dass man bei einem guten Gespräch mit Freunden «wieder auftanken» oder «die Batterien wieder aufladen» kann. Schon der «Spiegel» feierte in einer großen Geschichte «den Wohlfühl-Effekt von Freundschaften», weil sie «Stress abbauen und die Abwehrkräfte von Körper und Seele» stärkten. Leistet das nicht auch ein heißer Tee oder ein strammer Herbstspaziergang? Dieser seltsam nutzwertige Sauna-Blick auf die Freundschaft ist in der Freundschaftsforschung keine ganz neue Tendenz, nur wurde sie vor zwanzig, dreißig Jahren noch nicht ganz so wohlfühlig ausgedrückt. Damals hieß es etwa, Freundschaft sei eine «zur Bewältigung der in modernen Gesellschaften hohen Anforderungen an Flexibilität und Mobilität der Individuen geeignete Beziehungsform». Und die Freundschaftsforscherin Ann Elisabeth Auhagen sagte, Freundschaft sei «ein Rückzugsraum». Liegt ein Unbehagen an der gegenwärtigen Idee von Freundschaft vielleicht daran, dass wir uns jetzt wirklich lange genug zurückgezogen haben?

Natürlich reden wir in meinen Freundschaften über große, bedrohliche Dinge wie Trennungen, Ängste vorm wirtschaftlichen Abstieg, das Leiden am Älterwerden. Wir trösten einander zwar, und wir unterstützen uns auch. Aber womöglich nur darin, das alles besser auszuhalten, darüber hinwegzukommen, es durchzustehen oder es für einen Abend oder ein Wochenende zu vergessen. Das ist schön und sowieso schon viel zu selten und kostbar, aber: Warum nicht noch viel mehr wollen. Vielleicht könnte ein Mittelweg gelingen zwischen der freundschaftslosen Allerwelts-Freundlichkeit, die Richard Ford sich erträumt, und der zurückgezogenen, weltabgewandten Freundschaft, wie sie im Moment das Ideal der brutalen, unnachgiebigen Zeit ist. Nämlich so, dass Freundinnen und Freunde einander nicht nur hinwegtrösten über die Welt, sondern indem Freundinnen und Freunde wieder gemeinsam rausgehen, um die Welt zu verändern und zu verbessern, als Abenteuer, wie damals. Warum ist das gegenwärtige Ideal der Freundschaft das gemeinsame Wochenende im Wellness-Spa, das Chips-Sofa, die Whisky-Verkostungstour, und warum nicht die gemeinsame Beschwerde beim cholerischen Chef, die gemeinsame Konfrontation mit dem sexistischen Bekannten, das gemeinsame Sortieren von Kleiderspenden, keine Ahnung, jeder und jede hat eine andere Vorstellung davon, was ein Abenteuer wäre und die Welt ein bisschen besser machen würde. Nur: Die, die die Welt gerade schlechter machen, nutzen ihre Freundschaften genau dafür, das zu tun. Gemeinsam machen sie Landstriche und Straßenzüge für Andersdenkende unbewohnbar, und wenn es heißt, sie rotten sich zusammen und sie organisieren sich, dann bedeutet das eigentlich: Sie holen ihre Freunde. Warum sollen wir unsere Freundschaften nur nutzen, um uns davor zu verkriechen?

«Die kleinste Zelle der Gesellschaft ist die Familie», das wird Karl Marx zugeschrieben. Vielleicht ist das ein bisschen viel verlangt von der Familie, und ein bisschen wenig von der Freundschaft, die doch angeblich die neue Familie ist, wie oft ist uns das dahergebetet worden. Vielleicht müssen wir sagen: Die Freundschaft ist die kleinste Zelle der Gesellschaft, und von ihr aus fangen wir an, die Gesellschaft so zu machen, dass wir uns nicht mehr von ihr erholen müssen.

Sprüche

Häufig wurde ich von anderen Männern eingeladen, mich mit ihnen über Frauen und ihre Körper zu unterhalten, insbesondere ihre sekundären Geschlechtsmerkmale. Indirekt aber auch ihre primären, und nicht zu vergessen: ihre «Ärsche». Meist kenne ich diese Männer gar nicht, oder ich habe ein eher geschäftliches Verhältnis zu ihnen.

Ich stehe mit drei anderen Männern am Schalter einer Autovermietung. Kurz läuft eine Mitarbeiterin durchs Bild, um einen Autoschlüssel zu holen.

Als sie wieder draußen ist, schürzt einer der mir fremden Männer anerkennend die Lippen und zeigt pantomimisch, indem er seine Hände in Brusthöhe zu Melonen formt, wie sehr ihn die Brüste der fremden Frau beeindruckt haben. Die anderen Männer nicken zustimmend. Ich tue, als ginge mich das nichts an, höchstens rolle ich mit den Augen.

Oder: Ich bin mit einem Kollegen, den ich nur flüchtig kenne, abends in der Kneipe, und weiter hinten sitzt eine Frau, an die ich mich von früher erinnere. Als mir einfällt, woher, sage ich: «Ach, das ist ja die Dings, die kenne ich aus der Uni, die hab ich immer bewundert.»

Der Kollege grinst und sagt: «Das heißt, du wolltest sie ficken.»

Oder: Ein Manager aus einer anderen Abteilung, mit dem ich zweimal Mittag essen war, soll mir eine Mitarbeiterin vorstellen, und auf dem Weg zu ihr sagt er: «Das ist die Frau mit dem besten Arsch im ganzen Büro.»

Die Liste ist endlos.

Die Sexismus-Debatte der letzten Jahren hat mich angeregt, über das Unbehagen und den Ärger nachzudenken, die ich bei solchen Erlebnissen empfinde, aber nicht rauslasse. Es ist nur eine Fußnote der ganzen Geschichte, aber: Es stört mich, dass Männer, die ich nicht oder kaum kenne, immer wieder versuchen, mich in ihre schmierige kleine Mannschaft zu ziehen.

Sie gehen davon aus, dass man automatisch dabei ist, wenn sie in Geschäftsräumen, Umkleidekabinen oder Bürofluren über Frauen und Sex reden. Allein deshalb, weil man wie sie ein Y-Chromosom und einen Penis hat. Vermutlich ist es die gleiche Art von Männern, die es lustig finden, Angela Merkel «Mutti» zu nennen. Männer, die sagen: «Ah, Sie arbeiten bei ‹Brigitte›, da gibt's ja bestimmt viele schöne Frauen, können Sie sich da überhaupt konzentrieren?» Büroleiter, die zur Interviewpartnerin sagen: «Na, kann ich Sie denn mit Herrn Raether allein lassen?» und schelmisch in meine Richtung zwinkern, bevor sie die Tür schließen.

Es gibt buchstäblich Schlimmeres, und es macht mich nicht zum Sexismus-Opfer. Im Gegenteil, es macht mich zum Mittäter. Denn habe ich jemals gesagt: «Also bitte, wie reden Sie denn?!» Nein, denn es ist ja nie so richtig ernst, der Ton bleibt scherzhaft. Und es fällt mir schwer, eine bis dahin ganz gute Stimmung zu verderben, indem ich mich «prüde», «puritanisch», «verklemmt» oder «unentspannt» verhalte. Das sind gängige Vorwurfsvokabeln, die in der Debatte immer wieder fallen: Man solle das alles nicht so ernst nehmen, wer souverän sei, könne so was an sich abperlen lassen oder mit einem Spruch abbiegen, und so weiter.

Ich muss lachen, wenn ich höre, da gebe es doch so viele

Zwischentöne, und wohin kämen wir denn, wenn wir alles Sexuelle verteufeln, man solle sich doch locker machen. Locker, Zwischentöne, Sex? Darum geht es doch gar nicht. Auch das, was ich als Mann erlebe, hat ausschließlich mit Macht zu tun. Männer reden so und versuchen, andere Männer mit in den Mist reinzuziehen, um sich gegenseitig zu versichern: In diesem Spiel bestimmen wir die Regeln. Wir entscheiden, ob wir an einer Frau erst ihren Körper oder erst was anderes kommentieren. Das hat nichts mit Flirten, Schäkern oder Hirngespinsten vom im Grunde romantischen Macho zu tun: Wenn Männer anderen Männern ihren Sexismus aufnötigen, geht es dabei nur darum, die brüchigen Unterdrückungsstrukturen zu reparieren.

Natürlich bin ich nicht der Einzige, der davon genervt ist. Wir sind aber eben eine nicht Sprüche klopfende, nicht Geschlechtsmerkmale kommentierende, kurz: eine schweigende Mehrheit. Und es spricht nicht für mich, dass mir das jetzt erst klar wird: Mein Stillschweigen muss anderen immer zustimmend erschienen sein.

Heimweh

Einer der größten Irrtümer über Heimweh ist die Annahme, Durst sei schlimmer. Gegen Durst hilft meiner Erfahrung nach trinken. Dies zu tun, ist unter halbwegs normalen Umständen kein großes Problem. Meistens wird einem, wenn man irgendwo hinkommt, sogar was zu trinken angeboten. Sogar beim Friseur. Durst kann also kaum schlimmer sein als Heimweh. Vermutlich ist das ein Nazi-Spruch. Ich habe noch nie erlebt, dass einem irgendwo was gegen Heimweh angeboten worden ist, sobald man sich hinsetzt. Es wäre auch sinnlos, denn gegen Heimweh hilft nur eine einzige Sache. Und die kommt nicht aus dem Wasserhahn.

Der Hauptirrtum über Heimweh aber ist, dass es schon wieder vorbeigehen wird. Das kriegen Kinder gesagt, wenn sie Heimweh haben. Von Lehrerinnen auf der Klassenfahrt, von Erziehern am Wochenende auf dem Ponyhof, von fremden Eltern beim Übernachtungsgeburtstag. Spiel was mit den anderen. Denk an was Schönes, hör doch ein Hörspiel, schlaf jetzt. Dann geht das schon wieder vorbei.

Das Problem an Heimweh aber ist: Es geht nicht vorbei. Und je mehr Angst man davor hat, desto eher bekommt man es. Und desto schlimmer wird es. Ein bisschen Heimweh gibt es nicht. Heimweh ist immer sehr tief und sehr schlimm. Ein bisschen Heimweh, das nennt man Wehmut oder Traurigkeit, das ist okay. Das geht zwar auch nicht schon wieder vorbei. Aber es gehört dazu.

Heimweh gehört nicht dazu. Trotzdem bin ich viel zu

oft darauf reingefallen, wenn Erzieher oder andere Eltern gesagt haben: Du, wenn die Kinder Heimweh kriegen, dann spielen wir was Schönes und lenken die ab, wir rufen auf keinen Fall an, macht euch keine Sorgen, das geht ja wieder vorbei. Viel zu oft heißt: ein oder zwei Mal.

Eigentlich müsste ich es besser wissen. Es gibt Leute, die kennen kein Heimweh, und die denken dann, dass es bei denen, die Heimweh kennen, wieder vorbeigehen wird, wenn sie irgendeinen Scheiß erzählen oder einen Ball rausholen oder «Conni auf dem Bauernhof» anmachen. Ich kenne aber Heimweh. Dieses Gefühl, wenn es einem langsam in jede Faser kriecht, von unten nach oben, bis es einem das Herz schwer macht, einen dicken Kloß in den Hals drückt und böse Dinge mit den Augen und allen Sinnen macht, weil alles, was man sieht, nicht Zuhause ist, alles riecht und schmeckt anders, jede Stimme ist die falsche, und alles leuchtet in falschen Farben, sodass einen alles jede Sekunde daran erinnert: noch eine ganze Nacht, noch drei Tage, noch zwei verdammte grauenvolle Wochen.

Und es stimmt: anrufen hilft wirklich nicht, anrufen ist wie Salzwasser trinken als Schiffbrüchiger auf dem Meer, es scheint den Durst zu löschen, solange man trinkt, und danach ist alles viel schlimmer.

Denn gegen Heimweh hilft nur eins, und ich hätte nie gedacht, dass ich ein Vater werde, der dieses Mittel einsetzt, einer, der seinen Kindern nicht zutraut, dass sie das schon irgendwie aushalten, dass es sie größer und unabhängiger macht.

Nein, ich bin ein Vater, der abholt. Und zwar sofort. Egal, von wo. Ich bin quer durch Norddeutschland gefahren, um ein Kind aus einem Freizeitheim zu holen. Ich habe mich mit den Großeltern an Autobahnraststätten zur Kindsübergabe getroffen, obwohl wir anderes geplant hatten, aber am Telefon hatte das Kind keine Stimme mehr. Ich bin nachts um drei aufgestanden, um ein Kind mit Bettzeug unterm Arm unten vorm Haus gegenüber in Empfang zu nehmen. Die mitunter leicht mitleidigen Blicke sind mir egal: Musste das sein? Ist das nicht ein bisschen übertrieben? Weicher Vater, weiche Kinder.

Heimweh kann man nicht verlernen. Ich habe es noch mit vierundzwanzig gehabt, als ich Austauschstudent in Amerika war und ein erwachsener Mann. Man kann nur immer wieder ausprobieren, ob es wegbleibt. Es bleibt übrigens eher weg, wenn die Kinder wissen: Sobald es kommt, sitzt Papa im Auto und alles wird gut. Sehr viel mache ich falsch als Vater, ich bin genervt, ungeduldig, ironisch und ungerecht, aber gegen Heimweh bin ich der Richtige.

Wie sonst kann man als Eltern je einen so durchschlagend positiven Effekt mit so einfachen Mitteln erzielen? Und ein bisschen denke ich auch beim Heimweh der Kinder: Na, scheint ihnen ja gut zu gefallen hier. In Wahrheit ist es aber natürlich so: Zu Hause ist längst nicht alles toll, vieles sogar richtig Mist, aber eins gibt es zu Hause nicht, vor einer Sache ist man zu Hause sicher.

Sehr viel schwieriger wird es übrigens, wenn es nicht mehr die Kinder sind, die Heimweh haben, sondern die eigenen Eltern. Meine Mutter ist von Berlin nach Hamburg gekommen, vor zwei Jahren schon, denn hier ist sie mir und meiner Schwester und den Enkelkindern näher. Wir sind alle irgendwann nach Hamburg gegangen, nur mein Vater und seine Frau haben diesem seltsamen Selbstzerhanseatisierung-Impuls widerstanden. Von Tag zu Tag hat meine Mutter mehr Heimweh nach Berlin, es war wohl nicht die richtige Entscheidung. Ich wünschte, ich könnte sie abholen und nach Hause bringen.

Aushalten

Wie soll ich das eigentlich aushalten? Dass ich hier sitze und Dorade esse im italienischen Restaurant an der Ecke, und im Mittelmeer ertrinken die Menschen. Dass ich hier rumlatsche in meinen Sneakers und Hosen und T-Shirts, die Menschen für fast kein Geld genäht haben in Fabriken, wo die Brandschutztüren verschlossen sind. Wie soll ich aushalten, dass ich den Wasserhahn laufen lasse, bis es endlich kalt genug ist für meine mitteldurstige Kehle, und anderswo laufen sie kilometerweit für zwei Plastikkanister voll davon, Temperatur egal. Dass ich Urlaub mache auf griechischen Inseln, aber nicht auf jenen, wo die Schwimmwesten angespült werden. Wie soll ich es aushalten, dass ich nur Klischees habe für die Arten und Weisen, auf denen Menschen zu Schaden kommen, die weit entfernt von mir sind. Keine Worte dafür, wie die Welt untergeht, während mir die Economy-Class so eng am Knie ist auf dem Langstreckenflug. Nur Sprachlosigkeit dafür, wie der pazifische Müllstrudel sich dreht, während ich lieber den Scheiß aus der Kühlung in extra Plastik kaufe, weil die Schlange an der Frischetheke für meinen sensiblen Zeitplan gerade zwei, drei Leute zu lang ist. Aber weißt du, die an der Frischetheke kriegen ihren Kram ja auch in Plastik und verpacken den dann auch wieder in Plastik. Wie soll ich das aushalten.

Früher habe ich gedacht: genauso soll ich das aushalten. Indem ich es mir immer wieder bewusst mache. Indem ich diesen Schmerz und diese Widersprüche aushalte und im

Kleinen versuche, was dagegen zu tun, aber dann wird es immer schnell so klein, dass ich denke, na ja, kann man jetzt auch ganz lassen.

Inzwischen denke ich: gar nicht. Ich kann das gar nicht aushalten. Von müssen kann schon gar keine Rede sein. Im Gegenteil. Ich kann und darf daran leiden, und was ich dagegen tue, darf nicht so klein sein, dass man es genauso gut lassen kann, sondern gerade so groß, dass man fast gar nicht erst gar damit anfängt.

5. ÜBER LEBENSFREUDE:
ES SOLL GETANZT WORDEN SEIN

Tanzen

Wolldecke

Vinyl

Lebensplanung

Stulle

Draußen

Diven

Mitleid

Eiswürfel

Brunch

Singen

Tanzen

Je älter ich werde, desto mehr stelle ich einen Bedeutungswandel des Tanzens fest. Ich rede hier nicht von den sogenannten Standardtänzen. Standardtänze sind von außen betrachtet toll, genau wie Taubenzüchten und Schachfigurenschnitzen. Und wenn man dann mal bei einer Veranstaltung ist, wo Standard getanzt wird, steht man mit vielen anderen abseits und hat das Gefühl, etwas im Leben verpasst zu haben. Aber eben: abseits mit vielen anderen, und wie Taubenzüchten ist der Standardtanz heute doch eher zu einem Nischenthema geworden. Zumindest für die Generation Lebensmitte. Denn wir sind ja die, die höchstens noch pro forma in die Tanzschule gingen, um dann am Wochenende auf Feten, im «Far Out», im «Rock It» oder im «Linientreu» ohne Rückgriff auf Standards abzutanzen, es sollte halt hauptsächlich cool aussehen (die Disco-Namen hier dienen allein dem Zweck, bei alten West-Berliner Party-Girls nostalgische Schauer zu verursachen; bitte passen Sie das in Gedanken regional an).

Cool sollte es also aussehen, Tanzen hatte den Zweck, die eigene Zugehörigkeit zu einer Welt oder Szene oder die Abgrenzung von anderen auszudrücken. Ich habe Tanzen als relativ anstrengend in Erinnerung, vor allem weil einem als Mann immer unterstellt wurde, man wollte oder könnte nicht tanzen, was dann oft dazu führte, dass man kaum einen Schluck an der Theke trinken konnte, ohne dass Frauen mit den Worten «Du musst jetzt aber auch mal tanzen» oder

«Du kannst dich hier nicht ewig verstecken» versuchten, einen auf die Tanzfläche zu ziehen. (Es passiert mir heute sehr viel seltener als früher.)

An dieser Stelle möchte ich kurz anmerken, dass ich natürlich tatsächlich von Frauen tanzen gelernt habe, beziehungsweise von Mädchen, zwei Mitschülerinnen in der vierten Klasse, die mich und meinen Freund York vor der Klassenfete im Schullandheim in der Asse beiseitenahmen und uns erklärten, wir sollten zur Musik immer einen Fuß zum anderen ziehen und wieder zurück und dazu hin und her wippen. Dies sei erst mal die Grundlage von allem. «Und was du mit den Armen machst», sagte Constanze, «kannst du dir dann später immer noch überlegen.» Ich muss heute fast jedes Mal beim Tanzen an diesen fünfunddreißig Jahre alten Satz denken, denn ich habe es mir immer noch nicht überlegt.

Nun war am Wochenende also wieder ein fünfzigster Geburtstag, und, ja, ich kann sagen: Es ist getanzt worden. Dies raunt man sich unter der Woche über runde Geburtstage zu, auf denen man nicht war: «Es soll getanzt worden sein.» Es ist dies die größte Auszeichnung, die ein Abend erlangen kann. Früher war das Tanzen ein weiteres Stilmittel zur Selbstdefinition, heute ist es Ausdruck von erfüllter Lebensfreude, Ausdruck einer gestillten Sehnsucht. Die Songs sind natürlich im Weitesten immer noch dieselben wie früher in der Sanyasin-Disco, aber inzwischen ist es egal, wie wir uns dabei bewegen und wie wir aussehen. Dies möchte ich allen zurufen, die jetzt bei den runden Geburtstagen am Rand stehen, wenn die anderen im freigeräumten Wohnzimmer oder in der umfunktionierten Scheune ins Tanzen ausbrechen: Ihr müsst nicht tanzen, klar, aber … tut nicht das, was mir vor einem Vierteljahrhundert passiert ist, wenn ich im «Linientreu» am Rand stand, so gern getanzt hätte zu «Everything Counts» von Depeche Mode, mich aber nicht traute, weil ich wusste, wie uncool ich dabei aussehen würde. Tut euch diesen Phantomschmerz der unterdrückten Lebensfreude nicht an, denn seht doch, heute ist es völlig egal. Wir feiern runde Geburtstage, wir sind selber rund und tanzen trotzdem, wir wollen einfach mit anderen rumzappeln, statt den ganzen Abend die jahrein, jahraus gleichen Gespräche zu führen. Versagt euch das nicht aus Stilgründen. Das Beste übers Tanzen habe ich nicht von einer Frau gelernt, sondern von meinem Freund Johannes, einem nicht begnadeten, aber entschlossenen Tänzer: «Es gibt keine uncoole Art zu tanzen, außer nicht zu tanzen, obwohl man gern würde.» Stellt das Glas ab.

Oder, wie ich mich neulich an der Aral zu den Kindern versprach: «Bleibt im Auto, ich muss nur kurz tanzen.»

Wolldecke

Seitdem ich Psychopharmaka nehme, habe ich ein erotisches Verhältnis zu Wolldecken. Antidepressiva, um genau zu sein. Es ist nichts Ernstes, denke ich, es hat mich nur etwa fünfundzwanzig bis dreißig Jahre geplagt, dass ich alle paar Monate einige Wochen sehr niedergeschlagen und antriebslos war. Je mehr Familie ich bekam, desto unerfreulicher und verantwortungsloser schien es mir, und eines Tages entschloss ich mich, das zu tun, was ein Therapeut mir schon einmal empfohlen hatte und was ich aufgeschoben hatte, weil ich dachte, ich muss es auch ohne schaffen: Wolldecken streicheln. Nein, ich meine: Antidepressiva nehmen.

Innerhalb einiger Wochen ging es mir merkbar besser, ich muss hier großes Glück gehabt haben. Andererseits auf eine Art und Weise, dass ich mich im Nachhinein darüber ärgerte: Zum ersten Mal freute ich mich über bestimmte Dinge, zum ersten Mal hatte ich vor anderen Dingen keine Angst mehr, zum ersten Mal erfuhr ich, wie schön es ist, sich mit der Haut an eine Wolldecke zu schmiegen. Das Wort «Schmiegen» hatte ich vorher gar nicht verwendet.

Auch wenn ich nur kurz darüber berichten will, wie ich nach so vielen Jahren einen Weg gefunden habe, mit meinen Depressionen umzugehen, muss ich geradezu zwanghaft immer wieder auf das Thema Wolldecken kommen. Sie und die unwiderstehliche Anziehungskraft, die von ihnen ausgeht, stehen nicht im Beipackzettel unter Nebenwirkungen. Manches andere schon (wieder sechs Kilo zugenommen, die zweiten sechs nach dem Rauchen-Aufhören), aber nicht, dass ich von nun an nicht an einem Schaufenster mit Wolldecken in der Auslage würde vorbeigehen können.

In der Vergangenheit, zur Zeit meiner recht regelmäßig wiederkehrenden depressiven Verstimmung, hatte ich mannigfache Probleme, aber das Problem, nicht ohne Zwischenhalt an einem Wolldeckenladenschaufenster vorbeigehen zu können, gehörte nicht dazu. Es ist ein ewiges Geben und Nehmen.

Etwa ein Vierteljahr nach dem Beginn meiner Medikamenteneinnahme («Medis», wie wir leicht, mittel und schwer Depressiven sagen) kam ich an einem Geschäft in meiner Nachbarschaft vorbei, in dem das ortsübliche Sammelsurium skandinavischen Wohnzubehörs angeboten wird. Zuvorderst ein Stapel Wolldecken, der im Schaufenster lag, in wunderbaren, harmonisch angeordneten Farben, Blaugrüntöne, Gelbtöne, Rötliches. Ich betrat den Laden und ging zu den Decken. Nach etwa einer Viertelstunde fragte die Inhaberin des Ladens, ob ich die grünblaue Decke würde heiraten wollen oder ob mir mehr damit gedient wäre, wenn ich mich einfach darin einwickelte. «Wie bitte?», sagte ich. «Ich habe gesagt, die sind sehr schön, nicht wahr», sagte sie. Eine alte Frau in Schweden wöbe sie, aber das war mir völlig egal.

Seitdem führe ich diese Decke auf Reisen mit, sonst liegt sie bei mir auf dem Bett. Wenn ich schlafe, rutscht sie herunter, aber es macht nichts, es ist für mich der Höhepunkt der Nacht, sie wieder heraufzuangeln, ihren weichen Kratz an den Fingerspitzen. Tagsüber gehe ich manchmal einfach nur ins Schlafzimmer, um kurz mit der Handfläche oder dem Handrücken über die Decke zu streichen. Streichen?

Ich meinte streicheln. Ich habe sie noch einmal in einer anderen Farbe gekauft (eine Art Gelb), um sie in einem anderen Raum über ein Möbel zu breiten, einfach damit ich im Laufe des Tages zwei Decken besuchen kann.

Ein paar Kolleginnen, die vergleichbare oder dieselben Serotoninwiederaufnahmehemmer nehmen, berichten, dass auch sie seitdem eine seltsame, aber tiefe Freude am Stofflichen entwickelt haben. Handarbeit, Texturen, Papier. Mein oberflächliches Googeln hat keine Erklärung ergeben, tiefer einsteigen möchte ich nicht, denn im Internet erzählt einem, sobald man Antidepressiva googelt, immer jemand, dass man alles falsch macht. Es reicht mir, dass ich das selbst oft denke, ich brauche hierfür keinerlei weiteren Input von außen.

Einmal, als ich dachte, ich wäre gestresst und überarbeitet und deshalb immer so niedergeschlagen, habe ich versucht, in einem Kurs Achtsamkeitsmeditation zu erlernen. Die Wolldecken dort im Meditationszentrum waren ganz ähnlich, wir waren eingeladen, sie uns über die Knie zu legen oder, zusammengefaltet, unter den Kopf, oder uns zuzudecken, wenn uns kalt wurde und wir im Liegen meditierten. Der Kurs war leider nicht lebensverändernd, sondern nur eine Abwechslung für mich, eine Zerstreuung, aber ich denke, wenn ich damals schon diese Wolldeckenbegeisterung gehabt hätte, hätte ich ihm mehr abgewinnen können.

Das Drama der Depressiven ist, dass sie sich fühlen, als hätten sie den Kontakt zum Universum verloren, den Menschen darin und allem anderen. «Ich bin der Welt abhanden gekommen», heißt es in einem Mahler-Lied mit Rückert-Versen, das mein Freund Patrick oft hörte, als wir zusammen wohnten, Anfang zwanzig waren, und die Fachfrau in der Psychologischen Studienberatung an der Uni gerade zu mir gesagt hatte, ich müsste meine Arbeit besser organisieren, dann wäre ich automatisch nicht mehr depressiv.

Und so habe ich mir es dann zwanzig, fünfundzwanzig Jahre vorgestellt: dass ich der Welt nur deshalb abhanden kam, weil ich vielleicht einfach nicht gut genug organisiert, nicht diszipliniert genug, nicht von allein gut genug drauf war.

Aber am Ende war es etwas, das sich mit Hilfe einer Chemikalie, einem winzigen Körnchen Sternenstaub, zumindest vorübergehend wieder sozusagen gut machen lässt. Die Wolldecke ist vielleicht einfach der erste Zipfel des Universums, den ich zu fassen bekam, als es so weit war, wieder besser zu werden, und das werde ich ihr nie vergessen.

Vinyl

Vor etwa einem Jahr überkam mich ein großes Bedürfnis nach meinen alten Schallplatten. Mit einem Mal hing mir das ganze Streamen zum Halse raus, all die elektronisch komprimierte Musik, die ich nur noch über Ohrhörer aus dem Telefon hörte, zwischendurch, nebenbei. Mich nervte die Ungeduld, mit der ich mich auf Spotify oder anderswo durch die unendliche Musik klickte: Von allem schien es zu viel zu geben und trotzdem für mich nie das Richtige. Wie viel einfacher und besser war früher alles mit Schallplatten, dachte ich. Damals sparte ich wochenlang auf «die Neue», wie wir damals sagten, von New Order, den Simple Minds oder The Smiths, und selbst, wenn ich sie dann oft doch nicht ganz so gut fand, hörte ich sie so oft und so sorgfältig, bis ich sie in- und auswendig kannte.

An dieser Stelle brauchen wir wirklich nur ganz kurz festzuhalten, dass jeder Retro-Trend im Kern aus der nostalgischen Illusion besteht, früher sei alles besser gewesen. War es natürlich nicht. Ich war nur jünger, ich war frisch und unverbraucht, darum denke ich mit guten Gefühlen an das, was damals bestenfalls okay war. Darum gefallen mir jetzt auch die unpraktischen, teuren, unscharfen und unterbelichteten Polaroidbilder, die wie die Schallplatte wieder in sind.

Jedenfalls stieg ich in den Keller, holte den Plattenspieler und das Vinyl wieder hoch, baute die alten Boxen auf, setzte mich gemütlich in meinen Lieblingssessel und überzeugte mich ganz in Ruhe davon, was ich früher für einen fürchterlichen Musikgeschmack hatte. Es war also doch nicht alles besser. Tatsächlich war das von mir einmal sehr geliebte, wahnsinnig angestrengte Achtziger-Jahre-Gedudel bis auf wenige Ausnahmen nicht mehr zu ertragen. Ich horchte gewissermaßen in den mit schlechten Drumsounds gefüllten Abgrund meiner enttäuschten Erwartung. Allerdings hatten sich im Keller die alten Platten meiner Frau und meine miteinander vermischt, es fühlte sich an, als hätten wir eine gemeinsame Jugend gehabt, die Grenzen zerflossen, seitdem fühle ich mir ihr noch näher. Danke, Carmel!

Aber, und das war der zweite Teil der Erfahrung: Das umständliche Schallplattenritual gefällt mir viel besser als vor dreißig Jahren. Damals nervten mich die vielen Handgriffe, das Knistern, das Umdrehen, die komplizierte Dramaturgie von Innen- und Außenhülle, ich konnte die CD kaum erwarten. Heute macht mir all das so viel Freude, weil es das Gegenteil dessen ist, was ich sonst überall erlebe. Auf dem Smartphone erreiche ich mit einem Fingerwischen das Weltwissen und andere unglaubliche Dinge, bei der Schallplatte hingegen muss ich ordentlich schuften, um «Hero Takes a Fall» von den Bangles zu hören.

Ich glaube, es ist diese Sehnsucht nach Aufwand und Umstand, die Männer und Frauen zurück zur Schallplatte treibt (zurzeit wird mehr neues Vinyl gepresst als zuletzt Anfang der Neunziger). Es ist wie Marmeladeeinkochen, obwohl die Supermarktregale voll davon sind, und Briefe mit der Hand schreiben: Das Schöne ist so leicht erreichbar und einfach geworden, dass es nicht mehr schön ist. Aber ich will auch nicht in der Vergangenheit steckenbleiben, darum nehme ich die alte Technologie, um neue Musik zu hören.

Es heißt analog, weil eine Schallplatte heute 20 Euro kostet, analog zu früher 20 Mark. Ich zögere also wieder beim Bestellen, ich schleiche wieder drum herum, und wenn ich die Platte dann habe, verbringe ich wieder viel mehr Zeit mit ihr, und dadurch auch mit mir. Allerdings ohne die Familie, denn die Meinung, mein Musikgeschmack sei heute besser als vor dreißig Jahren, habe ich zu Hause exklusiv.

Lebensplanung

Mit Anfang zwanzig war ich Praktikant beim Hörfunk in Berlin, und ich erinnere mich an eine ältere Kollegin, die mir hin und wieder Ratschläge für meine weitere berufliche Laufbahn und für mein Leben gab. Die Kollegin war Tontechnikerin und schnitt die Bänder von den Straßenumfragen, die ich gemacht hatte. Sie war damals etwa so alt wie ich heute. Während ich zu jener Zeit je nach Beleuchtung entweder wie zwölf aussah oder wie vierzehn. Das heißt, sie war die weise, greise Meisterin, und ich das unbeschriebene Blatt, der reine, von Morgentau benetzte Geist, den sie mit ihren Weisheiten formen konnte. Dies verlief so, dass sie, während sie den Ton leise stellte, damit wir meine dämliche Straßenumfrage nicht anhören mussten, Zigarettenrauch in meine Richtung blies und mich anknurrte: «Du hast dein ganzes Berufsleben ja noch vor dir, und ich sage dir jetzt mal, wie das läuft.» Sie hustete ungeduldig. «Bis zwanzig ist es egal, was du machst. Bis dreißig kannst du rumprobieren, so viel du willst. Bis vierzig musst du deinen Arsch an der Wand haben. Und danach ist dann wieder egal, was du machst.»

Das hat mich beeindruckt, vor allem die Sache mit dem Arsch. Warum sollte man ihn «an der Wand» haben? Damit man sich anlehnen konnte? Damit er einem nicht versohlt wurde?

Jedenfalls habe ich diese kurze Einführung in die Lebensplanung nie vergessen. Vielleicht weil ich niemals eine Zeit erlebt habe, in der Menschen das Gefühl genießen konnten, im Job «den Arsch an die Wand gekriegt» zu haben. Vielleicht hat mir an dieser Weisheit immer gefallen, dass sie ganz selbstverständlich voraussetzt: Jede*r hat ein Recht, sich sicher fühlen zu wollen, und jede*r hat ein Recht, das alles nicht so wahnsinnig ernst zu nehmen. Und auf diese beiden unveräußerlichen Rechte konnte man früher eine Karriereplanung aufbauen. Stark!

Vor allem aber gefällt mir im Nachhinein die Situation: Jemand mit mehr Lebenserfahrung erklärt mir die Welt, und ich höre zu und denke mir meinen Teil. Als ich im Jahr darauf an der Uni in der Verwaltung jobbte, gab es eine erfahrene Kollegin, die kurz vor Feierabend gern ausführliche Vorträge über das deutsche Bildungssystem und die Univerwaltung hielt, und wenn man kurz das Bewusstsein verlor, sagte die Kollegin streng: «Junger Mann, ich rede mit Ihnen. Mir brauche ich das nicht zu erzählen, ich weiß das alles schon.» Und dann fing sie noch mal von vorne an. Es kostete Zeit und Kraft, ihr zuzuhören, aber danach hatte man zumindest das Gefühl, etwas geleistet, wenn auch nicht gelernt zu haben.

Warum aber habe ich nicht angefangen, mir jetzt, wo ich älter werde, auch ganz selbstverständlich das Recht herauszunehmen, Jüngere zu belehren und an meiner Weisheit teilhaben zu lassen, ob sie wollen oder nicht? Nie käme ich auf die Idee, Praktikant*innen, deren Geburtsdaten in den neunziger Jahren liegen, die Welt zu erklären. Ich glaube, ich gehöre zur ersten Generation, die ab Mitte vierzig nicht das Gefühl hat, die Welt verstanden zu haben. Die erste Generation, die nie den Punkt erreicht hat, an dem man's einfach begriffen hat, an dem man weiß, wie der Hase läuft und wo der Barthel den Most holt und den ganzen anderen

Quatsch. Die erste Generation, die die Welt mit zunehmendem Alter immer weniger und nicht immer mehr versteht.

Vielleicht ist das gut, denn dadurch ist man gezwungen, ein Leben lang rumzuprobieren. Was immerhin ein Privileg ist, das, wenn man meiner Mentorin folgt, früher strikt den unter Dreißigjährigen vorbehalten war.

Stulle

Um die Ecke ist eine Bushaltestelle. Ich will gerade vorbeigehen, als ich dort meinen Nachbarn stehen sehe. Der Nachbar muss zur Arbeit, er arbeitet nachts, auch von Sonntag auf Montag. Er steht an ein niedriges Mäuerchen gelehnt und isst konzentriert, mit nachdenklichem Blick, eine Stulle, genauer gesagt: eine Klappstulle. Ich möchte ihn begrüßen, doch aus meinem Mund kommt nur eine melodramatische Mischung aus Lachen und Schluchzen.

«Waff iff loff?», fragt mein Nachbar mit vollem Mund, leicht alarmiert. Ich kann nicht erkennen, ob es eine Wurst- oder Käsestulle ist, der Belag hängt nicht über den Rand. In jedem Fall Grau- oder Mischbrot. Ich reiße mich zusammen und sage: «Nichts ist los. Ich finde nur, dass es nichts Komischeres, aber auch nichts Rührenderes gibt als einen Menschen, der eine Stulle isst. Zumal eine Klappstulle.»

Mein Nachbar, den ich in diesem Moment gern ein bisschen in den Arm nehmen würde, um von ganz Nahem zu sehen, wie er seine Klappstulle isst, betrachtet diese, wie man auf Englisch sagen würde, «self-consciously», also als jemand, der sich plötzlich seiner selbst und dessen, was er gerade tut, bewusst wird und darüber in Verlegenheit gerät. «Aha», sagt er skeptisch, gibt sich einen Ruck und isst weiter, denn er möchte die Stulle verzehren, bevor der Bus kommt.

Für ihn ist sie nur ein wohlschmeckendes und praktisches Nahrungsmittel, für mich ist sie alles. Ich habe keine einfache Erklärung dafür; ich glaube, der Schlüssel zu meiner Persönlichkeit liegt in meiner emotionalen Reaktion auf Stullen. Wäre ich noch oder wieder in Therapie, so würde ich nicht von meiner Familie erzählen, sondern von Menschen, die Stullen essen. Obwohl, das ist das Gleiche. Mit jedem Mitglied meiner Familie verbinde ich eine bestimmte Stullenerinnerung. Die Tausenden von Schulbroten, die meine Mutter gemacht hat, und die unauslöschliche Scham, die ich mit dem Geruch verschimmelter, weil nicht gegessener Schulbrote verbinde; die gemischten Strand-Stullen meines Vaters, unten Weißbrot, oben Schwarzbrot, in der Mitte Esrom-Käse; das Bild, wie meine Schwester weltvergessen Käseteile so arrangierte, dass am Ende ein lückenloses, bündig abschließendes Käsepuzzle die Stulle bedeckte. Wie sich all das wiederholt, seit ich selber Kinder habe. Und unvergleichlich war es, als Kind eine Stulle zu kauen und dabei wegen eines erlittenen mittleren Unrechts ein wenig zu weinen, das Stullekauen erleichterte das Weiterweinen, nie wieder war Selbstmitleid so schön.

Egal, ob Stulle, Bemme oder Knifte – jedes dieser Wörter ist zauberhaft. Rührend und komisch an der Stulle ist, wie sehr sie aus der Zeit gefallen ist. Mein Nachbar hätte beim Umsteigen in die S-Bahn an einem von neunzehn Fressständen jede Art von Gebäck mit Belag kaufen können, das wäre im Sinne des Einzelhandels gewesen. Doch er zog es vor, sich zu Hause eine Stulle zu schmieren. Es ist eine herrliche Tätigkeit, einfach und komplex zugleich. Jeder kann es, jeder tut es anders. Fast hätte ich geschrieben: Es ist so ähnlich wie Sex, Helge Schneider hat dieser Verwandtschaft aber schon ein ganzes Lied, wenn nicht ein ganzes Lebenswerk gewidmet.

Stehengeblieben bin ich bei Gouda auf Graubrot, Vollkorn ist natürlich vernünftiger. Überwunden habe ich Teewurst auf Kommissbrot, keine Bäckerei bietet es mehr an, meinen Eltern gingen die Sorte und ihr Name noch leicht über die Lippen. Sandwiches sind keine Stullen. Unsere Pausenbrote wurden in Butterbrotpapier eingewickelt, das meine Mutter an der Tischkante abriss, als säßen wir in einem Heinrich-Böll-Roman. Tüten aus dem gleichen Material sind heute mein liebster Alltagsluxus, und jede Stulle, die ich mir mit in den Zug genommen habe, habe ich innerhalb der Stadtgrenzen des Ausgangsbahnhofs angebissen oder aufgegessen, und im Büro, als Mittagessenersatz, nie nach 11 Uhr vormittags.

Nur beobachten lasse ich mich nicht gern dabei. Ich schätze es nicht, wenn andere bei meinem Anblick in emotionale Wallung geraten.

Draußen

Seit ich denken kann, schläft meine Mutter draußen. In der Stadt, auf dem Balkon ihrer Etagenwohnung. Nicht jede Nacht, um Himmels willen, aber: jeden Sommer. Wenn es trocken und warm ist und die sogenannte Lichtverschmutzung dem Firmament diesen charakteristisch matten Großstadtglanz verleiht, durch den nur die stärksten Sterne und ihre bekanntesten Konstellationen dringen. Als Kind dachte ich: Im Sommer draußen schlafen, das machen alle so. Als Jugendlicher dachte ich: Die Alte spinnt. Heute denke ich: Wie kriege ich die Gästematratze auf den Balkon, ohne dass meine Frau sagt, ich soll eine Plane unterlegen?

Drei Dinge muss ich gleich klarstellen: Erstens, es ist eine Tortur. Zweitens, es ist herrlich. Drittens: Wir reden über das Biwakieren, wie Bergvereine und Outdoor-Freunde es nennen, also das Übernachten unter freiem Himmel, ohne Zelt. Wobei zum Biwakieren eine Plane, eine Isomatte und ein Schlafsack empfohlen werden. Die Leute immer mit ihrer verdammten Plane.

Das Wunderbare am Draußenschlafen ist eben nicht, dass es neue Ausrüstung aus Mikrofaser und Spezialgeschäften erfordert, eine Plane etwa, die dann wieder gehängt, getrocknet und gefaltet werden muss – sondern dass man draußen wie im eigenen Bett schläft, dass man also den normalen Bett- und Nacht-Alltag in etwas Besonderes verwandelt, aber mit den gleichen Utensilien.

So fing es bei meiner Mutter an, etwa 1979: der Balkon

vor unserer Wohnung in Berlin-Zehlendorf hatte in etwa die Maße einer Standardmatratze, knapp einen mal gut zwei Meter, und in meiner Erinnerung konnte meine Mutter gar nicht anders, als diesen Raum mit der Matratze zu füllen und sich mit ihrem Bettzeug zwischen die Blumenkästen zu legen. Die Wände des Balkons waren gemauert, und in den Stockwerken über uns waren keine Wohnungen mehr, sodass sie auf dem Balkon frei und geschützt zugleich war. Die Frage war also nicht, warum sie anfing, im Sommer hin und wieder draußen zu schlafen, sondern, warum in aller Welt sie es *nicht* hätte tun sollen?

Das Bedürfnis, bei passender Witterung draußen zu schlafen, ist vermutlich so alt wie das Alltagsleben in festen Behausungen. Miguel de Cervantes beschreibt vor rund vierhundert Jahren in einer seiner Novellen, wie sich eine Nacht unter freiem Himmel anfühlt: «Wir sehen, wie die Morgenröte die Sterne des Himmels verdrängt und zertritt, und mit ihrer Gefährtin, der Tagesdämmerung, emporsteigt, Freude in der Luft, Kühlung im Wasser und Feuchte auf der Erde verbreitend …» Nicht nur Feuchte auf der Erde, möchte man einfügen, aber bleiben wir erst mal bei «Freude in der Luft», bei diesem Gefühl der Erhabenheit, das sich nachts ohne Dach bei einem einstellt, Freiheit, wie das Wort vom «freien Himmel» schon sagt. In «Don Quijote» wiederum schreibt Cervantes vom Bedürfnis, draußen zu schlafen «wie ein unvernünftiges Tier» und trifft damit, was den Zauber ausmacht: die Unvernunft, die Grenzüberschreitung, die Abkehr vom Alltäglichen: Mutter, du unvernünftiges Tier! Diese Sehnsucht jedenfalls lebten vor allem die Schriftsteller der deutschen Romantik aus, Jean Paul preist in seinen «Flegeljahren» das Schlafen unter freiem

Himmel: «Man braucht kein dumpfes Haus, jede Staude macht man sich zur Stube ...» Ja, Stauden hatte es reichlich auf dem Balkon meiner Mutter. Und ist das «dumpfe Haus» nicht vielleicht einfach nur ein als hin und wieder dumpf empfundenes Leben, aus dem man nachts ins Freie flüchten möchte?

Der freie Himmel jedenfalls ist mir als Wert von den Eltern mitgegeben worden. Mein Vater bezeichnet es noch heute als seine Lieblingsbeschäftigung, auf dem Rücken im Gras zu liegen und in den Himmel zu schauen. Dies allerdings tagsüber, ein entscheidender Unterschied. Denn seit ich selbst angefangen habe, im Sommer hin und wieder draußen zu schlafen, muss ich sagen: Es ist nichts für Anfängerinnen und Anfänger und nichts für Leute, die was gegen einen feuchten Film auf der Bettdecke und gegen neugierige Insekten haben (seht, sagen die Mücken, die Bewohner der dumpfen Häuser haben kapituliert und uns einen der Ihren als Opfergabe hinausgeschoben, let's suck!). Es fehlen die passenden Möbelstücke. In Ferienanlagen auf den Balearen sieht man manchmal so glorifizierte Sonnenliegen, die Bettenform haben und rundum weiße, verschnürbare Vorhänge, damit man dahinter dösen oder knutschen kann. Sie werden in derlei Ferienanlagen nachts jedoch in Schuppen verstaut, und nur, um zwei-, dreimal im Jahr draußen zu schlafen, wäre mir das als Anschaffung zu drastisch.

Es ist auch sehr laut, wenn man draußen schläft. Auf dem Balkon in der Stadt auf irritierend vertraute Weise, denn man meint, man läge quasi zwischen dem eintreffenden Taxi und dem Bordstein, und irre, wie lange die Nachbarn draußen sitzen und sich über den Elternabend unterhalten. Auf dem Land ist es nachts draußen laut auf irritierend unvertraute Weise: Ist das ein Reh auf der Suche nach Knospen oder etwas, wovon ich niemals Gelegenheit haben werde zu erzählen, weil es mich packen und in seinen Bau schleifen wird? «Sleeping rough» nennen die Engländer es, wenn man gezwungen ist, draußen zu schlafen: grob schlafen. Grob und rau – so fühlt es sich auch an, wenn man es freiwillig tut. Weil man eben doch nicht die gute Matratze mit rausgenommen hat, sondern eine Gartenliege mit doppelter Polsterauflage, oder weil das Gelände ein bisschen abschüssig ist und der Balkon nicht nur vom Mond beschienen, sondern womöglich auch von einer hartnäckigen Hausnummer gegenüber. Wie gesagt, es ist eine Tortur. Und ein Privileg, den Vorgang jederzeit abbrechen und wieder reingehen zu können. Dennoch hat es etwas von Flucht: «And duty will not track me down», heißt es im Lied «Sleeping Rough» von Prefab Sprout, «asleep among the trees»: Die Pflicht kann mich nicht finden, wenn ich zwischen den Bäumen schlafe. Stimmt natürlich nicht, aber es mag im Idealfall so scheinen. Biwakieren ist der letzte Luxus der Behausten.

Das Wort «Biwak» übrigens kommt vom niederdeutschen «Beiwache», und tatsächlich ist man dabei meist wach. Vielleicht, weil die Kinder, für die das ein großes Abenteuer ist und womöglich der Anfang einer lebenslangen Sehnsucht, einen nach Sternbildern fragen. Da, der große Wagen. Und der kleine Wagen. Äh, ja. Papa, welche kennst du noch? Weitere Bezeichnungen murmele ich eher undeutlich, angereichert mit dem «Tannhäuser-Tor» und der «Schulter des Orion» aus dem Monolog in «Blade Runner», es gesellen sich der große und der kleine Bär dazu, aber der berechtigte Verdacht, der alleinerziehende Bär und sein Junges seien in

Wahrheit mit den Wägen identisch, ist den Kindern nicht auszutreiben. Oder man genießt einfach das Gefühl, so klein und frierend und fremd in der Welt zu sein, ein Urzustand, den zu verdrängen man tagsüber tausend Mittel und Wege hat, nachts draußen aber kaum noch eins.

Das begleitet einen in den nächsten Tag, und ich finde das eigentlich am schönsten am Draußenschlafen: dieses Gefühl, für eine Weile ein Fremder im eigenen Leben zu bleiben, übernächtigt, verspannt, erschöpft, aber so, als hätte ich was geleistet. Wenn die Draußennacht vorbei ist, sieht man sich selbst noch eine Weile wie von außen. Die Wände der Wohnung scheinen nicht mehr ganz so selbstverständlich, das Bett eine Idee zu weich. Und im Gespräch mit Kollegen denke ich: Ja, mag sein, dass du mir sagen kannst, ich solle das alles noch mal und ein bisschen anders machen, dann würde es besser – aber im Gegensatz zu dir habe ich letzte Nacht unter freiem Himmel gelegen, die Leere über mir, die Feuchtigkeit morgens auf der Bettdecke und die Sprossen der Gartenliege ausgehalten, insofern macht mir das gar nichts.

Meine Mutter jedenfalls war dabei, sich in der Stadt, in der ich wohne, nach einer Seniorenwohnung umzusehen. Damit ihre Enkel was von ihr haben. Ich begleitete sie zu einer Besichtigung, die beim Balkon endete: «Sogar Südseite», sagte die Leiterin der Einrichtung froh, aber meine Mutter und ich hatten gutes Augenmaß. Höchstens einmal anderthalb Meter. Wir sahen uns an und zweifelten.

Diven

Seit meiner Kindheit habe ich eine große Vorliebe für Popmusik. Also für richtige Hits. Meine erste Single war «Theo, wir fahren nach Łódź» von Vicki Leandros. Danach Baccara, und auch heute noch ist mein Motto: Yes Sir, I Can Boogie.

Eigentlich dachte ich, es würde sich irgendwann legen. Man wird erwachsen, dann Jazz, dann Klassik, und irgendwann noch ein bisschen zur Kuckucksuhr Schunkeln, dann Familiengruft. Jazz mag ich inzwischen, da finde ich mich altersgemäß entwickelt, aber was nie aufgehört hat, ist mein lebenslanges Interesse an den aktuellen Diven und Stars. Es ist für mich eine Selbstverständlichkeit, die neuen Singles von Ariana Grande, Taylor Swift, Rihanna, Katy Perry, Lorde und natürlich vor allem Beyoncé zu kennen und über ihre sonstigen Aktivitäten informiert zu sein. Es fällt mir nicht auf, es kostet mich keine Anstrengung, es läuft so mit. So, wie ich mich in den Achtzigern, als ich sozialisiert wurde, ganz automatisch immer auch für Madonna, Prince und Michael Jackson interessiert habe, obwohl ich im Grunde New-Wave-Fan war (ich hatte die abgeschnittenen neongelben Fingerhandschuhe und den Kajalstrich).

Aber jetzt fühlen die Kinder sich langsam zu groß, um mit mir im Auto und am Esstisch darüber zu diskutieren, ob Taylor Swift sich vorigen Herbst erfolgreich neu erfunden hat oder nicht, warum Beyoncé den läppischen Ed Sheeran braucht, um endlich wieder einen Nummer-1-Hit in den USA zu haben, und ob Rihannas Hit mit DJ Khaled jetzt schrecklich schön oder ganz schön schrecklich ist. Und ach, findet ihr nicht auch, dass Katy Perry am schönsten von allen singt, aber die schlechtesten Songs hat?

Das hat mich misstrauisch gemacht, plötzlich sehe ich mich von außen: Die eigenen Kinder wenden sich ab, und was bleibt, ist ein Mann, der mit Anfang fünfzig gebannt den Texten von Lorde, Anfang zwanzig, lauscht.

Diese Pop-Hit-Treue ist seltsam, weil einige Dinge, die ich immer geliebt habe, mir seit einigen Jahren keinen Spaß mehr machen. Früher konnte ich stundenlang zappen, heute hasse ich Fernsehen. Früher hat der Fußballverein meiner Heimatstadt mich mit einer komplizierten Liebe erfüllt, heute folge ich der Hertha mit wohlwollendem Desinteresse nur noch aus dem Augenwinkel. Vieles fällt weg, das tut ein bisschen weh, aber die großen Top-Forty-Diven sind mir geblieben. Ich habe jedoch ein bisschen Sorge, spätestens im Altersheim als schmutziger Opa rüberzukommen. Es sind halt alles Frauen. Männer, die Superhits haben und dabei noch interessant sind, gibt es derzeit nicht. Ed Sheeran habe ich schon erwähnt, bleibt nur noch Justin Bieber. Aber der eine erinnert mich an einen mittelmäßig engagierten Biologie-Referendar, der andere an den Typen, der Penisse in das Biobuch zeichnet, das er am Ende des Schuljahres wieder abgeben muss. Das ist mir alles zu klein. Beyoncé und die anderen sind die Einzigen, durch die in mein Leben auf einfachem Wege was kommt, das viel größer als dieses Leben ist. Ich folge ihnen, wie andere sich für heiratswillige Adlige begeistern. In diesem Sinne bin ich inzwischen eigentlich wieder wie eine Fünfzehnjährige oder ein Fünfzehnjähriger, wenn ich Lorde auf Twitter folge oder im Auto ihre Hits mitsinge. Mit einem wichtigen Unterschied: Ich weiß inzwischen, dass diese ganzen Sehnsüchte, von denen alle guten Hits handeln, im Leben niemals erfüllt werden, und dass dieses Gefühl, das Beste käme erst noch, über das Lorde die ganze Zeit singt, niemals aufhört.

Mitleid

Eigentlich müssten die Männer mir leidtun. Denn es heißt ja, Männer neigten zum Selbstmitleid.

Und ich werde ständig dazu eingeladen, mich in meiner Eigenschaft als Mann selbst zu bedauern: keine Woche, in der nicht ein Zeitschriften-Aufmacher erscheint oder ein Fernsehbeitrag läuft, in dem es um «Männer in Not» geht, um «Schlappe Männer», um Männer, die von den emanzipierten Frauen beruflich, gesellschaftlich und sexuell abgehängt werden, Männer, die mit ihren Chefinnen nicht zurechtkommen und die sich durch die Frauenquote bedroht fühlen. Männer, die finden, dass jetzt auch mal gut ist mit Frauenförderung und Gender-Mainstreaming. Ganz zu schweigen davon, dass wir armen Männer ungesünder leben, zu spät zum Arzt, viel zu spät zum Therapeuten gehen und früher sterben.

Männer sind «in Gefahr», Männer sind «verunsichert», ja, es droht das «Ende der Männer». Eigentlich müsste ich mich als solcher bedroht oder zumindest angesprochen fühlen. Tue ich aber nicht. Oder höchstens, indem ich darauf reagieren möchte mit einer einfachen Mitteilung: Es reicht mir. Weder möchte ich von irgendjemandem Mitleid, Zuspruch oder besondere Fürsorge, weil ich Mann bin. Noch habe ich Mitgefühl für jene Männer, die sich jetzt über den «Siegeszug der Frauen», die «Gleichmacherei» und ihren Machtverlust beschweren oder deren Verunsicherung von anderen beklagt wird.

Man soll ja keiner Statistik vertrauen, die man nicht selbst im Bekannten- und Freundeskreis erhoben hat, darum möchte ich auch gleich sagen, dass ich unbeeindruckt bin von all den dubiosen Umfragen, in denen es heißt, die Hälfte der Männer könnten nicht Schritt halten mit der Entwicklung und den Fortschritten der Frauen, und zwei Drittel fänden, dass es reicht mit Gleichberechtigung. Jede dieser Umfragen und Studien ist politisch motiviert, um beweisen zu können: Leute, jetzt ist auch mal gut, die Männer kommen nicht mehr mit, lasst uns mal einen Gang zurückschalten bei der Gleichberechtigung und den neuen Rollenverteilungen und den familienfreundlichen Betrieben. Meine eigene Statistik ist eine Hypothese, die erst noch widerlegt werden muss: Aus meiner Sicht hat etwa ein großer Teil der Männer überhaupt kein grundsätzliches Problem mit der Emanzipation der Frauen, mit gelebter Gleichberechtigung, mit alltäglicher Aufgabenverteilung jenseits ollster Gender-Klischees. Klar, diese Männer kämpfen und arrangieren sich und stecken zurück und sind zuweilen erschöpft und genervt, aber: Damit geht es ihnen genau wie den Frauen, so geht Leben. Diese Männer sind in dem Bewusstsein aufgewachsen, dass es keine lebenswerte Alternative zur bedingungslosen Gleichberechtigung gibt, weil alle mehr Freiheit und mehr Freude am Leben haben, wenn alles geteilt wird.

Eine andere große Männergruppe sind jene, die nicht wissen, wie man einen Haushalt schmeißt, weil sie meinen, das sei Frauensache; die sich lautstark über eine zwanzigprozentige Frauenquote in ihrem Betrieb beschweren; die Frauen insgeheim entweder als Huren verachten oder als heilige Mamis verehren, sie aber nicht als gleichwertige Menschen akzeptieren. Ich meine die Autobahn-Drängler, Schwulenhasser, Akif-Pirinçci-Leser, die Typen, die am Spielfeldrand den vierzehnjährigen Schiedsrichter als Wichser beschimpfen, wenn ihr Sohn in der F-Jugend beim Freundschaftsspiel neben das Tor schießt. Und dann sehe ich in meinem Alltag noch die ziemlich große Gruppe der Unentschiedenen. Das sind jene, die sich ein bisschen halbherzig auf dieses Ding mit der neuen Rollenverteilung eingelassen haben und die jetzt darüber klagen, dass sie es nicht mehr regelmäßig alle vierzehn Tage zu den Proben ihrer Cover-Band schaffen und dass im Büro keiner ihre Windel-Anekdoten hören will, und dass die Mütter am Sandkastenrand ihnen keine Förmchen abgeben. Männer, die niemals in ihrem Leben über ihre Rolle nachgedacht haben und jetzt, wo sie nicht mehr wie große Jungs leben können, beklagen, dass sie sich nicht mehr als Männer fühlen. Viele von ihnen schreiben verwirrte und sentimentale Bücher oder Zeitschriftenartikel darüber, wie seltsam und unklar sich das alles anfühlt. Weil sie sich einfach nicht entscheiden können, endlich erwachsen zu werden.

In der aktuellen Debatte werden diese verschiedenen Gruppierungen aber immer zusammengerührt. Wer sind denn die «Männer in Not»? Ich brauche kein Mitleid, weil die Art, wie ich lebe, selbst gewählt ist, mit allen Frustrationen, allen Herausforderungen und Rückschritten. Und ich habe keine Lust mehr und kein Interesse daran, Mitgefühl und Verständnis für gesellschaftliche Gruppen zu haben, die sich einer so elementaren Notwendigkeit wie der Gleichberechtigung widersetzen. Egal, auf welche Art: durch Blockieren, Nörgeln, passiven Widerstand, Zoten, Selbstzerstörung oder weinerliche und zugleich selbstbeweihräuchernde Väter-Bücher. Warum soll ich mich, erstens, mit diesen Leuten in einen Topf werfen lassen, und warum soll ich, zweitens, mich darum sorgen, ob sie von der gesellschaftlichen Entwicklung «abgekoppelt werden», ob sie noch «mitkommen» oder ob sie das alles «überfordert»? Sie sind doch selber ausgestiegen. Lasst sie doch. Schwierig ist der Weg mit ihnen oder ohne sie, warum also nicht gleich lieber ohne?

Ein Argument, das ich in diesem Zusammenhang oft höre, kommt dann jetzt auch hier, okay: Du kennst halt, heißt es dann, nur deine Prenzlauer-Berg-, Hamburg-Ottensen-, München-Haidhausen-Welt oder so, diese winzige Scheinwelt, in der einigermaßen gut verdienende Freiberuflerinnen und kreative Männer gemeinsam die Kinderwagen schieben, gemeinsam in Teilzeit arbeiten und gemeinsam den Biomüll raustragen. Kann sein, dass ich in so einer Welt lebe, aber: Das ist kein Phänomen besserverdienender Gesellschaftsschichten. Gerade da, wo ein Einkommen, selbst wenn man wollte, niemals für eine ganze Familie ausreichen würde – genau da arbeiten Männer und Frauen, Mütter und Väter doch ganz selbstverständlich im gleichen Umfang, mit allen Reibungsverlusten wie positiven Nebenwirkungen. Und sie teilen sich auch die «Familienarbeit», wie das heute heißt. Kennt ihr nicht solche Paare, Krankenpfleger, Erzieherinnen, Köche und Einzelhandelskauffrauen?

Und kennt ihr nicht den hoch verdienenden, zu viel arbeitenden Manager, dessen Frau nach der Elternzeit Schwierigkeiten hat, wieder einen Job zu finden, und beide empfinden das als Mangel und als Makel, weil es sie daran hindert, abwechslungsreicher zu leben und ein gleichberechtigtes Paar zu sein?

Kennt ihr keine Handwerker, die ihre Termine so legen,

dass sie die Kinder zum Arzt bringen oder von der Schule abholen können? Ich habe das Gefühl, ich treffe fast nur noch solche Leute.

Ja, heißt es dann, aber die Demütigung und die psychischen Probleme, wenn die Frau mehr verdient als der Mann. Auch darüber gibt es Statistiken und Studien, an denen verunsicherte Männer sich wärmen können. Ich hingegen halte die Information, dass es Männer gibt, die darunter leiden, wenn ihre Frau mehr verdient als sie, für gesellschaftlich irrelevant. Denn was für Schlüsse soll man daraus ziehen?

Staatliche Subventionen für Männer, die weniger als ihre Frau verdienen? Gehaltsbremse für Frauen, sobald sie das Brutto-Einkommen ihres Ehemanns erreichen, um die Gesellschaft vor dem Frust der Ur-Männer zu schützen? Nein, die Antwort kann ja nur sein: Es müssen so viele und so oft Frauen mehr verdienen als ihre Männer, dass das völlig normal und völlig egal wird. Und es ist ja wohl klar, dass ich mit Freunden in Tagträumen darüber schwelge, wie es wäre, wenn unsere Frauen so viel mehr verdienen würden als wir, dass wir uns eine Zeitlang aufs Kochen konzentrieren könnten. Es sind keine Albträume.

In den aktuellen Debatten über Gender-Fragen, aber auch über Rassismus und andere Arten gesellschaftlich, historisch und psychologisch bedingter Ab- und Ausgrenzungen, gibt es ein schönes Stichwort: «check your privileges». Was so viel bedeutet wie: Sei dir über deine Privilegien im Klaren, bevor du das Maul aufreißt und anderen gute Ratschläge erteilst oder ihnen sagst, sie sollen sich doch mal nicht so anstellen. Also: Als jemand, der im Akademiker-Milieu aufgewachsen ist, Leute zu kritisieren, die ihre Hartz-IV-Bildungsgutscheine nicht abholen, macht wenig Sinn, wenn man sich nicht darüber im Klaren ist, dass man selbst durch seinen Hintergrund immer bevorzugt war und die Situation der anderen deshalb womöglich nicht nachvollziehen, geschweige denn beurteilen kann. Es ist völlig unsinnig und übergriffig, einer «person of color», also einer Person, die aufgrund ihrer Hautfarbe als nicht «weiß» identifiziert oder, wie man auch sagt, «rassifiziert» wird, zu erklären, dass es in Deutschland keinen systematischen Rassismus gibt. Weil ich, als jemand, der im politischen Sinne als «weiß» identifiziert wird, einfach über keinerlei Erfahrungen mit Rassismus verfüge, ein Privileg, aufgrund dessen ich aber auch nichts zu erklären habe. Genauso wenig, wie ich als heterosexueller sogenannter Cis-Mann (also einer, der sich sozial und psychologisch überwiegend bis sehr deckungsgleich mit seinem biologischen Geschlecht fühlt) einem trans Menschen erklären sollte, warum sie oder er diese oder jene Toilette nicht benutzen oder einen Vornamen nicht endgültig ablegen darf.

Wenn ich meine Privilegien checke, habe ich mein Leben lang ein Kästchen in jeder Box machen können: weiß, männlich, heterosexuell, gebildete Mittelschicht und so weiter. Ich habe immer zu denen gehört, die am wenigsten diskriminiert werden und die andere am meisten diskriminieren. Diese Erkenntnis hat auch mein Selbstbild als Mann bestimmt: Ich weiß, dass ich den allergrößten Teil meines Lebens fast überall ein etwas besseres Standing gehabt habe, weil ich als Mann in einer Männerwelt agiert habe. Jetzt aber wandelt diese Männerwelt sich langsam zu einer Menschenwelt, und plötzlich soll ich betrauern, dass die Privilegien von Männern wie mir weniger werden? Ich soll besorgt sein und einstimmen in den Chor derer, die nicht damit klarkommen, dass sie abgeben und kooperieren müssen?

Nein, ohne mich, dafür habe ich gar keine Zeit. Ich bin zu sehr damit beschäftigt, die Nachmittage mit meinen Kindern und die Gehaltsschecks meiner Frau zu genießen.

Eiswürfel

Das Schönste am Sommer sind für mich die Eiswürfel. Ich liebe Eiswürfel mehr als mich selbst. Sie sind vollkommen. Das Beste an ihnen ist ihre Temperatur, ihre Form, und dass sie aus Wasser sind. Und dass ich endlich so viele von ihnen haben kann, wie ich will.

Während meiner Kindheit gab es in ganz West-Berlin praktisch keine Eiswürfel, außer in den amerikanischen Kasernen, die Eiswürfel wurden von G.I.s mit Panzern bewacht. Was nicht nötig gewesen wäre, denn Eiswürfel waren unerwünscht, Zeit- und Energieverschwendung, ein Zeichen von Dekadenz, und außerdem war kaltes Trinken unbekömmlich, man starb davon noch schneller, als wenn man mit vollem Bauch im Wannsee badete.

In meiner Familie gab es eine einzige Alu-Eiswürfelschale mit einem klemmfreudigen Hebel, mit dem man die Eiswürfel, sobald sie fest waren, aus dem Gitter drücken konnte. In dieser Höllenmaschine setzten meine Eltern zu Beginn des Sommers achtzehn Eiswürfel an, die dann von Juni bis September reichen mussten, es hatte also jeder in der Familie etwa einen Eiswürfel pro Monat. Das Mantra meiner Kindheit war: «Teil dir das gut ein.» Es galt auch für die Nullzwei-Spezi beim halbjährlichen Pizzeria-Besuch und für das Vivil, das zu Beginn des Sonntagsausflugs ausgegeben wurde. Den Bonbon-Namen «Nimm zwei» habe ich als Kind nie verstanden.

Hinter dem deutschen Eiswürfelhass der siebziger und

achtziger Jahre muss aber mehr als Sparsamkeit gestanden haben. Jedes Mal, wenn meine Mutter irgendwo für sich eine Cola bestellt, sagt sie bis heute: «Aber ohne Eis!» Um uns dann halblaut triumphierend zu erklären, sie würde sich doch nicht übers Ohr hauen lassen.

Was denn nun!, will ich rufen. Sind Eiswürfel zu kostbar, oder werden mit ihnen Brausen gestreckt? Und siehst du nicht, Mutter, dass die Eiswürfel das Beste an deinem Getränk sind? Lass nächstes Mal die Cola weg!

Es ist mühsam, Eiswürfel selbst herzustellen. Die Aluschale wurde irgendwann durch diese schlauen Plastiktüten ersetzt, die man an den Wasserhahn hält. Dann spritzt man alles nass, knotet das Ding zu und hat zwei Tage später flache Eiskugeln mit Dellen, die man mit verkniffenem Gesicht aus einem im Sommerwind flatternden Plastikfetzen drückt. Das ist nicht meine Vorstellung von Gastfreundschaft. Außerdem schmecken diese Eisklumpen nach Gefrierfach und Pfiffigkeit, eine üble Mischung.

Mein selbstbestimmtes Erwachsenenleben begann, als ich entdeckte, dass man Eiswürfel in großen Tüten an Tankstellen und in Supermärkten kaufen kann. Zwei Kilo zwei Mark. Beim ersten Mal hörte ich die Stimme meiner kindlichen Prägung: Till, das ist doch nur Leitungswasser! Ich zuckte zurück, aber nur kurz. Von wegen nur Leitungswasser. Es ist die pure Lebensfreude. Es ist das billigste große Vergnügen, das ich mir vorstellen kann. Es ist Magie, dass ich im Sommer jedes Getränk im Handumdrehen so kalt in mich schütten kann, dass ich beim Trinken einen anatomisch korrekten Eindruck vom Verlauf meiner Speiseröhre bekomme. Es macht mich glücklich, auf der Rückseite der Weinflasche die empfohlene Trinktemperatur zu studieren, während ich zwei, drei Eiswürfel in mein Weinglas plumpsen lasse, Weinfarbe egal. Ich liebe es, die Gäste den ganzen Sommer über mit dem Ruf «Wir haben Eiswürfel!» zu begrüßen, sobald sie am Horizont auftauchen.

Und ganz besonders liebe ich das Gefühl, dass man sich also vielleicht im Laufe des Lebens doch an der einen oder anderen Stelle von kindlicher Prägung befreien kann.

Brunch

Da Ihr seid Tagen meine Anrufe ignoriert, habe ich mich entschlossen, Euch diesen Brief zu schreiben. Die gute Nachricht ist: Meine Haftpflichtversicherung wird für den größten Teil des Schadens aufkommen. Wenn jemand anruft und fragt, wie die Quarkspeise, der Waffelteig, der Käse-Igel usw. vom Buffet auf den Teppich, an die Wand und hinter das Sofa gekommen sind, wäre es jedoch gut, wenn Ihr der Versicherung gegenüber meine Version bestätigt. Also: Ich bin über ein Kleinkind in das Buffet gestürzt.

Ihr seid mit meine ältesten Freunde, wir brauchen uns nichts vorzumachen, Ihr wisst, dass es kein Unfall war. Zu meiner Verteidigung kann ich nur sagen, dass ich an jenem Sonntag bei Eurem Brunch abwechselnd etwa vierzehn Gläser Prosecco und vierzehn Becher Filterkaffee getrunken habe. Ich hätte aufpassen und mich an Euren lauwarmen Orangensaft und Euren lauwarmen Rooibos-Tee halten sollen; für dieses Versehen möchte ich mich entschuldigen.

Ihr sagt, ich hätte von Anfang an einen übellaunigen Eindruck gemacht und bereits beim Überreichen der von mir auf Euren Wunsch hin mitgebrachten Muffins etwas geraunt wie «Und vielen Dank auch, dass ihr mir den Sonntag, äh, verschönert» oder «Und so beginnen sieben Stunden meines Lebens, die ich nie zurückkriegen werde». Ich will nicht ausschließen, dass ich eins davon gesagt habe, aber bestimmt nicht beides!

Den Vorwurf, ich hätte innerhalb kürzester Zeit «die

Wurstplatte leer gefressen», finde ich absurd. Ja, ich habe eine große Menge italienischen Aufschnitts verzehrt, dies jedoch nur, um guten Willen zu zeigen. Und falls es Euch tröstet: Es ist mir nicht gut bekommen (sorry wegen des Handwaschbeckens, es sah aus, als könnte man sich draufstützen).

Was ich wirklich bedauere, sind meine Äußerungen in der Küche, als ich Euch vorwarf, Unschuldige durch Eure Brunch-Einladung in «Geiselhaft» genommen zu haben. Unschuldige, die eigentlich lieber entweder frühstücken oder zu Mittag essen wollen, aber nicht beides durcheinander und nicht den ganzen Sonntag lang. Ich möchte kurz erklären, warum ich auf Euren Hinweis, ich könnte jederzeit gehen, bzw. Eure Aufforderung, endlich zu verschwinden, mit einem sogenannten «Lippenfurz» geantwortet habe. Wisst Ihr nicht, wie furchtbar es ist, nach einem Brunch am Sonntagnachmittag nach Hause zu kommen? Schon in der Dämmerung, zerschlagen, aufgekratzt und durchgeschwitzt, mit einem Alkohol- und Koffein-Jucken am ganzen Körper, wissend, dass dieser Tag nicht mehr in den Griff zu kriegen, geschweige denn zu retten ist? Dies stand mir so bevor, dass ich einfach nicht gehen konnte.

Wie ich staunend erfahren habe, hielt ich gegen Ende einen lauten Vortrag, in dem ich ausmalte, der Brunch sei eine Erfindung des internationalen Terrorismus, mit dessen Hilfe unsere Moral untergraben, unsere Abwehr geschwächt und unsere Ordnung durcheinandergebracht werden solle; wer Mahlzeiten miteinander vermenge, Tagesabläufe zerstöre und Menschen dazu verführe, sich stundenlang Marshmallows und Schokoküsse vom Kindertisch ins Gesicht zu stopfen, der beschädige das Fundament einer ganzen Gesellschaft. Das klingt nicht nach mir. Ich war geschwächt und verwirrt, denn Eure Einladung zum Sonntags-Brunch war nicht meine erste in diesem Jahr. Aber, wie ich annehme, die letzte auf lange Zeit. Macht's gut, usw., usf.

PS: Wenn die Versicherung gezahlt hat, könnte man sich ja auch mal wieder abends treffen.

Singen

Es ist unwahrscheinlich, dass man im Erwachsenenalter ein jahrzehntelang verstecktes Talent an sich entdeckt. Talente werden entdeckt, solange man Kind ist, also: solange die eigenen Eltern mit nachlassender Aufmerksamkeit beobachten, ob man irgendwas besonders gut kann oder ob man einfach nur so liebenswert ist, in der Basisversion ohne weitere Features. Nicht selten bescheinigen Eltern einem ja auch, dass man ausdrücklich kein Talent hat: «Wir sind keine musikalische Familie», pflegte meine Mutter alarmiert zu sagen, wenn ich als Kind zu singen anhob.

So weit meine Haltung zum Thema Talent. Bis ich mit Anfang dreißig eine Zeitlang in Seattle lebte und mir dort eines Tages das Kursprogramm des «Experimental College» in die Hände fiel, einer Art Hippie-Volkshochschule. In einem Anfall von Abenteuerlust beschloss ich, etwas zu lernen, was ich traditionell besonders schlecht konnte. Da mir Französisch zu aufwendig schien und ich für Stepptanz keine Verwendung hatte, entschied ich mich für Singen. Meine Gesangslehrerin hieß Barbara Coffin, war Ende sechzig, ehemalige Opernsängerin in bunten Gewändern und einem wunderbar zugewachsenen Haus, und sie war die beste Lehrerin, die ich je hatte. Dies lag daran, dass sie mir bereits nach dem ersten Vorsingen mitteilte, ich hätte zum Singen nicht nur nicht kein, sondern im Gegenteil: ein ausgesprochenes Talent; ein Talent, das zu entwickeln sich auch in meinem vergleichsweise fortgeschrittenen Alter noch lohnen würde. In der Folge zahlte ich ihr jeden Monat hundert Dollar, sang und war glücklich. Wenn ich zu Hause übte, runzelte meine Freundin die Stirn und verließ den Raum, um mich «nicht zu stören». Alle drei Monate gab es einen Gesangsabend, bei dem alle Schülerinnen und Schüler von Barbara Coffin auftraten, aber nur voreinander: Gäste waren nicht erlaubt, damit wir uns «auf uns selbst konzentrieren» konnten.

Vor ein paar Tagen nun fiel mir beim Ausmisten eine Aufnahme in die Hände, die ich damals heimlich von einem meiner Auftritte gemacht hatte, mit «I Got Rhythm» von den Gershwins. Das heute zu hören, war ernüchternd: Zwar hatte mir Barbara Coffin beigebracht, die meisten Töne zu treffen, aber: von Talent im darüber hinausgehenden Sinne war nichts zu hören.

Im Nachhinein fühle ich mich aber nicht desillusioniert oder gar ausgenommen, sondern im Gegenteil: illusioniert und bereichert. Die Zeit meiner Gesangsstunden war glücklich, weil ich in einer Lebensphase, in der einem eigentlich Zweifel und Verantwortung zuwachsen, eine Lehrerin hatte, die so getan hat, als hätte ich eine Gabe. Gepriesen werden eher die strengen und unnachgiebigen Lehrer, und angeblich krankt unsere ganze Gesellschaft daran, dass es zu wenig Wettbewerb gibt, Kinder keine Noten mehr bekommen und alle einander nur noch versichern, wie toll sie sind. Es mag sein, dass jeder Mensch lernen muss, mit Enttäuschungen umzugehen. Aber ich werde nie vergessen, wie gut es mir ging, als eine gnädige Lehrerin mir eine weitere Niederlage ersparte. Ich finde, ab einem gewissen Alter hat man das Recht erworben, für nicht-existenzielle Dinge gelobt zu werden und sich in dem Glauben zu sonnen, man könnte sie. Nichts macht einen jünger und füllt die Welt mehr mit Möglichkeiten, als wenn jemand sagt: Dafür hast du echt Talent. Ob es stimmt, ist unwichtig. Man muss nur selbst eine Zeitlang dran glauben können. Oder, wie Barbara Coffin zu sagen pflegte: «Sing laut oder lass es.»

6. ÜBERS IMPROVISIEREN:
DIE EROTIK DES AUFBRAUCHENS

Nachhaltigkeit

Geschenkgutschein

Suchen

Nostalgie

Wetter

Pareto

Bio

Rosa

Gesichtserkennung

Gurken

Fritteuse

Nachhaltigkeit

Meine Großmutter väterlicherseits war eine beeindruckende Frau, die bei einem Herrenausstatter an der Strandpromenade arbeitete, Grünkohl in der Wanne wusch, jeden noch so langen Aufenthalt bei ihr als «Stippvisite» bezeichnete und immer als Letzte, viel zu spät, in heller Aufregung und mit stoischem Trotz zugleich, elegant das Haus verließ. Ich erinnere, dass sie in jedem Alter wunderschön war, jeden zwischen Bad Oldesloe und Bad Segeberg zumindest indirekt kannte, und dass ihre Klatschgeschichten über entfernte Verwandte oder Bekannte von Nachbarn byzantinisch waren, Breitleinwand, mit Fußnoten, Nebenhandlungen, Zwischenteilen, Pro- und Epilogen, und später wetteten meine Schwester und ich manchmal mit einem stummen Kopfschütteln über den Couchtisch hinweg, ob sie am Ende wieder den Faden vom Anfang aufnehmen würde. Tat sie immer.

Ich glaube, sie war eine sehr gute Köchin, aber ich hasste es, bei ihr zu essen. Weil sie nicht müde wurde, bei allem, was sie auftrug (sie saß fast nie, sie trug immer auf), bei also fast allem zu betonen, dass sie es «hinten im Schrank gefunden», «vor einem Vierteljahr von Frau Schöß bekommen» habe, aber «es geht noch, ich hab was abgekratzt», alles musste irgendwie «langsam weg» («langsam» ist norddeutsch für «dringend», wie in: «Kommst du mal langsam?»). Alles war «noch gut», denn sie hatte es «extra aufgehoben für dich, aber ich wusste ja nicht, wann du kommst, ich dachte, du kommst vorige Woche, und jetzt wieder nur eine Stippvisite». Aber ich war jung, und «noch gut» hieß für mich: alt und vergammelt, ungenießbar. Wie viele Kinder bevorzugte ich Nahrungsmittel, die mit einem zuversichtlichen Schmatzen direkt aus einer vor meinen Augen geöffneten neuen Verpackung kamen. Die Welt war neu, so sollte auch mein Essen sein. Aber nicht bei Oma. Mein Tille, iss doch was.

Meine Oma ist seit acht Jahren tot; dass sie das letzte Mal vergeblich für mich gekocht hat, war vor über zwölf. Und plötzlich stehe ich vorm Kühlschrank, studiere ein halb volles Glas Kapern, das Mindesthaltbarkeitsdatum ist unlesbar verblichen durch den langen Kühlschrankaufenthalt, und ich denke: Kapern sehen immer so leicht beschlagen aus, und in der Sauce werden die ja noch mal durcherhitzt, die sind: noch gut.

Ich werde wie meine Oma!, denke ich, während ich die fahlen Kapern in einem Klumpen in die Sauce fallen sehe, und mich durchströmt ein Glücksgefühl, das mehr ist als liebevolle Verbundenheit mit Oma: Es ist die Befriedigung, die eintritt, wenn man was aufgebraucht hat, statt es wegzuschmeißen. Ein neues Gefühl, ich bin inzwischen süchtig danach. Der Kick, wenn man den letzten Beutel eines nicht so beliebten Tees verbraucht, statt die Schachtel von nun an fast-leer für immer im Schrank stehen zu haben. Der Thrill, wenn die betagte Wassermelone zwar schon bitzelt, das im Salat mit Schafskäse, Oliven und Minze aber gar nicht negativ auffällt. Ja, ich habe mich sogar dabei ertappt, wie ich zufrieden lächelnd zwei angebrochene Gläser Erdbeermarmelade zu einem konsolidiert habe. Früher dachte ich, Essen wäre die Erotik des Alters, heute weiß ich: es ist Aufbrauchen. Und der Zauber des Aufbrauchens, des Hinten-im-Schrank-Findens, des Unterjubelns – der Zauber besteht darin, dass man den Lebensmitteln, und damit sich selbst, die Würde zurückgibt, denn schließlich wurden sie zum Verzehren gemacht, nicht für den Mülleimer. Mit angebrochenen Dingen ist es wie mit den unüberschaubaren Geschichten, die meine Oma erzählte: Man muss sie zu Ende bringen. Ah, wie ich mich freue auf die gequälten Gesichter meiner Enkel.

Geschenkgutschein

Weil meine Schwester einen gewissen Perfektionswillen hat, wurden viele ihrer selbst gebastelten Geschenke einfach nicht rechtzeitig fertig. In der Folge gestaltete sie sehr schöne Gutscheine, die sie meinen Eltern, Großeltern und mir unter den Weihnachtsbaum legte. Von Jahr zu Jahr wurden diese Gutscheine raffinierter und aufwendig wie die Geschenke, über deren verzögerte Fertigstellung sie hinwegtrösten sollten. Es gibt einen Mythos in meiner Familie, demzufolge meine Schwester einmal einen Gutschein für einen Gutschein verschenkt hat.

Jedenfalls habe ich von meiner Schwester gelernt, Gutscheine zu machen: Eine Zeitlang waren so viele uneingelöste Gutscheine von uns beiden im Umlauf, dass der Weltfinanzmarkt ca. 2008 und das europäische Währungssystem ca. 2011 im Vergleich dazu übersichtlich und solide erscheinen. Mit dem wichtigen Unterschied, dass Gutscheine ein Erfolgsmodell sind. Neben dem Gutschein für ein Geschenk, das nicht fertig geworden ist, meine ich den für eine familiäre Dienstleistung wie Aufräumen, Babysitten oder mal gemeinsam Wandern gehen. Also Gutscheine, die eher vage Absichtserklärungen sind: Im Grunde verschenkt man mit ihnen ein freundlich, aber unverbindlich dahingemurmeltes «Man könnte ja mal, muss aber nicht sein». Wenn du ihn anschaust und dich über die Geste freust, hat er seine Mission erfüllt. Wirst du ihn jemals einlösen? Nein, vermutlich eher nicht, denn er dient nur dazu, allen Beteiligten das Leben ein bisschen leichter zu machen. Es ist einfacher, einen folgenlosen Gutschein geschenkt zu bekommen, als ein Buch, das man schon hat, einen Pullover, der einem nicht gefällt, oder ein Pesto, gegen das man allergisch ist.

Vor allem aber löst der Gutschein ein aktuelles Problem, und das habe ich von meiner Schwester gelernt, als ich anfing, Gutscheine zu verschenken: Ein gutes Geschenk ist gar nicht so leicht zu finden, aber einen Gutschein kriegt man immer noch gebastelt. Ein Geschenk zu finden, ist ein Problem. Es mag ein schönes sein, es mag ein lösbares sein – aber ganz nüchtern betrachtet, bleibt es ein Problem. Indem man einen Gutschein verschenkt, delegiert man dieses Problem. Probleme delegieren ist gut für die eigene Psyche, und wenn man es nicht kann, muss man es lernen. Mit einem Gutschein delegiert man das Problem an den Beschenkten, an die Zukunft, ans Universum. Ob und wann und mit wie viel Begeisterung der Gutschein eingelöst wird, hat man als Schenkender nicht in der Hand.

Das mag selbstbezogen und bequem klingen, und auf diesen Vorwurf kann ich nur antworten: Äh, ja, das ist es ja auch. Aber wer hat gesagt, dass Geschenke etwas mit Selbstaufopferung und Anstrengung zu tun haben müssen? Schenken wir uns nicht alle am meisten, wenn wir's uns in dieser Hinsicht so einfach wie möglich machen?

Allerdings sollte man zumindest theoretisch darauf eingestellt sein, dass der Gutschein einen eines Tages einholt, indem er eingelöst wird. Zumal, wenn man kein Verfalldatum angegeben hat. Als mein Neffe acht oder neun war, habe ich ihm einen Gutschein für einen Nachmittag mit seinen Freunden in einem Billard-Lokal geschenkt: Ich dachte an zwei, drei Grundschüler, ein paar Fanta und zum Abendbrot nach Hause. Jetzt ist er siebzehn, hat eine große Clique, trinkt Bier und hat gerade den Gutschein wiedergefunden.

Suchen

Seit einiger Zeit gibt es eine Aktion der «Bundeszentrale für gesundheitliche Aufklärung», die ich hasse und die mich traurig macht. Die Aktion heißt «Deutschland sucht den Impfpass». Oft sieht man auf wenig befahrenen Nebenstraßen, wo die billigeren Werbewände vermietet werden, Plakate mit dieser Aufschrift, dazu große Fotos von Leuten, die grinsend ihren gelben Impfpass aus dem Sofa ziehen. Ich bedaure dann immer, dass ich keine Farbbeutel bei mir trage.

Ich bin kein Impfgegner, im Gegenteil, ich finde es gut, dass sich hinter diesem heiteren, an «Deutschland sucht den Superstar» angelehnten Slogan der Aufruf verbirgt, alte Impfungen aufzufrischen. Ich bin jedoch absoluter Gegner davon, so zu tun, als wäre es lustig und eine Kleinigkeit, seinen Impfpass zu suchen. Vor allem lehne ich vehement ab, dass diese Plakatkampagne mir suggeriert, ich würde meinen Impfpass finden, wenn ich ihn nur suchte. «Deutschland sucht den Impfpass», du verdirbst mir den Tag. Du versetzt mich in Panik, weil ich alles suche, und zwar vergeblich. Du erinnerst mich daran, dass ich keine Ahnung habe, wo mein Impfpass ist. Daran, dass es nicht nur der Impfpass ist, von dem ich nicht weiß, wo er sein könnte, sondern einiges mehr. Eine detaillierte Aufzählung würde mich zu viel Zeit und Emotionen kosten.

Mir ging es schon als Kind so, dass wichtige Dinge immer mal wieder verschwanden. Meine Mutter sagte dann erschöpft: «Deine Monatskarte kann doch nicht einfach weg sein.» Doch, Mutter. Ich sage es dir wie der Bundeszentrale und der ganzen Welt: Genauso ist das. Einfach weg.

Insgeheim habe ich immer gedacht, dass alles, was ich in der ersten Lebenshälfte verbummelt und vergeblich gesucht habe, in der zweiten wiederauftauchen würde. Vielleicht, weil meine Eltern genau das immer müde ankündigten, um den vergeblichen Suchvorgang abzuschließen: «Na, der/die/das wird schon wiederauftauchen.» Tun sie aber nie. Alles ist weg. Einfach so.

Es ist ja nicht so, dass ich den Impfpass und all seine wichtigen Brüder und Schwestern irgendwie bei Sturmwarnung kurz aufs Fensterbrett oder, um die Hände frei zu haben, für einen Augenblick auf den Papiermüll gelegt und dann den Sturm und die Müllabfuhr vergessen habe. Nein, ich habe all das einmal an Orte getan, die ich in diesem Moment sinnvoll fand. Was aber waren das für Orte? Wie hat sich meine Vorstellung davon, was ein sinnvoller Ort ist, immer wieder so gewandelt, dass ich meinen Impfpass niemals wiederfinden würde?

Die Hälfte der Menschheit versteht gar nichts von diesem Problem: «Hast du keinen Ordner für so was?» Moment. Ihr habt einen Order, wo draufsteht «Impfpass»? «Nein, aber einen für wichtige Unterlagen. Oder einen für Pässe. Bzw. einen für Gesundheitssachen.» Wenn ich gleich unterbrechen darf: Das sind also schon mal drei Orte und Ordner, das wird mir zu komplex, ich habe eher so Schubladen, wo Wichtiges reinkommt, und dann fängt es an zu wandern, und … ganz ehrlich, wenn ich den Vorgang beschreiben könnte, wüsste ich auch, wo der verdammte Impfpass ist.

Meine Steuerberaterin gehört auch zu dieser anderen

Hälfte. «Auszug 009 müssen Sie falsch abgelegt haben», sagt sie, «und das Fahrtenbuch haben Sie vergessen einzureichen.»

«Nein», sage ich, «das ist beides weg.» Sie versteht mich nicht. «Haben Sie das woanders eingereicht?» Nein. Sie scherzt sogar: «Hat es bei Ihnen gebrannt?» Nein. Ich habe einfach nur gelebt. Und so, wie das Leben Spuren hinterlässt, tilgt es bei mir eben auch viele. Nämlich alle, die aus Papier bestehen und wichtig sind.

Nostalgie

Man muss aufpassen, sonst ist man sein Leben lang achtzehn. Und zwar nicht von außen, das ginge vielleicht noch, obwohl ich im Nachhinein gesehen mit dem vielen Haar, was ich damals hatte, nichts anzufangen wusste (David Bowie war vom Look her mein Ziel, freche Banklehre, was ich erreichte). Ich meine, von innen.

Am deutlichsten ist das bei der Musik. Irgendwann kommt nicht mehr viel neue Musik dazu, und dieses irgendwann beginnt recht früh. Musik ist eine starke Erinnerungsträgerin, und am liebsten und deutlichsten erinnern sich viele Menschen an die Zeit zwischen späten Teenager-Jahren und Mitte zwanzig. Die Zeit, in der alles so viel farbiger, kontrastreicher, interessanter war und ist. Weil man, einfach gesagt, damals die Dinge zum ersten Mal tat und erlebte. Die Musik, die Filme, die Bücher, die man damals gut fand, prägen sich einem ein Leben lang ein. Man stellt also als Teenager*in die Geschmacksweichen für sein weiteres Leben.

Das führt dann dazu, dass man oft oder fast nur noch auf Konzerte geht (stark!) von Bands, die «früher mal richtig gut» waren. Auf gewisse Weise sind sie das ja immer noch, aber neu eben nicht mehr. Diese Band, diese Sängerin oder dieser Sänger waren neu, und sie sahen die Welt neu, als die Welt für einen selbst neu war, als man zum ersten Mal an der Schwelle zum Abgrund zum Erwachsenwerden stand, und es war viel zu warm für Mai, und der Regen fiel auf die warmen Gehwegplatten, und nun scheint diese Musik für immer verbunden mit diesem bestimmten Geruch, den man «petrochorisch» nennt.

Ich persönlich gehe nicht mehr so gerne auf Konzerte, es dauert mir alles insgesamt zu lange, das Vorher, das Nachher, das Währenddessen. Wenn die Leute im Publikum jünger sind als ich, ist es mir peinlich, weil sie vermutlich denken, was rempelt mich der alte Knacker die ganze Zeit an. Wenn sie so alt wie ich sind oder älter, denke ich, was rempeln mich die alten Knacker an. Selbst bei den schönsten Konzerten denke ich nach ein paar Stücken: Es ist sehr schön, aber noch schöner wird es sein, wenn es schön gewesen sein wird. Dies ist in gewisser Weise so etwas wie Anti-Nostalgie. Meine Liebe zur Band von damals aber ist erst mal einfach nur Nostalgie. Ich weiß theoretisch zu schätzen, dass sie viel «vom neuen Album» spielen. Wenn ich ein neues Album hätte und viele Menschen, die sich auf die alten Sachen freuten, vor mir stünden, würde ich es wohl ähnlich machen. Wenn nun aber die alten Sachen kommen, denke ich: Hm. Was hatte ich mir davon versprochen? Brauchte ich eine Erinnerung oder Bestätigung, dass ich nicht mehr der Gleiche bin, der ich war, als ich diesen Song die ersten siebenhundert Mal hörte? Und falls ja, war es notwendig, sich diese Bestätigung abzuholen im Kreise Gleichaltriger, die einen mit Bier beschütten, und zwar nicht aus Ekstase, sondern wegen Schusseligkeit und beginnender Arthrose in den Fingern?

Sich der Dauerhaftigkeit der eigenen Jugend vergewissern wollen, indem man ihren Held*innen nachjagt und sie nach innen und außen glorifiziert: Es ist kein Trost, dass ich mit diesem Verhaltensmuster nicht allein bin. Es hat Bob Dylan den Nobelpreis für Literatur und sehr viele exegetische Feuilletonartikel beschert. Es gibt ein universelles Bedürfnis, sich seiner eigenen Bedeutung zu vergewissern, indem man die seiner alten Held*innen beschwört.

Ich habe eine ganz gute Alternative gefunden. Da es mir zugegebenermaßen nicht leichtfällt, mich (außer den Diven) für die Held*innen der Gegenwart zu begeistern, und weil ich diese meinen Kindern auch nicht wegnehmen will, hole ich mir neue Helden von früher dazu. Ich habe in den letzten drei, vier Jahren so viel Joni Mitchell und Carole King gehört, dass ich nun ein sehr großes Heimweh und eine Nostalgie nach Laurel Canyon in den frühen bis mittleren siebziger Jahren habe, obwohl ich diesen Ort nicht kenne und zu jener Zeit froh war, wenn ich «Rappelkiste» schauen durfte.

Wetter

Vor ungefähr fünf bis zehn Jahren habe ich angefangen, mich massiv für das Wetter zu interessieren. Davor hat es in meinem Leben keine Rolle gespielt: Keine Ahnung, wie zwischen 1969 und 2004 das Wetter war. Gut, einmal im Winter war es sehr kalt, und meine Oma blieb mit dem Zug liegen (Ende der Siebziger erzählte man, wenn man im Winter im Zug liegen blieb, heute nur, wenn nicht), und im Sommer gab es zwei-, dreimal hitzefrei. Alles dazwischen war mir egal. Ich ging all meinen Tätigkeiten nach, ohne mich dabei um meteorologische Bedingungen zu kümmern. «Du kannst doch bei dem schönen Wetter nicht drinnen hocken»? Doch, guck mal. «Du kannst doch bei dem Regen nicht mit dem Fahrrad fahren»? Äh, bin ich aber gerade. Ich dachte, den Wetterbericht gibt es nur, damit die «Tagesschau» nicht nach vierzehn Minuten vorbei ist, sondern die Viertelstunde vollkriegt.

Dann gehe ich eines Tages in den nuller Jahren raus und stelle fest, dass das Wetter für mich mit einem Mal zu so was wie Marihuana oder Crack-Kokain geworden ist: Es wirkt sich unmittelbar auf meine Stimmung aus, es putscht mich auf oder zieht mich runter. Bei grauem Himmel fühle ich mich, als würden wir einen im besten Fall putzigen, sicher aber vergeblichen Kampf gegen die Sinnlosigkeit von allem führen; bei blauem Himmel hat alles einen Sinn, und wo steht das Klavier?

Und weil ich auf gutes Wetter reagiere wie auf Stimmungsaufheller, will ich natürlich mehr davon. Dies hat verschiedene alarmierende Folgen. Erstens fühle ich mich ausgeliefert: Früher stand ich über dem Wetter, jetzt mittendrin. Zweitens habe ich angefangen, über das Wetter zu reden. Mit meinen Freunden und Kolleginnen, die inzwischen genauso davon besessen sind wie ich. Wir reden darüber, wie es neulich war, wie es nachher wird, wann es das letzte Mal so war, und immer wieder: wie es man Wochenende werden soll. Früher dachte ich, solche Gespräche führen Fremde miteinander, weil sie die Stille nicht ertragen können oder Verwandte, um ihren Hass aufeinander zu verbergen. Inzwischen habe ich den Eindruck, wenn wir über das Wetter reden, geben wir mehr von unserer Persönlichkeit preis, als wenn wir unsere Therapie-Erfahrungen vergleichen. Meine Chefin kenne ich erst richtig, seit ich weiß, dass sie es bei Sonnenschein nicht eine Stunde in geschlossenen Räumen aushält, aus Angst, etwas zu verpassen, und dass sie schönes Wetter mitunter verflucht, weil sie sich davon derart unter Druck gesetzt fühlt. Meine Frau verstehe ich besser, seit mir klargeworden ist, dass gutes Wetter für sie die Erlaubnis bedeutet, draußen was Schönes, Sinnfreies zu machen, während schlechtes Wetter für sie bedeutet, dass sie drinnen bleiben und dort Dinge erledigen muss. Ich habe Freunde, bei denen stelle ich fest, dass sie sich immer nach dem Wetter sehnen, was das Gegenteil von dem ist, das gerade zur Verfügung steht. Seitdem wirken sie auf mich unbehaust, und ich bin einen Tick geduldiger mit ihnen. Und bevor ich meine Mutter anrufe, checke ich das Wetter in Berlin, dann kann ich mich schon mal drauf einstellen, wie's ihr so in etwa geht.

Insgesamt verhalten wir uns nicht anders als die Anhänger

archaischer Naturreligionen: Wir suchen in der Außenwelt und ihren Phänomenen nach Zeichen, die an uns gerichtet sind. Weil wir neurotischer sind als die Urvölker, denken wir dabei nicht an so etwas Naheliegendes wie ein übergeordnetes Wesen, das uns durch das Wetter seinen Unwillen demonstriert und auf diesem Wege um Opfergaben wirbt. Wir denken, dass das Wetter eine Aufforderung an uns ist, aus uns und unserem Leben das zum Wetter Passende zu machen. Drinnen gemütlich, draußen ausgelassen, je nach Witterung, aber immer gilt: Wir müssen aufs Wetter reagieren. Wir nehmen das Wetter persönlich, so sehr, dass ein Sommerurlaub bei strömendem Regen sich nicht wie Pech oder einfach nur feucht anfühlt, sondern so, als hätte man selbst versagt.

Langsam wird mir diese Beziehung zu intensiv. Ich versuche, mich da rauszuschleichen. Der Erfolg ist durchwachsen wie ein norddeutscher Frühlingshimmel. Schwierig, die Wetter-App auf dem Telefon mit der süchtig machenden Symbolvorschau auf die nächsten sechs Tage nicht alle ein, zwei Stunden zu überprüfen. Noch schwieriger, einen ganzen oder wenigstens einen halben Tag nicht zu kommentieren, was da draußen schon wieder wettertechnisch los ist. Unmöglich aber, den plötzlich aufreißenden Himmel und die durchbrechende Sonne nicht als Geschenk zu sehen, das speziell für mich ist und das ich mir wirklich verdient habe.

Pareto

Mein Leben lang habe ich mich nicht für Wirtschaft interessiert. Als junger Erwachsener wurde mir immer wieder gesagt, dies sei dumm, da die Wirtschaft in unserem Gemeinwesen das Wichtigste überhaupt sei, die Grundlage von allem, der Anfang und das Ende. Ich aber lächelte und sagte: diese Platte, jener Film und jenes Buch, das ist der Anfang und Ende von allem, ihr kulturlosen BWL-Schnösel. Der Strom kam aus der Steckdose, das Geld aus der Wand, und Wirtschaft war für Leute, die schon in der 9. Klasse mit Aktenkoffer in die Schule kamen. So war meine Welt, und ich habe gern darin gelebt.

Mittlerweile bewerte ich meine damalige Sichtweise kritisch. Das hängt damit zusammen, dass Menschen, die sich für Wirtschaft interessieren, in den letzten Jahrzehnten messbar mehr Geld und Einfluss erlangt haben als ich. Es hängt auch damit zusammen, dass ich neulich einen super Tipp bekommen habe von jemandem, der sich für Wirtschaft interessiert. Falls Sie V- oder BWL studiert haben, ist das, was jetzt folgt, ein alter Hut für Sie; alle anderen möchte ich mitnehmen in die wunderbare Welt der Pareto-Verteilung.

Man muss dazu sagen, dass ich es hasse, im Internet Urlaubsunterkünfte zu suchen. Von wegen «Das mache ich in Ruhe am Wochenende»! Es ist die Hölle und versaut einem den ganzen Sonntag. Es gibt Tausende von mallorquinischen Ferienwohnungen, die im Netz angeboten werden –

woher soll ich wissen, ob nicht einen Klick weiter noch eine bessere kommt? «Ganz einfach», sagt mein Freund J., «folge einfach Pareto.» Bietet Pareto FeWos im Südosten der Insel an? Nein, sagt J., Vilfredo Pareto war ein italienischer Wirtschaftswissenschaftler, der im 19. Jahrhundert feststellte, dass 20 Prozent der Bevölkerung 80 Prozent allen Einkommens erwirtschaften. Diese 20/80-Verteilung heißt seitdem Pareto-Verteilung: Unternehmen machen 80 Prozent ihres Umsatzes mit 20 Prozent ihrer Waren und Kunden; 20 Prozent der Belegschaft erledigen 80 Prozent der anfallenden Arbeit, und so weiter. «Ich verstehe nur 20 Prozent von dem, was du mir sagen willst, aber es hält mich zu 80 Prozent von meiner Recherche ab», sage ich. «Die letzten 20 Prozent fürs Ergebnis brauchen 80 Prozent der Zeit», sagt Robert. «Das heißt: Wenn du dir vornimmst, genau eine Stunde Ferienwohnungen im Netz anzuschauen und dann eine Entscheidung triffst, hast du ein 80-prozentiges Ergebnis, und du hast nur 20 Prozent der Zeit investiert, die du für ein 100-prozentiges brauchst.» – «Das heißt, ich habe nach einer Stunde eine völlig okaye Bleibe, müsste aber noch vier weitere Stunden suchen, um die bestmögliche zu finden?» – «Genau!» Wir gaben uns «High Five», und ich buchte eine völlig okaye Ferienwohnung. Dann liefen wir hinaus ins Freie, wo wir den Rest des Nachmittags herumtollten wie junge Hunde oder, besser gesagt, wie mittelalte Hunde, die gerade unkompliziert eine preiswerte FeWo gebucht hatten. Vier Stunden gespart!

Die Pareto-Verteilung hat mein Leben verbessert. Danke, Vilfredo! Nicht nur, dass ich jetzt jede unangenehme Tätigkeit nach einer Stunde beende, in dem Wissen, dass mehr Aufwand geradezu unverantwortlich wäre, die reinste Ressourcen-Verschwendung; mir ist auch einiges klargeworden. Egal, ob Party oder Besprechung: 20 Prozent der Anwesenden reden 80 Prozent des während der Zusammenkunft geäußerten Unfugs. 20 Prozent meiner Körperoberfläche erfordern 80 Prozent des täglichen Wartungsaufwandes. 20 Prozent meines Alltags verursachen 80 Prozent meiner Stresssymptome. Und jetzt verstehe ich auch, warum sich so viele Menschen für Wirtschaft interessieren: Mit solchen Theorien bewaffnet, sieht die Welt schon einfacher aus.

Bio

Wir sind in einem dieser Landgasthöfe, wo man als Städter immer versucht, sich möglichst unauffällig zu verhalten. Weil man fürchtet, dass Städter hier von Hause aus schnell als ahnungslos, arrogant und verweichlicht abgestempelt werden. Die Speisekarte sieht sehr gut aus. Nur das größere Kind hat noch nicht bestellt. Der Stift der Bedienung schwebt über ihrem Kneipenblock wie ein Bussard über dem Stoppelfeld, obwohl, das war sicher auch wieder Städter-Quatsch.

Das Kind hebt den Blick. «Ist die Riesencurrywurst denn bio?»

Man senkt beschämt das Haupt. Hat man dem Kind denn gar nichts beigebracht? Wenn sie «bio» wäre, hieße sie ja wohl kaum «Riesencurrywurst», Freundchen, sondern «craft sausage» oder «Getrude» nach der Sau, von der sie stammt.

Die Bedienung sagt ganz nett, fast beruhigend: «Nein, bei uns ist alles ganz normal.»

Man spürt die aufkeimende Verzweiflung des Kindes und hört sich sagen: «Du, hier, äh, auf dem Land ist das nicht immer alles bio, muss es aber auch nicht, denn die Tiere sind hier ja sowieso, also, die sind ja draußen, auf dem Land, oder...», langsam kriegt man scheinbar wieder festeren Boden unter den Füßen, «... oder hast du auf dem Weg hierher irgendwelche Massentierhaltung gesehen?» Natürlich nicht. He, he. Jetzt den Sack zumachen: «Das ist alles so gut wie bio hier.» Das Kind ist fast zu glauben bereit, es will ja die Riesencurrywurst. Aber es isst nur Biofleisch. Man selber will hier nicht den ethisch-ökologischen Ernährungskonflikt der Menschheit im 21. Jahrhundert lösen, sondern sich einfach aufs gerade bestellte «hausgemachte Sauerfleisch» (ganz normal) freuen. Das Kind wendet sich der Bedienung zu.

«Stimmt das?»

«Wenn der Papa es sagt.» Tolle Frau! Obwohl, bisschen was Schnippisches war auch dabei. Egal.

Das Problem ist: Kind im Bio-Wahn. Die Riesencurrywurst isst es hungrig, aber zweifelnd, mit mühsam unterdrücktem schlechten Gewissen. Sieht man genau, das Kind wird dann so still und schuldig. Okay, wir haben angefangen mit dem Bio-Scheiß. Wobei, wieso «Scheiß». Bio ist besser, davon können uns weder der eine oder andere Bio-Lebensmittelskandal, die furchtbar heilige und heimelige Atmosphäre im Bio-Supermarkt, noch der Blick aufs Preisschild abbringen. Und Fleisch: klar nur Bio. Wenn überhaupt.

Das Kind hört von uns solche Glaubenssätze, seit es Ohren hat. Im Gegensatz zu fast allem anderem hat es sich dies gemerkt und beherzigt es, wenn es um Fleisch geht: die Tiere tun ihm leid, also Bio.

Ich kann das gut verstehen. Aber es macht das Leben nicht einfacher. Und es macht mir Sorgen.

Erst mal sind da diese Situationen wie im Landgasthof. Es gibt halt nicht überall Bio-Fleisch. Und die Alternativen sind nur Pommes oder «Brokkoli mit Käse überbacken». Letzteres ist zwar fleischlos, aber kein Gericht, auf das ein von mir betreutes Kind sich mit Begeisterung stürzen würde. Oder das andere Kind, dem die Fleischherkunft eher egal ist, erwirkt beim kleinen Laden an der Ecke den Erwerb eines prachtvollen Fleischwurstkringels. Beim Abendessen lüge ich auf die Frage des Bio-Kindes, ob der Kringel Bio ist. Das Bio-Kind findet die Verpackung im Müll. Es hat längst ein Wort dafür geprägt, was der Kringel ist: «un-Bio». Das Bio-Kind ist enttäuscht, vom Kringel und von mir.

Und das ist, was mir Sorgen macht: der moralische Rigorismus, die Tatsache, dass das Kind sich einprägt, es gibt nur A oder B, richtig oder falsch, es gibt keine Ausnahmen, es gibt keine Übergänge. Es wäre was anderes, wenn es Vegetarier wäre: Da sehe ich ein, dass es nur Ja oder Nein geben kann.

Ich finde es schön, dass das Kind nur Bio-Fleisch essen möchte, aber noch besser fände ich, wenn es dabei auch mal Fünfe gerade sein lassen könnte. Was, frage ich mich, ist die wertvollere Lebenslektion: konsequente Ernährung im Sinne der Öko-Verordnung EG 834/2007 oder die innere Gelassenheit, Ausnahmen zuzulassen, seine eigenen Grenzen und die des Systems zu erkennen? Unter dem Eindruck meines Lebens mit einem Bio-Kind möchte ich sagen: die zweite. Ich möchte in keiner Hinsicht, dass meine Kinder sich wegen Essen verrückt machen. Auch nicht in dieser. Die Welt-Ernährungs-Probleme und die Abgründe des Tierleids scheinen mir zu tief, um von einem Kind dadurch gelöst zu werden, dass es auf Bio beharrt. Vielleicht ist Nur-Bio eher was für Erwachsene, oder sagen wir, ab sechzehn.

Manchmal kommt mir das außerdem so undemütig vor: Im Grunde haben die Kinder von uns Bio-Eltern gelernt, dass das ganze andere Essen Schrott und quasi vergiftet ist. Dabei ist «Bio oder nicht Bio» ein Wohlstandsmerkmal und das Essen, das wir als «un-Bio» ablehnen, gutes oder eben normales Zeug, an dem es Abermillionen von Menschen mangelt.

Darum versuche ich den Kindern vorzuleben, dass ich meine eigenen Bio-Regeln im Zweifelsfall eher großzügig auslege. Ist es ein Opfer? Muss ich dafür immer mal wieder Riesencurrywürste, Ketten-Burger und Tankstellen-Bifis essen? Fällt mir das schwer? Ach, sagen wir: Das ist es mir wert.

Rosa

Ich bin geboren am Schwanzende der Sechziger, und manchmal frage ich mich, ob ich zur letzten Generation gehöre, die ohne die Farbe Pink aufgewachsen ist. Pink wurde erst Ende der Siebziger, Anfang der Achtziger ein Thema, modisch, als Farbe von Punk-Utensilien oder Spraydosen. Aber jetzt, beim Betrachten alter Alben, sehe ich, dass auf den Klassenfotos aus den siebziger Jahren kein einziges Mädchen Rosa trägt, geschweige denn Pink. Es gibt auf diesen Bildern überhaupt wenig sichtbare Unterschiede zwischen Mädchen und Jungen. Klar, ein paar Mädchen haben lange Zöpfe und Kleider (aus braunem Cord), und ich hatte immer kurze Haare und eine Helmut-Kohl-Brille, aber die meisten Kinder haben ungefähr schulterlanges frisurloses Haar, und wir tragen alle Blau, Gelb, Grün, Orange oder Rot, aber nicht aufgeteilt nach Geschlecht, es gibt keine Farbcodierung; wir sind einfach ein Haufen Kinder.

Heute tragen Mädchen Pink. Nicht alle und nicht immer, aber lauft doch mal durch eine Bekleidungsketten-Filiale und sagt mir, dass nicht der überwiegende optische Eindruck der Mädchenabteilung von oben bis unten pink ist. Als ich Kind war, gab es Lego und Playmobil, und die Produktpalette und die Werbung richteten sich an Mädchen und Jungen zugleich. Heute sind das getrennte Produktwelten, sogar bei Überraschungseiern. Es ist eine Tatsache, Menschen kämpfen dagegen. Es ist grauenvoll. Ich frage mich, was passiert ist. Wer hat wann wo wie versagt? An welchem

Punkt in den letzten vierzig Jahren sind Mädchen von ganz normalen Kindern zu Prinzessinnen geworden? Und was für Frauen werden aus diesen Mädchen, und was für Männer aus Jungen, die sich daran gewöhnt haben, dass Mädchen zarte Elfen sind und Jungen Kämpfer und Piraten?

Nachdem ich die Farbe Pink weder auf Mädchenporträts der Renaissance, des 19. Jahrhunderts, noch auf den klassischen Kinderbildern der genialen Astrid-Lindgren-Illustratorin Ilon Wikland gefunden habe, stieß ich bei der Initiative pinkstinks.de auf eine interessante Erklärung dafür, warum seit etwa dreißig Jahren Jungen hellblau und Mädchen pink sind. Die Mode- und Spielzeugindustrie habe damit auf eine gewisse Verunsicherung reagiert, die durch Freiheit und Unübersichtlichkeit entstanden sei: Dank farbcodierter Geschlechterrollen wussten Opa und Tante gleich, wem sie was kaufen sollten, und im Grunde mussten alle Spielsachen doppelt angeschafft werden. Dann kamen die Lillifee-Imperien, und seitdem wachsen Mädchen in einer pinken Hölle auf.

Ich neige eigentlich nicht zur Nostalgie, aber ich weiß, dass die Erforschung dieses Gefühls eine klare Tendenz nachgewiesen hat: Menschen sehnen sich immer nach der Vergangenheit, weil sie im Vergleich zur unübersichtlichen, chaotischen Gegenwart einfacher, klarer und dadurch sicherer erscheint. Bei mir ist es umgekehrt: Wenn ich die pink-hellblaue Geschlechtertrennung der Gegenwart sehe, sehne ich mich nach dem Chaos und der Unübersichtlichkeit meiner Kindheit.

Gesichtserkennung

Es gab eine recht große Aufregung, als das iPhone X auf den Markt kam. Für viele Leute ist es immer sehr aufregend, wenn Apple neue Telefone verkauft, sie gehen dann früh los und stellen sich an, wie meine Mutter früher, als es bei Aldi die ersten Kiwis gab, damals wurden noch jährlich neue Obstsorten entdeckt. Diesmal aber regen sich auch die Datenschützer auf, denn das neue iPhone hatte als erstes Telefon Gesichtserkennung. Ich habe schon lange kein iPhone mehr, erstens, weil ich nicht 1149 Euro für ein Telefon übrig habe. Solche Geldsummen reserviere ich dafür, eines Tages auszuwandern und ein neues Leben anzufangen, oder dafür, einmal mit dem Auto bei der Vertragswerkstatt auf den Hof zu fahren, und der Meister guckt kurz über den Rand des Kaffeebechers. Zweitens wäre mir die alljährliche Aufregung wegen des neuen Modells zu anstrengend. Ich bevorzuge ein Telefon, über dessen Hersteller die Tagespresse nicht im Ton der «Bravo» von 1982 berichtet. Was ich aber wirklich sehr, sehr gern hätte, wäre Gesichtserkennung.

Ich weiß, das Telefon erkennt nur das Gesicht seines Besitzers, in dieser Hinsicht habe ich kein Problem, ich erkenne mein Gesicht immer. Allerdings nur wegen des Kontextes: mein Badezimmer, mein Waschbecken, mein Schlafanzugoberteil – Bingo, Gesicht erkannt, es handelt sich um eine sogenannte Deduktionsleistung. Aber meine Kompetenz in der Fremdgesichts-Erkennung befindet sich seit etwa zehn Jahren im freien Fall. Im Grunde erkenne ich bei Leuten, die ich neu kennengelernt habe, nur noch Baureihen: pro Geschlecht kann ich etwa vier Gesichtsmodelle identifizieren und grob einem gewissen Kontext zuordnen. Bart, Brille, Kapuzenpulli: Kollege oder Schulvater. Braune Haare mit eleganter Grausträhne: Kollegin oder Schulmutter oder Buchhändlerin. Es hilft eigentlich überhaupt nicht weiter, vor allem, weil meine komplett unkonfigurierte, wenn nicht defekte Gesichtserkennung nur noch in Ausnahmefällen Namen mit ausspuckt, und auch dann nur in Klumpen: Karin-Katja-Katrin, am besten, ich nuschele es zur Seite, und da kommt ihr Mann, Jörg-Jürgen-Jörn, ich säusele zur Begrüßung was mit Jott in den kalten Wind of Change. Früher erkannte ich alle, heute ist es ein Glücksspiel. Hallo, Tim!, murmeln sie zurück.

Am schlimmsten finde ich, dass mir ganze Altersgruppen komplett wegbrechen. Zwar waren für mich in meiner Jugend alle Leute über vierzig eine graue, amorphe Masse, aus der einem nur hin und wieder warme Mahlzeiten, mehr oder weniger gute Ratschläge oder frische Wäsche gereicht wurden. Heute aber sehen für mich, wenn ich ehrlich bin, alle Leute unter 25 gleich aus. Was ganz besonders ungerecht ist. Diese jungen Menschen sind schließlich unsere Zukunft. Also, jetzt nicht speziell meine Zukunft. Aber irgendeine Zukunft werden sie schon sein, und sei es ihre eigene, und ich, kurz vor 50, glotze sie ratlos an und frage mich, wer von ihnen Lena ist und wer Lisa, und wer Lennart und wer Luis, und alle haben die gleiche runde Brille. Liegt es daran, dass ich immer selbstbezogener werde mit den Jahren, oder daran, dass mein Gehirn zusammenschnurrt wie Lametta über der Christbaumkerze, und der wenige darin noch verbliebene Platz wird benötigt, um die perfekte Parodie eines verantwortungsbewussten Erwachsenenlebens aufzuführen, jeden Tag aufs Neue? Vielleicht. Aber ich sage mir, dass ich, je älter ich werde, einfach immer weniger Unterschiede zwischen den Menschen mache, freundlich nickend grüße ich im Vorbeigehen die ganze Welt, ich mag einfach Einzelne nicht mehr herausheben, von Jahr zu Jahr werden mir alle Menschen fremder und vertrauter zugleich.

Gurken

Tja, die polnischen Gurken nach Großmutter Minnas Rezept. Ich ließ sie in mein Leben, und schon am zweiten Tag übernahmen sie die Kontrolle. Über meinen Aufenthaltsort, über meine sozialen Kontakte, über meinen Seelenzustand. Wie konnte es dazu kommen? Ich liebe die süßen «schlesischen Gurkenhappen», fertig aus dem Glas. Die Glücksforschung sagt aber: Wir wären alle viel zufriedener, wenn wir hin und wieder Dinge mit unseren eigenen Händen herstellen würden. Zur Entschleunigung. Um dankbarer zu sein für Selbstverständliches. Entschleunigung ist noch milde gesagt, die Gurken brauchen vier Tage, bis sie endlich im Glas einliegen.

Am ersten Tag kaufte ich fast drei Kilo Schmorgurken, schälte und entkernte sie, schnitt sie in Stücke und schichtete sie mit Zwiebelscheiben, immer ordentlich salzend. Es wurde ganz still in mir, die Wohnung duftete leise nach frischem Gemüse. Dann: abdecken und kühl stellen. Im Klartext heißt dies, dass man ein ganzes Fach im Kühlschrank leer räumen muss. Am Ende des ersten Tages diktierten so die Gurken, was wir zu Abend aßen: Alles, was ich aus dem Kühlschrank geräumt hatte. Am zweiten Tag goss ich das entstandene Salzwasser ab, kochte einen Sud aus Wasser und Essig und goss ihn heiß über die Gurken. Bis zu diesem Zeitpunkt hatten die Gurken mir eher ein stilles Vergnügen bereitet: ich war dabei, mich daran zu gewöhnen, dass ich von nun an täglich eine gewisse Zeit mit ihnen verbringen würde. Nun, am zweiten Tag aber, wurden meine polnischen Gurken öffentlich. Ich war abends mit meinem Kollegen Sandro verabredet. Ob wir denn gleich nach der Arbeit aufbrechen, wollte er wissen.

«Nein», sagte ich, «ich muss noch mal nach Hause.»

«Die Kinder ins Bett bringen? Sind die dafür nicht viel zu groß?»

«Ja, nein», ich wollte mein neues Leben nicht mit einer Lüge vergiften, «ich muss meine Gurken aufgießen.»

Sandro schwieg und sagte nach einer Weile vorsichtig: «Das könnte doch deine Frau machen.»

Ich schüttelte den Kopf. «Es sind meine Gurken.» Ich glaube nicht, dass er mich wirklich verstand. Da man die Prozedur am dritten Tag wiederholt, nahm ich mir für den nächsten Abend nichts vor.

Für den Abschluss-Sud am vierten Tag brauchte ich neben einem Lorbeerblatt, frischem Meerrettich, weißem Pfeffer, einem Liter Essig und einem Pfund Zucker auch zwei Dilldolden. Das Wort verzauberte mich auf Anhieb. Die Dilldolden musste ich beim Gemüsehändler bestellen. Als die Dilldolden am nächsten Tag nicht da waren, wäre ich fast wütend geworden. Die Vergesslichkeit des Gemüsehändlers war zwischen mich und meine Gurken getreten. Aber niemand kann das Wort «Dilldolden» sagen und dabei im mindesten wütend sein: «Wie, die Dilldolden sind nicht mitgekommen?», klingt von vornherein mild und bedauernd, die Dilldolden hatten mich schon beim Aussprechen beruhigt.

Dilldolden sehen im Übrigen aus wie etwas, das aus den Rissen verwahrloster Fahrradwege wächst, sie haben etwas ungemein Lebensnahes und Bodenständiges. Die eingelegten Gurken sind köstlich, süßer noch aber war die Zeit mit ihnen. Vier Tage lang haben sie meinem Leben eine feste Struktur gegeben: Was mache ich heute? Mich um Gurken kümmern! Wir sehnen uns alle danach, Verantwortung abzugeben. An den Staat, den Ehepartner oder eine andere höhere Instanz. Zum Beispiel an Gurken.

Fritteuse

Eigentlich ist es eine Unverschämtheit, mir zum Geburtstag eine Fritteuse zu schenken. Das ist, als würde man einem Erwachsenen einen Goldhamster schenken: braucht viel Stellfläche, starke Geruchsentwicklung, kann man nicht einfach im Karton lassen und in den Keller tun. Ich aber habe mich gefreut. Es gibt Gerüche, mit denen wir als Kinder die aufregende Welt der Erwachsenen verbinden. Meine Mutter liebt den Geruch von Benzin, weil er in den fünfziger Jahren Freiheit und Aufbruch verhieß. Eine Freundin denkt bei kaltem Zigarettenrauch daran, wie ihr Vater abends aus der Kneipe kam und ihr auf der Bettkante vom zwanglosen Erwachsensein erzählte. Ich habe als Kind den Geruch von Frittierfett geliebt. Ich durfte nur im Freibad Pommes essen, also selten. Der Geruch von Frittierfett schien eine Welt zu verheißen, in der man jederzeit, an jeder Ecke würde stehen bleiben und Pommes essen können, das ganze Leben ein einziges Freibad. Heute assoziieren wir mit diesen drei Gerüchen eher Umweltzerstörung, Ökosteuer, Tod, Hautalterung, Acrylamid, Übergewicht. Erwachsensein ist letztlich nicht das, was es mal war.

Zur Fritteuse bekam ich eine Tüte Tiefkühl-Pommes und ein Kilo Fett geschenkt. Ich fühlte mich wie ein Schwellenland, das seinen ersten Atommeiler geliefert bekommen hat. Endlich unabhängig von fossilen Brennstoffen bzw. Pommesbuden! Und würde sich dieses Gerät unter meinen Händen in eine tödliche Waffe verwandeln lassen? Ich wollte zu Hause Currywurst mit Pommes für fünf machen, alles war bereit, doch das Fett reichte nicht. Es war noch anderes im Schrank, altes Erdnussöl. Die meisten Warnzeichen auf engstem Raum aller Zeiten stehen in der Fritteusen-Gebrauchsanleitung zum Thema «unterschiedliche Fettsorten mischen». Mit der ausdrücklichen Anweisung, meinem Beispiel nicht zu folgen, kann ich sagen: Es geht, wenn man die Kinder zum Nachbarn schickt, während des Frittiervorgangs die Küche verlässt, sie erst nach Ablauf der Frittierzeit wieder betritt und die ganze Zeit über «Ich will nicht sterben, ich will nicht sterben» fest vor sich hin murmelt.

Die frittierten TK-Pommes waren super, besser noch als die anschließend selbst gemachten. Wenn man als einziges Werkzeug einen Hammer zur Verfügung hat, sieht jedes Problem wie ein Nagel aus. Wenn man eine Fritteuse zu Hause hat, will man alles frittieren. Angeblich essen die Iren in Teig frittierte «Snickers». Vor meinem Geburtstag hätte ich gesagt: Das ist doch eine Legende! Jetzt sage ich: Welcher Teig? Welche Temperatur? Es ist herrlich. In der Wohnung duftet es nach Freibad und Unabhängigkeit. Es ist schön, sich gezielt ungesund zu ernähren. Das tut man normalerweise immer so planlos, zwischendurch, weil's nicht anders geht, weil man nicht anders kann. Mit der Fritteuse wird es zum aktiven Widerstand gegen das Vernunftessen. Und bitte, Parfumindustrie, mischt mir einen Duft aus verbleitem Benzin, altem Rauch und Frittierfett. Ihr dürft ihn nach mir benennen, oder besser nennt ihn einfach so, wie der Hersteller meines Frittierfettes heißt: «Ja!».

Die Kehrseite der Fritteuse ist das alte Fett. Man kann es lange weiterverwenden, würde es aber irgendwie auch gerne loswerden. Es geht schwer raus aus seinem Behälter. Ich tue also nichts, und das alte Fett erhärtet auf eine unvergleichlich weißliche Art. Was willst du?, fragt das alte Fett. Frittier was in mir oder tu mich weg. Es ist wie eine Allegorie, man müsste es in Kupfer stechen, und «Stummer Vorwurf 1» nennen. Oder man frittiert einfach weiter.

7. ÜBERS ERWACHSENSEIN: KEINE AHNUNG, WELCHEN SINN ES HAT, ABER SCHÖN, WENN ALLE DABEI SIND

Telefonieren

Geheimnisse

Wandern

Pitchen

Computer

Süßigkeiten

Kinder

Krimis

Elbphilharmonie

Strand

Dadbod

Toxisch

Nachbarn

Spontanbesuch

Erwachsen

Telefonieren

Jahrelang hat mich ein bestimmtes Telefonverhalten von Paaren wahnsinnig gemacht. Es geht so, dass man als einzelner Mensch irgendwo anruft, wo man auch mit einem einzelnen Menschen am Telefon sprechen möchte. Dies geht oft eine Weile gut, also etwa zwei oder drei Sekunden, dann sagt die Partnerin oder der Partner des Menschen, bei dem man angerufen hat, aus dem Hintergrund: «Wer ist denn das, ist das Till?» Von da an ist man zu dritt.

Viele Jahre dachte ich, mein Vater und seine Frau hätten diese Art der Telefonie erfunden, aber ich stelle fest, dass inzwischen eigentlich alle Paare so telefonieren: ein Teil ist am Apparat, der andere Teil gibt aus dem Off Kommentare, Regieanweisungen oder lenkt gleich das ganze Gespräch: «Ruft er wegen Sonntag an? Sag ihm, Samstag ist besser.»

Mein Freund: «Carla sagt, Samstag ist besser.»

Ich: «Ja, das hab ich gehört. Warum denn?»

Mein Freund: «Weiß ich nicht, aber ...» Aus dem Hintergrund: «Da haben wir Konzertkarten.»

Mein Freund: «Wofür denn?» Ich: «Weiß ich nicht.»

Carla: «Kann Till auch Samstag?» Mein Freund: «Dich mein ich doch nicht.»

Carla: «Wieso?» Und so weiter. Man kann es kaum beschreiben. Carla hat in diesem Fall natürlich den Nachteil, dass sie nur die Hälfte des Gesprächs mitbekommt: aus dem Hintergrund mitzureden, ist die anspruchsvollste Rolle. Der Anrufer kann sich entspannen, zwar kann er nichts mehr in Ruhe besprechen, aber er steckt auch nicht mitten im Chaos wie der Angerufene, der zwischen zwei Welten vermitteln muss. Früher haben mich diese Mitrufer wie Carla genervt, inzwischen kann ich sie gut verstehen: Wenn meine Frau ein Telefonat führt, das mich auch nur ansatzweise indirekt betrifft, verspüre auch ich den unbezwingbaren Impuls, ein Teil davon zu sein. Es ist nämlich gerade die Tatsache, dass man nur die Hälfte mitkriegt, die es so unwiderstehlich macht, sich einzumischen.

Klar, man weiß in etwa, worum es geht, ein Besuch wird geplant, Freunde werden betratscht, eine Geschichte wird erzählt, aber weil man sich das aus dem erschließen muss, was derjenige sagt, mit dem man im Raum ist, scheint es interessanter, mysteriöser, als es womöglich ist. Und wahnsinnig wichtig, ein Teil davon zu werden. Ja, als Jugendliche haben wir dieses Verhalten «Verpassungskomplex» genannt und damit Leute verspottet, die immer überall mitmischen wollten, es heißt nun FOMO, «fear of missing out». Inzwischen finde ich aber, dass das keine negative Eigenschaft ist: Ich kenne viel zu viele Menschen in meinem Alter und darüber hinaus, denen es völlig egal ist, ob sie etwas verpassen und was sie verpassen, sodass ich in mir selbst die Regung willkommen heiße, dabei sein und nichts verpassen zu wollen.

Übrigens ist es ein völliger Trugschluss sich vorzustellen, man könnte die seltsam chaotische, unproduktive, aber emotionale Drei-Parteien-Telefonie dadurch ersetzen oder beenden, dass man einfach auf Lautsprecher schaltet. Denn seltsamerweise ist das über Lautsprecher mit mehreren Personen geführte Telefonat wie ein Ferngespräch in den siebziger Jahren: Es wird mit lauter, leicht aufgesetzt fröhlicher

Stimme geführt, ist beschränkt auf den Austausch einfacher, ja banaler Informationen, die man genauso gut per SMS bzw. Telegramm hätte senden können, und wird so schnell wie möglich beendet. Nur Kinder telefonieren gern über Lautsprecher, weil sie Lärm mit allen Mitteln mögen. Jedes meiner Lautsprecher-Telefonate mit Erwachsenen ist bisher in einer Mischung aus Genervtheit und Verlegenheit geendet. Ich glaube, es fehlen dabei das Geheimnis, das Gefühl der Grenzüberschreitung und das Chaotische.

Noch schöner und wilder ist übrigens das gemischte Telefonat zu viert, also wenn zwei Leute am Apparat sind, von denen jeder noch einen im Hintergrund hat, der das Gespräch mit zusätzlichen Informationen und Nachfragen befeuert. Dann entsteht aus der Misskommunikation plötzlich so etwas wie Intimität, und wenn man aufgelegt hat, ist es, als hätte man das ganze Leben begriffen: keine Ahnung, welchen Sinn es hat, aber schön, dass alle dabei sind.

Geheimnisse

Der Keller ist ein Ort der Selbsterkenntnis. Das liegt daran, dass ein Regalbrett gebrochen ist und kartonweise alte Unterlagen ausgekippt sind. Auch Notizhefte aus den Achtzigern, eine Eruption rätselhafter Erinnerungen.

In einem schwarz-gelben A4-Heft lese ich auf der ersten Seite eine handschriftliche Liste, Überschrift: «Ersparnisse». Darunter drei Spalten: «Datum», «Artikel», «Preis (DM)». Ach so, Till. DM. Alles klar. Es fängt an mit: «19.11.85, Tüte Katjes-Tropenfrüchte (Woolworth), 1,79».

Nun beginnt der komplizierte Prozess der Selbsterkenntnis. Mein erster Gedanke: Die Dinger haben ja damals mehr gekostet als heute, es ist also bei weitem nicht alles schlechter geworden durch den Euro. Darunter, gleiches Datum: «Bilderrahmen (Woolworth), 3,75» und «Deodorant Derringer (Drospa), 9,98».

Derringer? Oh, das war, wozu man griff, halbstark, als es «Axe» noch nicht gab, und wir beschweren uns heute über «Axe».

Ah, denke ich, schon damals war ich ein verklemmter kleiner Puritaner, der durch die Konsumtempel von Zehlendorf-Mitte streifte und danach aufschrieb, was er alles begehrte, sich aber nicht leisten konnte oder sich versagte, also: Konsum-Ersparnisse.

Nein. Denn da steht am 21.11.85 «Alexander Mitscherlich, Die Unwirtlichkeit unserer Städte», und diesen schmalen Meilenstein der melancholischen Soziologie

(DM 8,–) besitze ich, das Buch steht ein paar Bretter weiter im gleichen Keller. Vorn drin fein säuberlich mein oller Name und das gleiche Datum. Und mir fällt alles wieder ein. Die Liste hat noch ein halbes Dutzend weiterer Einträge, und ich habe penibel Zwischenrechnungen gemacht: insgesamt in zehn Tagen 88,77 DM «Ersparnisse», weil ich mir erspart habe, für den Kram zu bezahlen. Denn all das habe ich geklaut. Eine ebenso prahlerische wie kleinliche Liste von Diebesgut.

Ja, ich erinnere mich vage, dass ich ein diebischer Jugendlicher war, aber in meiner Erinnerung beschränkt sich das auf ein paar Smiths-Singles und vor allem darauf, dass ich am Ende beim Versuch erwischt wurde, ein 10er-Pack «BASF-90er» zu klauen, unterm Kohl in der Einkaufstasche, und wie ich flehte, meinen Eltern nichts zu sagen, und dass der Detektiv mir ein Jahr Hausverbot gab. Bei Woolworth am Teltower Damm. Das war Mitte der Achtziger echt eine Strafe und eine logistische Herausforderung.

Aber dass ich mich so unverletzbar fühlte und so stolz auf meine Beute war, dass ich Buch führte über sie, hatte ich völlig vergessen.

Vergessen hatte ich auch die seltsamen Texte, die den Rest des gleichen Heftes füllen. Gedichte? Von mir? Nach einigem Grübeln wird mir klar, dass es sich um hölzerne, aber penible Übersetzungen der Songtexte von U 2, Big Country, Lloyd Cole und anderen handelt (geklaut? Nein, dafür waren LPs zu groß).

Ich frage mich, warum ich das alles aufgeschrieben habe. Wollte ich, falls meine Mutter je vom Klauen erfährt, die Liste schwenken und rufen: «Aber sieh, wie ich die Haushaltskasse entlastet habe!»? Glaubte ich, eines Tages auf

«SFB 3» zu hören, dass der Suhrkamp Verlag einfach keinen Übersetzer für den Editionsband mit Simple-Minds-Texten findet und dringend Hilfe braucht?

Für Momente bin ich ratlos. Aber dann wird mir klar, dass mich von diesem Kind nicht nur dreißig Jahre trennen und ein etwas entwickelteres Wertesystem, sondern ein Mangel, den ich heute habe. Die Liste und die Songtexte waren Geheimnisse, die ich mit mir selbst hatte. Heute habe ich keine Geheimnisse mehr. Und wenn, dann nur aus Feigheit. Damals hatte ich Geheimnisse, um mit mir Ratschluss zu halten, vielleicht sogar, weil ich es genossen habe, Zeit mit mir allein zu verbringen. Heute verdränge ich meine moralischen Verfehlungen und meine unerfüllbaren Träume. Damals habe ich sie in Diebstahllisten seziert und in Songtext-Übersetzungen ausgelebt. Damals habe ich offenbar gern und ziellos Zeit mit mir selbst verbracht. Der Sechzehnjährige, der ich war, hat mich in Echtzeit interessiert und amüsiert. Heute gehe ich mir innerlich aus dem Weg wie einem alten Bekannten, den man auf der anderen Straßenseite sieht und dann nur kurz winkt. Man müsste wieder mehr Geheimnisse mit und vor sich haben.

Wandern

Es ist stockdunkel, wir haben keinen Proviant und kein Wasser. Die Gasthäuser haben längst zu. Taschenlampen und andere Ausrüstungsgegenstände haben wir ebenfalls nicht. Denn wir sind ein wandernder Vater und ein wandernder Sohn, kein Detektivclub. Das Einzige, was wir haben, sind Blasen an den Füßen und ein mit jedem Schritt irrer werdender Plan: den See umrunden. Den Plöner See. Oder, wie es korrekt heißen muss: den Großen Plöner See. Groß bedeutet in diesem Fall: etwa 50 Kilometer Uferlänge.

Gleich erlischt mein Telefon, das jetzt noch ein wenig den Weg erhellt, dann bleiben uns nur noch der Sichelmond und hin und wieder von der Bundesstraße herübertastende Autofernlichter.

Wir wissen: die Frau meines Vaters und meine eigene werden uns, wenn wir nach unserer Rückkehr davon erzählen, für bescheuert erklären. Wir tun so, als wäre es uns egal. In Wahrheit gibt es uns genau die zehn Prozent zusätzliche Energie, die wir noch brauchen, um unsere Wanderung abzuschließen, spät an einem Spätsommerabend in der Holsteinischen Schweiz.

An sich ist der Plöner See nicht dafür gedacht, an einem Tag umwandert zu werden. Jedenfalls nicht von meinem Vater und mir. Mein Vater ist zwar gut trainiert und schlank, aber zu diesem Zeitpunkt bereits fünfundsiebzig, und ich habe schon lange den Dadbod, dieses charakteristische die Restmuskeln abpolsternde Übergewicht der einsetzenden

Lebensmitte. Eigentlich haben wir vorgehabt, den See in zwei Etappen zu umlaufen, und dabei zu tun, was wir immer tun, einmal im Jahr, bei unserer regelmäßigen Vater-Sohn-Wanderung: Reden, Schweigen, den Weg finden, den Weg verlieren, schön in Gasthöfen Pause machen, über Entgegenkommende Lästern, wenn sie noch in Hörweite sind, und die Landschaft mit lauten Rufen (mein Vater) oder leicht erschöpftem Nicken zu kommentieren (ich).

Zwei Etappen, also, und eigentlich wollten wir etwa 25 bis 30 Kilometer hinter Ascheberg ein Quartier zum Übernachten suchen. Wir finden nichts, was uns auf Anhieb gefällt. Also gehen wir weiter, bis es zu spät ist: Als es Abend wird, sind es noch rund 15 Kilometer zu unserem Ausgangspunkt, unmöglich, jetzt ein Taxi zu rufen oder auf den Landbus zu warten. Wenn es drauf ankommt, sind wir uns einig: Wir gehen weiter.

Jede Wanderung mit meinem Vater setzt sich aus zwei Komponenten zusammen: der Regelmäßigkeit (einmal im Jahr) und der Nähe, die entsteht, wenn man sich gemeinsam anstrengt, gemeinsam langweilt, ärgert, freut, über die Vernunft hinwegsetzt. Vernünftig wäre gewesen, die Seeumrundung im Dunkeln aufzugeben. Aber eben nicht so unvergesslich.

Ich weiß nicht mehr genau, wie und wann es angefangen hat. Vor über zwanzig Jahren, als der Kontakt zwischen meinem Vater und mir loser wurde, aber das Verhältnis enger. Wie es so ist mit Anfang, Mitte zwanzig: der Qualm der Pubertätsgefechte hat sich verzogen, die Erinnerung an all die kleinen und großen passiv-aggressiven Auseinandersetzungen an Abendbrot-, Restaurant- und Couchtischen verblasst. Es fällt mir jetzt erst auf, dass diese Auseinandersetzungen wirklich immer an Tischen stattfinden. Im Gehen kann man nicht streiten, jedenfalls nicht passiv-aggressiv, so endlos wie im Sitzen: Wenn man im Gehen streitet, dann immer auf eine Versöhnung oder zumindest ein gegenseitiges Akzeptieren hin. Denn jedes Gehen hat ein Ziel, und wenn es nur der Parkplatz in Ascheberg ist, wo die Autos stehen, oder eben das nächste Pensionsbett. Manchmal, wie auf dem Rennsteig in Thüringen, auch das Mehrbettzimmer in einer Jugendherberge.

Der Schriftsteller Ian McEwan, ein leidenschaftlicher Freizeitwanderer wie mein Vater und ich, hat gesagt, dass jede Wanderung der gleichen Dramaturgie folgt wie eine Geschichte, mit Anfang, Mittelteil und Schluss. Und genauso bekommt auch jede Unterhaltung beim Gehen ein Ziel, und dieses Ziel ist nie, sich gegenseitig das Leben schwerzumachen. Das macht man an Tischen und auf anderen Möbeln.

Einmal, recht am Anfang, habe ich versucht, in Brandenburg eine ganze Menge alten Mist bei meinem Vater abzuladen. Wir wanderten vage ein bisschen auf den Spuren Theodor Fontanes, und ich, Mitte zwanzig, fand es unwiderstehlich, meinem Vater zu erklären, wie unverstanden und schlecht behandelt ich mich oft fühlte, er würde sich in Wahrheit gar nicht für mich interessieren. Ich erinnere mich lebhaft, wie aufmerksam mein Vater zuhörte, den Vorwurf dadurch bereits zu einem guten Teil entkräftend. Dieser Vorwurf aber wurde sowieso zusehends schlapper, das Unwohlsein der späten Jugend war schwer aufrechtzuerhalten im Schrittschatten der märkischen Kiefern, und spätestens als wir bei einer Rast unsere müden nackten Füße schweigend in den Brandenburger Wegesand steckten und ich unsere Füße nebeneinander sah, war meine aufgestaute Unverstandenheit nicht mehr so wichtig. Ich will damit nicht sagen, dass einmal im Jahr ein, zwei, drei Tage durch die Gegend zu wandern Konflikte löst, oder an sich wichtiger und schöner ist, als Konflikte auszufechten. Ich will damit nur sagen, dass man sich, aus dem Alltag in die Natur versetzt, aus dem Drinnen ins Draußen, leicht darüber klarwird, dass mancher mittelgroße Konflikte vielleicht gar keiner ist, weil man ihn aushalten kann und weil es Wichtigeres und Schöneres gibt.

Eine Zeitlang war es mit dem Reden und dem Einanderverstehen buchstäblich nicht einfach. Mein Vater hörte lange Jahre nicht so gut. Dies führte beim Wandern zu zwei Phänomenen. Als wir etwa durch die Landschaften seiner Kindheit in Ostholstein wanderten, erzählte er mir die Geschichte von jeder Kreuzung, jeder Schlehe und jedem quer geharkten Vorgarten auf unserem Weg, und was ich dazu zu sagen hatte, waren eh nur milde Anfeuerungslaute. Und umgekehrt gab es mir die Gelegenheit, bei einer Wanderung von Quedlinburg den Brocken hinauf im November, als der Regen zu Schnee wurde und dann zu Eis, in Richtung meines Vaters die Geschichte einer unglücklichen und gescheiterten Beziehung zu sprechen. Dass ich wusste, er versteht nicht alles, machte es leichter. Ich verstand ja auch nicht alles, wenn auch auf anderer Ebene. Und dass er mich nicht gut hörte, nahm auch den Druck, nach meiner Beziehungsgeschichte einen Rat oder einen Trost zu erwarten. Oft gibt es beides nicht, und jeder Versuch macht alles noch schlimmer. Mein Vater holte ein halb gefrorenes Marzipanbrot heraus und schnitt es mit dem Fahrtenmesser an, das war besser als jeder mündliche Ratschlag.

Natürlich gehen sich zwei erwachsene Männer, die gemeinsam etwas unternehmen, auch auf die Nerven. Erst recht, wenn sie so eng verwandt sind. Oft aber lachen wir. Mein Vater hat einen ebenso liebevollen wie fordernden Blick auf die Menschen. Wie sich das äußert, war mir als Kind peinlich, inzwischen komme ich gut klar damit. Er spricht tendenziell mit jedem, ich tendenziell mit niemandem. Zum Beispiel ist eins seiner Steckenpferde zu spekulieren, woher Wanderer stammen, die uns entgegenkommen. Mein Vater überprüft seine Annahmen dann immer sofort, etwa, indem er eine fremde Frau in der Lüneburger Heide fragt: «Und, wie ist das Wetter in Schöneberg?» Erstaunlich oft liegt er richtig, erstaunlich oft passt das den Erkannten gar nicht. Das ist dann lustig.

So richtig ausgefallen ist keine unserer Wanderungen. Vielleicht, als meine Kinder jeweils gerade geboren waren. Manchmal variieren wir. Voriges Jahr sind wir gepaddelt, weil ich ein neues Faltboot hatte. Einmal musste ich für ein Buch recherchieren, und mein Vater begleitete mich dafür fünf Tage auf ein Kreuzfahrtschiff.

Komischerweise waren auf dem Kreuzfahrtschiff vor allem die gemeinsamen Nächte in der Doppelkabine schön. Wir teilen auch in Pensionen und Hotels immer ein Zimmer. Mein Vater schläft seltsam und unruhig. Tief und fest, während er abends in Anziehsachen auf dem Bett liest. Kurz und kaum, wenn er nachts unter der Decke liegt. Der Plöner See war irre, wie gesagt: 50 Kilometer. Darum erzähle ich davon am liebsten, wenn es um die Wanderungen mit meinem Vater geht. Aber als wir den Parkplatz endlich wieder erreicht hatten, fuhren wir zurück nach Hause, darum fehlte mir am Plöner See die gemeinsame Nacht mit dem relativ schlaflosen Vater.

Denn in jeder dieser Nächte wache ich auf, aber nur halb, und am Licht und am Papierraschseln höre ich, dass mein Vater da ist und dass es Spätsommer oder Herbst ist, und dass wir es irgendwie wieder geschafft haben.

Beim Frühstück erzählt er mir dann von dem Martin Walser, den er gerade liest, und ich nicke und höre nicht zu und bin auf diese seltsame Weise genervt und gerührt zugleich, in der man als Erwachsener Zeit mit den Eltern verbringt. Und obwohl über dem Frühstücksbuffet extra ein Schild hängt, man darf keine Brötchen schmieren für später, schmiert mein Vater Brötchen für später, das wäre doch gelacht, und ich leide ein bisschen, aber später werde ich mich sehr über das Brötchen freuen. Und dann sagt er: Wollen wir los? Ja, sage ich. Wir wollen los.

Pitchen

Meine Familie, stelle ich fest, ist schon völlig verkorkst. Wenn ich vorschlage, Tretboot zu fahren, schauen sie mich erwartungsvoll an. «Oder?», fragen sie. «Wie, oder?», frage ich zurück. «Du schlägst doch immer mehrere Sachen vor, damit wir uns was aussuchen können», sagen sie erwartungsvoll. Ich reibe mir die Stirn. Es stimmt, und ich komme nicht mehr davon weg: Ich pitche mein Leben.

Es ist mir erst gar nicht aufgefallen, aber wenn es darum geht, was zu unternehmen, was zu essen oder was zu gucken, verhalte ich mich wie jemand von der Werbeagentur, der einem anspruchsvollen Kunden drei Vorschläge für eine neue Kampagne unterbreitet, also pitcht. Die Durchökonomisierung unserer Lebensverhältnisse ist lange bekannt, aber das hier ist jetzt die Mad-Menisierung des privaten Alltags.

Früher arbeitete ich in einer Firma, wo ich auch ab und zu in Runden saß, in denen einem was gepitcht wurde. Einmal fragte ich hinterher die Frau von der Agentur, warum sie immer drei Vorschläge machen. Während sie den Beamer einpackte, erklärte sie mir: ein Vorschlag ist immer der, den sie selbst favorisieren, dann gibt es einen, der auch noch okay wäre für sie, und einer ist die Abschussvariante, damit der Kunde sich leichter entscheiden kann und beim Abschießen schon mal das Gefühl hat, richtig was bewirkt zu haben.

Ich stelle fest, dass ich dieses Verhalten übernommen und zum festen Bestandteil meines Alltags gemacht habe. Um in der Familie und im Freundeskreis seinen Willen durchzusetzen, muss man pitchen. Was man am Wochenende machen könnte, was man gemeinsam auf Netflix schaut, wohin man zum Abendessen gehen könnte. Das heißt, in einer Welt übervoll an Optionen, muss man sich für alles, was man vorschlägt, vorher die besten Argumente zurechtlegen und sie am besten kurz und knackig aufbereiten. Denn das familiäre Publikum hat eine kurze Aufmerksamkeitsspanne.

Es war nicht geplant, es hat sich wie von allein ergeben. Damit ich die Schulbrote nicht immer am Ende des Schuljahres klumpenweise entsorgen muss, pitche ich morgens den Kindern, was sie auf die Stulle haben könnten. Salami? Gouda? Schmelzkäse? Salami ist meine bevorzugte Variante, denn die Wurst wellt sich schon ein bisschen am Rand, sie muss langsam weg. Gouda wäre okay, aber den würde ich lieber für auf die Lasagne heute Abend aufheben. Der Schmelzkäse ist die Abschussvariante, damit die Salami besser klingt, den habe ich praktisch schon im Supermarkt nur als Abschussvariante gekauft, wer isst Schmelzkäse? Die Kinder wollen Gouda. Ich nicke und bringe dann noch mal die Salami ins Spiel, hey, so 'ne schöne Salami, Hauch Pfeffer dabei, vielleicht finde ich noch eine Gewürzgurke … «Was hast du mit der Salami», sagt der Dreizehnjährige, «du klingst verzweifelt, Papa.»

Es stimmt, man darf sich nichts anmerken lassen. Also arbeite ich neben allem anderen auch noch daran, die Qualität und Technik meiner Pitches zu verbessern. Es ist super kompliziert, zumal im Freundeskreis, wenn so erschwerende Faktoren hinzukommen wie die Empathie der anderen. «Mir ist eigentlich egal, wo wir hingehen», sagt der Freund bei der Mittagsverabredung. Ich möchte unbedingt zum Mexikaner, kann das aber nicht offen sagen, da ich unmöglich die Verantwortung dafür übernehmen will, wenn ihm danach die Bohnen schwer im Magen liegen. Also bringe ich eine benachbarte Betriebskantine (Abschussvariante) ins Spiel und den üblichen Italiener. «Da gehen wir doch ständig hin», sagt er. «Ist aber halt auch einfach gut bei Enzo», sage ich und füge geschickt hinzu: «Aber wir können natürlich auch mal mexikanisch probieren, wenn du magst.» Das muss von ihm kommen! Von wegen geschickt. Er haut mir auf die Schulter und sagt: «Ich merk doch, dass du Penne arrabiata willst. Vamos!»

Muss ich offensiver auftreten, statt immer Dreierpakete zu schnüren? Warum pitche ich meine Städtereise zwischen einem teuren Cluburlaub und der langweiligen Ostsee, statt einfach zu sagen, ich will zwei Wochen nach Lissabon? Vielleicht bin ich im Herzen ein Demokratiefeind. Ich ahne vorher, die Argumente der anderen würden mich nur langweilen. Vermutlich geht es Erdoğan und Trump genauso. Außerdem habe ich festgestellt, dass man in diese Rolle gerät und dass es sehr schwer ist, sich daraus wieder zu befreien: In jeder sozialen Konstellation gibt es einen, der pitcht, und einen, der sich zurücklehnt, die Arme verschränkt und sich das alles mit wohlwollendem Desinteresse anhört, um dann am Ende eine Auswahl zu treffen. Zumindest sind das die Beziehungen, die einigermaßen harmonisch verlaufen. Wenn ein Pitcher auf einen Gegen-Pitcher trifft, bricht Chaos aus, und man kommt nie zum Mittagessen, geschweige denn nach Lissabon. Die Kinder tendieren in diese Richtung. Auf den Salami-Gouda-oder-Schmelzkäse-Pitch antwortet die Neunjährige mit: «Oder ich hol mir noch was vom Bäcker auf dem Weg. Oder du gibst mir Geld für den Schulkiosk. Oder ist noch Geburtstagskuchen da?»

Was beweist, dass man es sich abgewöhnen sollte, wenn man zum Pitchen neigt. Weil es wie so vieles anderes kein Verhalten ist, das man zur Grundlage eines allgemeinen Gesetzes machen könnte: Wenn alle nur noch pitchen, erstickt die Welt in Optionen und Varianten. Ach so, das ist ja genau, was gerade passiert. Ein Grund mehr, damit aufzuhören. Erschöpft suche ich Geld für den Schulkiosk und schmiere mir dann ein Schmelzkäsebrot, großzügig, denn es ist noch viel davon da.

Computer

Ich habe lange gezögert, meiner Mutter einen Computer zu kaufen, denn es ist ein viel zu tiefes, mit Hoffnung, Schuld und Missverständnissen beladenes Thema, man kann nur dran scheitern. Man müsste Tolstoi wiederbeleben, ihm einen Computer kaufen und ihn auffordern, sich dem Thema auf tausendfünfhundert Seiten zumindest zu nähern.

Jedenfalls kaufte ich meiner Mutter Anfang des Jahres einen Computer, der vorige war viel zu lange her, damals wurde das Internet noch durch Knarz- und Fiepgeräuschen übertragen. Jetzt dachte ich, meine Mutter müsste sich an den Entwicklungen der letzten fünfzehn Jahre erfreuen, sie interessiert sich für Bücher und Kultur und eigentlich alles, und davon gibt's ja im Internet reichlich. Vor allem stellte ich es mir für sie unwiderstehlich vor, mit ihrem Sohn E-Mails auszutauschen, und ich könnte ihr von Hamburg nach Berlin elektronisch näher sein. Ich hatte also auch die Hoffnung, durch das Gerät meine Schuldgefühle zu besänftigen.

Schwierig war erst mal der Rollenwechsel: Früher kaufte sie mit mir Jinglers-Jeans, suchte mir die passende Größe raus und schnitt fachgerecht die Glöckchen ab, jetzt sollte ich der Fachmann sein und ihr bei Uranus (Name geändert) das passende Laptop aussuchen, während sie meine Expertise bestaunte. Diese löste sich jedoch sofort in nichts auf, weil meine Mutter Windows wollte, ihre Nachbarinnen hätten das auch alle. Ich fing an, in der Auslage fachmännisch

Windows-Rechner auf- und wieder zuzuklappen und dabei skeptisch mein Haupt zu wiegen. Ein Verkäufer gesellte sich düster hinzu und beantwortete meinen fragenden Blick mit den Worten «Irgendwas irgendwas Prozessor irgendwas», und ich sagte: «Sehr gut, den nehmen wir.»

Bei ihr zu Hause kämpfte ich mit «Windows 8», kein Betriebs-, sondern ein Bestrafungssystem, und nach zwei, drei Stunden hatte ich Mail und Internet eingerichtet und, weil ich gerade im Flow war, noch die Patiencen aktiviert. Währenddessen schimpfte ich, weil Bill Gates nicht verfügbar war, mit meiner Mutter, auf diese patentierte passiv-aggressive Weise, in der erwachsene Kinder und mehr als erwachsene Eltern miteinander kommunizieren: «Mann, ist das super nervig, ich raste gleich aus, aber ich mach das gerne für dich, wirklich.» Bis hierhin war das hoffnungsvolle Unternehmen also eher ein einziger lang tönender Missklang.

Aber ich reiste ab in dem zuversichtlichen Gefühl, nun würde ein neues Zeitalter der Mutter-Sohn-Kommunikation anbrechen. Ich würde ihr ein Glück bereiten: nicht immer nur das Telefon und alle paar Monate mal ein Brief oder Besuch, sondern Worte vom Sohn in Echtzeit.

Meine Freunde holten mich dann gleich wieder auf den Teppich: Ab jetzt würde ich bei jeder Gelegenheit nur noch als Tech-Support herhalten müssen. Eltern, hieß es, rufen ständig an und sagen, «Du, ich hab hundertfünfzig Fotos geschickt bekommen, wie öffne ich die alle auf einmal», und wenn man dann sagt, «Ich hab gerade keine Zeit, aber: klick eins an, geh dann auf alle markieren und alle öffnen», heißt es: «Ach so, warte mal, ich mach mal den Rechner an.» Und wenn man über die Feiertage da ist, präsentieren einem die

Eltern eine Liste von zu behebenden Computerproblemen, vorwurfsvoll, als hätte man das Gerät selbst erfunden.

Ich stählte mich innerlich dafür, aber es kam: nichts. «Ich muss mir das noch mal in Ruhe angucken mit der E-Mail», sagte meine Mutter am Telefon ausweichend. Ich schrieb ein paar Mails, bekam in sechs Monaten eine einzige Antwort, die aus einem Satz bestand, und langsam schloss sich wieder der Kreis zurück zum Schuldgefühl: Ich bekam ein schlechtes Gewissen, weil sie nicht mit dem Computer zurechtkam, und weil ich sie, dreihundert Kilometer entfernt, damit im Stich ließ. Ich wagte kaum noch, nach dem Computer zu fragen, ich rief schon gar nicht mehr an. Genau das Gegenteil von dem, was ich erhofft hatte, trat also ein.

Bis ich mir ein Herz fasste und sie am Telefon fragte: «Mama, mit dem Computer – du kommst gar nicht damit zurecht, oder?»

Meine Mutter schwieg kurz, sie wirkte übernächtigt. «Ach doch», sagte sie, «ich habe bis heute Morgen um halb fünf Patiencen gelegt darauf. Ich bin richtig süchtig.»

Ich musste lachen: ein neuer Laptop mit allem Pipapo, und sie legt damit Patiencen wie 1992. Was hatte ich mir dabei gedacht?

Tja, genau das hatte ich mir dabei gedacht: Ihr eine Freude zu machen. Nur dass sie darunter etwas ganz anderes verstand als ich.

Süßigkeiten

Die letzten Wochen des Jahres waren sehr hart für mich, wegen der vielen Süßigkeiten. Seit ich nicht mehr rauche, denke ich nur noch ans Essen. Während ich esse, denke ich bereits an das nächste Mal, wenn ich essen werde. Mein Hirn hat sich in einen großen, gefräßigen Mund verwandelt. Mein Gehirn bzw. mein Gemund interessiert sich vor allem für Süßigkeiten. Viel mehr als für meinen Beruf, den Sinn des Lebens, ein friedliches Miteinander der Religionen oder andere niedrigkalorige Themen. Dies klingt übertrieben. Das fand auch Luise. Ich bat sie, keine Süßigkeiten mehr zu kaufen, da ich alle Süßigkeiten in der Wohnung aufesse.

«Ich möchte aber hin und wieder ein wenig Schokolade dahaben», sagte sie, «wie ein normaler Mensch.»

«Dann», sagte ich, «versteck sie bitte gut.»

Am nächsten Abend kam sie nach Hause genau in dem Augenblick, als ich ihre Rahm-Mandel-Schokolade aß. Sie war fassungslos.

«Du solltest sie verstecken», sagte ich kauend.

«Das habe ich!», rief sie empört.

Ich war viel empörter: «Du hast sie ins oberste Fach des anderen Küchenschranks getan! Ich musste sie nicht einmal suchen, ich bin auf sie gestoßen im Rahmen eines routinemäßigen Süßigkeiten-Checks!»

Meine Frau sagte, ich hätte keine Selbstkontrolle.

«Genau das ist der Punkt», triumphierte ich, «darum habe ich dich ja um Hilfe gebeten. Du hast mich im Stich gelassen.» Schweigend setzten wir uns vor den Fernseher. Küchenschrank! Schönes Versteck! Wenig später stand ich auf, um in der Küche nach dem Rechten zu sehen. In der Speisekammer fand ich ein unangebrochenes Paket Marzipan-Rohmasse. In meine Erleichterung über den Süßigkeitenfund mischte sich Verbitterung darüber, wie schutzlos meine Frau mich meinem Selbstzerstörungsdrang auslieferte. Ich stellte mich zwischen Luise und den Fernseher.

«Was ist das?», fragte ich und schwenkte das Rohmasse-Paket.

«Das ist eine Backzutat», sagte sie alarmiert, «kein Mensch käme auf die Idee …»

Unsinn. Was für ein Unsinn.

«Du wirst nicht im Ernst …», sagte Luise.

«Ich hatte dich doch gebeten …», sagte ich und stopfte mir die Rohmasse ins Gesicht, um meiner Frau das ganze Ausmaß ihrer Pflichtvergessenheit anschaulich zu machen. Eigentlich hatte ich nur einmal kräftig abbeißen wollen, aber das war ja nur Naschen, das war nicht drastisch genug, also biss ich und stopfte, bis das Paket leer war, ohne zu schlucken. Und jetzt? Es mag nach einer verqueren Logik klingen, aber angesichts der Tatsache, dass Lebensmittel etwas sehr Kostbares sind, erschien es mir unethisch, 200 Gramm Marzipan-Rohmasse einfach wieder auszuspucken. Ich setzte mich also kurz an den Küchentisch, konzentrierte mich und jagte die Rohmasse durch meine Peristaltik.

Im Nachhinein bewerte ich den geschilderten Vorfall selbstkritisch. Durch Selbstzerstörung beweisen, dass man recht hat – diese Art von Verhalten gehört wirklich nicht in die eigenen vier Wände. Außerdem hat meine kindische, aber eindrucksvolle Inszenierung dazu geführt, dass tatsächlich keine Spur von Süßigkeiten mehr in unserer Wohnung zu finden ist, nicht einmal ein Rest Zitronat. Ja, ich habe es so gewollt. Ja, ich habe schon hinten im Schrank in der Altkleidertüte geschaut. Oh, dieses ewige Hin- und Hergerissensein zwischen dem, was man möchte und dem, was man eigentlich will. Es nervt, und kein Apfelschnitz der Welt lässt es einen leichter aushalten.

Kinder

Sobald die Kinder auf der Welt sind, geben einem die Leute Ratschläge, wie man sie wieder loswerden kann. Also nicht für immer. Nur für zwischendurch. Gebt sie unbedingt zu den Großeltern, sobald sie ein bisschen älter sind. Damit ihr mal ein Wochenende für euch habt. Gewöhnt sie früh genug an einen Babysitter. Das ist wichtig für die Beziehung. Damit ihr abends mal in Ruhe weggehen könnt. Um euch für ein paar Stunden wieder erwachsen zu fühlen. Seit dreizehn Jahren geht das jetzt so, und ich fühle mich dann immer ein bisschen hilflos, denn: Ich habe die Kinder am liebsten dabei, und ich habe wenig Bedürfnis, mich erwachsener zu fühlen als unbedingt notwendig.

Um zwei Dinge kurz klarzustellen: Ich habe nichts gegen Kitas und schon gar nicht gegen meine Frau. Im Gegenteil, unsere Kita habe ich geliebt, meine Frau liebe ich immer noch. Die Kinder sind jeweils mit knapp unter eins in die Kita gekommen, weil wir arbeiten mussten und wollten. Und was meine Frau angeht: Ich freue mich über jede Stunde mit ihr und möchte mit ihr noch doppelt so alt werden, wie ich mich jetzt schon fühle (mehr wäre übertrieben, wir sind bei diesem Rechenexempel bereits im dreistelligen Bereich).

Aber guckt mal, die Kinder sind, wenn alles gut läuft, ungefähr dreizehn, vierzehn Jahre bei einem. Danach sorgen sie selbst dafür, dass die Eltern Zeit für sich selbst haben, weil die Kinder nämlich dann so verdammt viel Zeit für sich haben wollen, mehr, als der Tag Stunden hat. Und natürlich ist es wichtig für eine Beziehung, dass man einander in der Zeit, wenn die Kinder viel Aufmerksamkeit erfordern, nicht «aus den Augen verliert» (ich denke, das ist ein gängiger Euphemismus für einander nicht umbringen, sich nicht scheiden lassen und hin und wieder sogar noch Sex und Theaterbesuche haben). Aber ich kann nicht ändern, wer ich bin, und ich bin der Mann, zu dem die Frau sagt, fünfzig Meter auf dem Weg zum Restaurant, und es gab nicht mal Tränen beim Abschied: «Du vermisst die Kinder jetzt schon, oder?» Oh ja. Aber komm, lass uns Abendessen gehen, als Vorspeise nehme ich diesen herrlichen Kloß in meinem Hals.

Das mit der Babysitterin hat auf Anhieb sehr gut geklappt, nicht nur für die Kinder, sondern auch für mich: Als mir klar wurde, dass sie alle ein bis zwei Wochen den Abend lieber mit Judith verbringen als mit mir, konnte ich loslassen. Aber bei den kinderlosen Wochenenden, die es gab, und den kinderlosen Wochen, von denen Freunde und Verwandte immer mal wieder redeten, die es aber nie gab: da war das anders. Ich gestehe, dass ich sie irgendwann ein bisschen habe ausläppern lassen. Mit stillschweigender Duldung meiner Frau. Nach landläufiger Meinung haben wir ganz viel falsch gemacht: die Großeltern nicht zu Herbergseltern erzogen, die Kinder nicht gewöhnt an Tage oder Wochen in deren Städten, Angebote nicht angenommen und auf Trennung nicht bestanden. Bis ins Letzte kann ich es selbst nicht erklären. Die Wochenenden oder Nächte, die meine Frau und ich allein hatten, kann man an den Fingern abzählen, und sie waren allesamt wunderbar. Mit dem Rad im Mai durch Berlin, wie von selbst in ein wunderbares Konzert getrudelt, bis mittags im Hotelbett gefrühstückt. Auf einer Documenta gewesen. Bars in anderen Städten nicht nur besucht, sondern regelrecht abgeklappert. Es war herrlich, und ohne diese Tage, Nächte und Momente wäre alles schwieriger gewesen, das stimmt schon. Aber war nicht das Schönste der Moment, wenn die Kinder wieder da waren? Und habe ich nicht in den absurdesten Momenten gedacht, schade, dass die Kinder nicht dabei sind, zum Beispiel, als wir im letzten Moment Karten für die ausverkaufte Vorstellung von «Toni Erdmann» in Kreuzberg bekamen, vor einigen Jahren ein sehr begehrten zweieinhalbstündiger Film über frustrierte Erwachsene, die Kinder hätten sich schön bedankt?

Ich fühle mich wie ein Sonderling. Meine Frau nennt mich manchmal Vatertier, und wer weiß, vielleicht bin ich sogar ein regelrechtes Vatermonster, das seine Kinder erdrückt. Und vielleicht sitzen sie in zwanzig Jahren bei der Therapie und sagen: Unser Vater hat uns nie in Ruhe gelassen. Aber wisst ihr was, das glaube ich nicht. Und falls doch, dann machen meine Frau und ich uns dann gerade ein sehr, sehr schönes Jahrzehnt ohne Kinder, mit Bars, Theater, Frühstück im Bett und allem Pipapo, und dann müssen die Kinder eben sehen, wie sie allein zurechtkommen.

Krimis

Manchmal fragen mich Leute, warum es so lange gedauert habe, bis ich mit dem Schreiben von Krimis angefangen habe. Mein erster Krimi ist erschienen, als ich fünfundvierzig war, der fünfte, als ich neunundvierzig war, es war eine Krimi-Eruption in fortgeschrittenem Alter, daher verstehe ich die Frage. Die Antwort ist teilweise, das Leben kam dazwischen, und teilweise, dass ich sehr lange gebraucht habe, um meinen Widerwillen gegen das Diminutiv «Krimi» zu überwinden.

Meine Mutter hatte eine umfangreiche Sammlung von rororo-Thrillern, als ich Kind war, und weil bei uns das Telefon in der Bücherschrankwandecke mit den Krimis stand, verbrachte ich viel Zeit im Angesicht dieser Krimis. Boileau/Narcejac, Sjöwall/Wahlöö, und viele Bücher auch von Autor*innen, die keine*n Duo-Partner*innen gefunden hatten, sie taten mir ein wenig leid. Alle diese Bücher waren schwarz, sie hatten recht unscharfe Reproduktionen von Schwarzweißbildern auf dem Cover, und die Klappentexte mischten auf eine Art Humor und Verbrechen, die mir sehr erwachsen erschien (heute bin ich mir da nicht mehr so sicher). Diese spezielle Art von Geistreichtum setzte sich in den Personenregistern zu Anfang der Bände fort. Über mehr kam ich meist nicht hinaus. Es war also von Anfang an eher die ästhetische Komponente, die mich zu den Krimis hinzog: wie billig und gleichzeitig erhaben sie wirkten, flach und abgründig zugleich, hingerotzt und doch kunstvoll, leicht und schwer (jeder Band hatte nur etwa hundertzwanzig Seiten, die Anzeige für Pfandbriefe und Kommunalobligationen mitgezählt, aber bei dem schmalen Aufschlag: so viele Tote).

Hinzu kam der Beatles-Song «Paperback Writer», viele Jahre mein liebster, und der, der meinen Berufswunsch prägte: schnell hintereinander Taschenbücher schreiben für wenig Ehre und gerade genug Geld, um Menschen damit zu unterhalten.

Meine ganze Kindheit ist voll von Kriminalroman-Anfängen: Ich verwendete sehr viel Mühe auf die Titelseiten und hier und da noch den Klappentext, aber im ersten Kapitel ging mir dann meist die Luft aus. Man macht sich, bevor man es tut, kein Bild davon, wie mühsam Schreiben ist. Das also dürfte der wahre Grund gewesen sein, warum es Jahrzehnte gedauert hat: Ich hatte viele Jahre einen etwas einfacheren Beruf. Oder war der Grund eher der, den ich schon zu Anfang dieses Buches angerissen habe? Dieses geistig-seelische Vorort-Dasein, das ich erst Richtung mittlere Jahre so richtig und entschlossen verlassen habe?

Wenn man Krimis schreibt, macht man sich angreifbar, oder man kann es auch gleich lassen. Ob man will oder nicht, gibt man von sich selbst preis. Vor allem, was für Ängste man hat. Aber auch: Wie man die Welt sieht und wie man sie sich wünscht. Es hat die Krimis gebraucht, damit ich mir darüber klarwerden konnte, dass ich die Welt als beherrscht sehe von Strukturen, die uns als Einzelmenschen das Leben zur Hölle machen. Sexismus, Rassismus, strukturelle Gewalt, die angelegt ist in den Machtverhältnissen der Gesellschaft. Die Krimis können immer nur davon handeln, wie Menschen unter diesen Machtverhältnissen zerbrechen oder von ihnen profitieren (und durch beides werden sie zu

Verbrecher*innen), oder wie sie sich scheinbar vergeblich dagegen auflehnen.

Ich sage scheinbar, weil ich natürlich nicht glaube, dass es auf lange Sicht wirklich jemals vergeblich sein wird, sich aufzulehnen. Aber niemand verändert irgendetwas allein, nicht einmal sein oder ihr eigenes Leben (daher das Lehnen in Auflehnen: man braucht andere, die einen stützen). Also handeln meine Krimis von einer ziemlich einsamen Hauptfigur (sie heißt Hauptkommissar Adam Danowski), die Schwierigkeiten hat, mit anderen Menschen in Verbindung zu treten, aber immer, wenn es ihr gelingt, wird etwas ein klein wenig besser in der Welt.

Man hätte das auch anders schreiben können, in anderer Form. Aber mein Traum ist, dass irgendwo eine Zwölfjährige oder ein Zwölfjähriger in einer Telefonecke sitzt, und im Regal stehen die leider etwas schwartigeren Krimi-Taschenbücher von mir, immerhin auch mit schwarzen oder dunklen Rücken, und dann ...

Nur, es gibt ja gar keine Telefonecken mehr.

Elbphilharmonie

Die Entstehung der Elbphilharmonie hat so lange gedauert, dass anfangs noch Johannes B. Kerner um Spenden dafür warb. Er war 2006 ein bekannter Fernsehmoderator. Danach wurden die Spenden dann anders eingetrieben, über den Hamburger Landeshaushalt. Als sie immer teurer wurde, die Pannen immer peinlicher, die Stillstände beim Bau immer länger, das Vorgehen des Senats immer dilettantischer. Zehn Jahre lang kannte ich niemanden in Hamburg, der sich auf die Eröffnung der Elbphilharmonie freute. Was für eine Geldverschwendung. Was für ein Elitending. Was für ein Subventionsprogramm für Baukonzerne. Was für ein, wie man hier oben sagt, Schiet. Das war der gängige Sound. Der sich in Teilen bis heute gehalten hat. Simone Buchholz etwa beschreibt in ihrem Roman «Beton Rouge», der 2017 spielt, ganz en passant, dass der Bau der Elbphilharmonie abgebrochen und auf dem Kaispeicher stattdessen ein Skaterpark errichtet wurde. Darüber hätten sich viele lange sehr gefreut. Was man mit dem Geld alles hätte machen können!

Ich fand die Elbphilharmonie vor allem von Anfang an recht hässlich. Es gibt in Hamburg ein Bedürfnis nach Architektur, die ihre Umgebung doppelt moppelt: ein Bürohaus am Wasser, das aussieht, wie ein großes Boot, denn schau, hier fahren Boote. Zwei Hochhäuser an der Reeperbahn, die «Tanzende Türme» heißen, denn schau, hier tanzen Menschen. Und die Elbphilharmonie mit ihrem wellenartigen Dach, weil: Elbe, Wasser, Wellen. Architektur als Symbolbild ihrer Umgebung.

Da sie so lange ungenutzt da rumstand, hatte ich Zeit, mich an ihren Anblick zu gewöhnen. Sie steht auf meinem Weg zur Arbeit wie ein Deko-Glas aus einem Geschenkeladen der Achtziger. Aber als die Eröffnung näher rückte, ertappte ich mich bei einer gewissen Neugier, die ich nur durch eine biographische Prägung erklären kann, denn ich war und bin kein Klassik- oder Baukonzern-Fan. Während meiner Kindheit in West-Berlin zwangen unsere Eltern meine Schwester und mich bei jeder Gelegenheit in die dortige Scharoun-Philharmonie. Klassische Musik galt bei uns zu Hause als wertvollstes Kulturgut, meine Eltern besaßen nicht einmal eine Beatles-Platte. Ich wehrte mich vor Ort durch Sekundenschlaf, Programmheft-Origami und kindliche Vorformen der Meditation (fest an Playmobil denken). Offenbar konnte ich bei aller Langeweile nicht verhindern, dass die stark subventionierten Konzertsaal-Besuche im Laufe der Zeit meine DNA veränderten. Ich merkte, dass ich mich darauf freute, die Elbphilharmonie meinen Eltern zu zeigen. In Umkehr dieser alten Rollen: Jetzt nehm ich euch mal mit.

Oft bin ich am falschen Ort, wenn Geschichte gemacht wird. Als die Mauer fiel, stand ich allein in einer zugigen Fußgängerzone in Norddeutschland. Diesmal würde ich dabei sein. Anfangs war es noch sehr leicht, Karten zu kriegen, das Interesse war im Vergleich zu heute mini. Also sicherte ich meinem Vater und mir preiswerte Karten für eins der Eröffnungskonzerte (scheidungsbedingt meiner Mutter und mir für etwas später). Mein Vater geht immer noch jeden Monat in die Berliner Philharmonie, darum fürchtete ich sein Urteil: Unsere Elbphilharmonie scheppert ein bisschen, das liegt daran, dass die Akustik so gut ist. It's complicated! Aber kaum hatten wir die dortige Media-Markt-Rolltreppe und die Bausparerbacksteine des Eingangsbereichs hinter uns gelassen, erfüllte mich eine ausgelassene Heiterkeit, wie ich sie das ganze Jahr 2017 an öffentlichen Orten nur in diesem Moment erlebt habe. Es war, als schlösse sich ein biographischer Kreis, ich war Kind und Erwachsener zugleich, Vater und Sohn in einem, und für ein paar Momente Mendelssohn sah ich Sinn in allem, und mein Vater drückte mir die Hand auf dem Knie wie vor vierzig Jahren, damals wie heute in einer Mischung aus Dankbarkeit, Zuversicht, Rührung und Anerkennung, die ich selber eigentlich sonst nie erlebe und die ich immer von ihm lernen will, und jetzt, in diesem Elbphilharmonie-Moment im Januar 2017, gelang es. Dass das nun fast eine Milliarde Euro gekostet hat, ist aus meiner Sicht nicht zu teuer.

Strand

Es ist Sommer, und wenn das Wetter sich nicht völlig querstellt, werde ich möglichst viel Zeit an meinem Strand verbringen. Allerdings reden wir hier über Norddeutschland, also wer weiß, von wo der Regen kommt an meinem Strand: von oben oder der Seite.

Ich weiß, es wirkt irritierend, wenn ich jetzt noch häufiger «mein Strand» sage, aber ich kann es nicht ändern. Millionärinnen und Millionäre haben mitunter Inseln, Anwesen und Anlagen, aber ich habe diesen Strand. Als ich Kind war, hatte ich einen Park, und als Student gehörte mir ein ganzer verdammter Platz mitten in Berlin, mit Kirche und allem Drum und Dran. Also ein Ort, an dem ich das Gefühl hatte und habe: Hier gehöre ich hin, hier ist, wenn ich da bin, der Mittelpunkt meiner Welt, und darum fühlt es sich an wie mein Park, mit den Versteck-Büschen und der Fußballwiese, mein Platz, mit den Kneipen, der winzigen Disco und dem Kino, und nun eben: mein Strand. Mein Strand, zufällig an der Hohwachter Bucht, ist recht schmal, die Ostsee ist kalt und glatt und ein bisschen öde, obwohl die Einheimischen sie trügerisch nennen. Es gibt einen Bäcker, einen Kiosk und zwei Fischbratereien, einen Campingplatz, aber kein Hotel und keine Ferienwohnungen. Ich liebe den Geruch im Strandkorb und das Klappern der Seile am Alufahnenmast der DLRG, die dusseligen Andenken, den Sand in der Hose. Ich fahre jedes Jahr hierher, und immer ist es wie nach Hause kommen.

Ich hoffe, jede und jeder findet im Laufe des Lebens so einen Ort. Nicht perfekt, aber genau richtig. Einen, den andere auch mögen, aber nicht alle. Einen mittelschönen, okayen, herrlichen Ort, an dem man sich ein bisschen glücklicher, freier, sicherer fühlt als anderswo. Aber dafür muss man das Geld haben, und wenn's nur die 29 Euro fürs Schleswig-Holstein-Ticket sind. Und man muss das Gefühl haben, nicht komisch angeschaut oder abgewiesen zu werden, wenn man nicht auf den ersten Blick an diesen Ort passt. Es geht darum, dass jeder und jede in diesem Leben und diesem Land sagen kann: Das ist mein Park, das ist unser Strand, das ist meine Straßenecke. Und zwar auf diese einfache Weise, die bedeutet: Da gehöre ich hin.

Und zu diesem Gefühl gehört das Wissen, dass es anderen auch so geht. Es ist ein bewährtes Konzept, davon abzuweichen war immer ein Unglück. In Deutschland steigt die Armut. Viele können es sich nicht mehr leisten, an meinen Strand zu fahren, und wenn andere das nicht können, ist er auch ein bisschen weniger meiner. Und: Es gibt Parteien in Deutschland, die für eine Atmosphäre sorgen, in der Menschen anderer Herkunft und anderer Hautfarbe sich im Ernst wieder fragen müssen, in welchem Park, an welchen Orten und an welchem Strand sie willkommen sind. An meinem schon, hoffe ich.

Aber wenn auch nur ein oder zwei Leute an meinem Strand sich ermuntert fühlen, das anders zu sehen und es laut zu sagen, dann gehört der Strand niemandem mehr. Ich will ihn dann nicht mehr, und die, die von einer Welt träumen, in der nicht jeder Mensch überall willkommen ist, haben das Recht verwirkt, hier irgendwas ihr Eigen zu nennen.

Dadbod

Früher habe ich nie über meinen Körper nachgedacht, ich hatte ihn halt dabei und gut. Dann wurde ich älter, sah eines Tages Urlaubsfotos vom Strand und dachte: Wow, so sehe ich inzwischen also aus ohne Hemd, shake it, baby! Ich schluckte, ließ die Fotos verschwinden und lebte mein Leben weiter wie zuvor.

Es ist mir nicht egal, wie ich aussehe, aber ich bin Realist: Ich kann es nicht ändern. Ich kann nicht weniger essen und ich kann nicht häufiger Sport machen. Wenn ich könnte, würde ich es ja tun. Ich habe eine Zehner-Karte fürs Fitnessstudio, aber ich setze sie sehr sparsam ein. Ich schaffe es, die Zehnerkarte fast übers Jahr zu strecken. Ich finde, man muss auch haushalten mit den Dingen.

Jetzt aber lese ich etwas, das mein gleichgültig resigniertes Körperbild im besten Sinne erschüttert. In Amerika reden nämlich alle über den «dadbod», das neue männliche Körperideal. Es fing an mit ein paar Blog-Einträgen und verbreitete sich dann bald in den Mainstream-Medien: Frauen finden den «dadbod» gut, den «Papakörper», also diese Mischung aus zu wenig Sport und zu viel Essen, die Väter mittleren Alters haben. «Bod» ist die amerikanische Abkürzung für «body», denn dort ist das Leben hart und schnell, da ist man froh, wenn man hier und da ein «y» spart. «Der ideale ‹dadbod› sagt, ich geh zwar ab und zu zum Training, aber trink am Wochenende gern und esse acht Stück Pizza auf einmal», so eine Diskussionsteilnehmerin auf der Internetseite des «New York Magazine». Diese Beschreibung trifft ziemlich exakt auf mich zu, siehe oben, Zehnerkarte, und ich gehe auch regelmäßig mit einem Freund laufen, im Moment machen wir nur gerade eine Art Sabbatical, oder Runbatical, um mal bei den englischen Wortschöpfungen zu bleiben.

Während ich also lese, was alles so super ist am «dadbod» (weich, gemütlich, nicht so kantig, lässig, rund, nicht so hart – okay, es sind im Prinzip nur Varianten von «weich»), denke ich: Alter, ohne irgendwas dafür zu tun, außer so zu sein, wie ich bin, habe ich plötzlich den angesagten Körper-Typ. Mühelos und unfreiwillig sexy, unfassbar. Life is good. Jetzt muss nur noch das Preis-Komitee in Stockholm die monatliche Selbstbespiegelung per Zeitschriftenkolumne zur Literatur des 21. Jahrhunderts erklären, und bämm!, ich werde endlich auf den Gräbern meiner Feinde tanzen. Im übertragenen Sinne, versteht sich, und so, wie wir «dadbod»-Männer halt tanzen: Schritt nach links, Schritt nach rechts, bisschen mit den Ellbogen schlackern, Bingo!

Dann aber klicke ich mich durch immer mehr «dadbod»-Webseiten, und mir wird klar, dass das alles dann auch wieder nicht so einfach ist, wie es scheint. Als Beispiele für «dadbods» sieht man dort dann Aufnahmen von Don Draper aus «Mad Men», also den Schauspieler Jon Hamm am Strand mit Sechziger-Jahre-Badehose, oder Paparazzi-Fotos von Barack Obama im Sommerurlaub, oder von Leonardo DiCaprio unter der Schlagzeile «Leonardo DiCaprios ‹Dadbod› Is The New Hot Body Type For Man».

Ganz ehrlich: Ich sehe in Badehose nicht aus wie Don Draper, und nicht mal wie DiCaprio, der zwar aus dem Leim gegangen ist, aber eben nur: ein bisschen.

So muss es sich anfühlen, wenn irgendwo steht, Kurven seien toll und ein selbstbewusst getragener Bauch und ein paar Pfunde mehr sowieso, und dann ist das immer mit Bildern von Kate Winslet illustriert, die eben leider perfekt ist und mit dem Thema Bauch so viel zu tun hat wie ich mit dem freien Oberköper von Don Draper oder Barack Obama. Googeln Sie «dadbod», Sie werden sehen, das Internet ist voll davon, aber ich glaube, es ist eine einzige Verarschung, um Männern zu zeigen, wie es sich anfühlt, wenn man nicht mal dem «realistischen» Schönheitsideal entspricht. Zur Hölle mit alldem. Lasst uns Pizza essen.

Toxisch

Keine Ahnung, wann ich zum Mann geworden bin. Die erste Nassrasur war ein Einschnitt. (Jede Nassrasur ist bei mir bis heute einer.) Einen Baum habe ich noch nicht gepflanzt, nicht mal abgesägt. Haus gebaut: im Gegenteil – einmal eine Wand eingerissen. Mit anderen Worten: Keine Ahnung, ob ich je das geworden bin, was man früher unter einem richtigen Mann verstand.

Ich bin eher was anderes geworden, aber ich weiß noch nicht genau, was. Oder sagen wir: Ich bin auf dem Weg. Es ging in den Achtzigern los, als ich mit meiner ersten Freundin das Buch «Ein bisschen schwanger gibt es nicht» las, obwohl wir gerade erst geküsst hatten. Das war irgendwie lächerlich, aber gut gemeint. Vielleicht ist das ein Zeichen der neuen Art von Mann: Es lieber eher richtig machen zu wollen als einfach wie bisher. Ich mochte schon immer Sachen, die Freunde von mir mädchenhaft fanden: Joni Mitchell lieber als Bob Dylan, und in den Neunzigern liebte ich «Grüne Tomaten» und «Thelma & Louise» mehr als «Rocky» und «L.A. Confidential». In den Zweitausendern hörte ich viel darüber, wie peinlich es ist, der einzige Vater beim Babyschwimmen oder auf dem Spielplatz zu sein, eine ganze Generation Comedians lebte von diesem Gag. Aber ich ging trotzdem hin und fand mich ganz schön toll dafür.

Aber reicht dieses bisschen Minimalaufgeschlossenheit, um nicht nur ein halbwegs neuer, sondern sagen wir: ein guter Mann zu sein? Und warum möchte ich das eigentlich? Kommt der Druck von außen, also von Frauen, von der Gesellschaft, oder einfach, weil ich natürlich lieber Team «Women's March» sein will als Team «Trump Rally»? Will ich mich besser einstellen auf eine weiblichere Arbeitswelt und das halbe Dutzend Chefinnen unter meinen Auftraggebern? An alldem ist sicher was dran, aber es gibt zwei andere Gründe. Der erste ist im Prinzip fast ein ästhetischer: Ich habe mein Leben lang diesen Sportwagen-Bikini-Zähnezusammenbeißen-Style gehasst, der mit klischeehafter harter Männlichkeit einhergeht. Und der zweite: Jede Frau, mit der ich zusammen war, hatte es im Alltag, im Job, in der Familie ein entscheidendes bisschen schwerer einfach dadurch, als Frau auf bestimmte Rollen festgelegt und außerdem angemacht und herabgesetzt zu werden. Man muss sich nicht zum Ritter in heller Rüstung machen, um das zum Kotzen zu finden.

Michael Kimmel ist ein Soziologe, der an der Stony Brook University in New York unterrichtet, ein Pionier der Männerforschung. Er erzählt gern folgende Anekdote, die unter anderem zeigt, dass das Thema viel älter ist, als es manchem gerade erscheint: «1915, am Vorabend einer der großen Frauenwahlrechts-Demonstrationen in New York, erschien dort in einem Magazin ein Artikel mit dem Titel: Feminismus für Männer. Und der erste Satz des Artikels war: ‹Der Feminismus wird es ermöglichen, dass Männer zum ersten Mal frei sein werden›.» Was aber ist mit diesem «frei sein» gemeint? Kimmel sagt: Gleichberechtigung ist gut für ganze Länder und für Firmen, denn je größer die Geschlechtergleichheit, desto größer der Glücksindex des jeweiligen Landes. Firmen, die sich für Gleichberechtigung stark machen, finden bessere Bewerber, haben weniger

Fluktuation, weniger Fehltage, höhere Produktivität, höhere Jobzufriedenheit. Vor allem aber belegen die Zahlen, die Kimmel in seiner soziologischen Forschung erhoben hat, eindeutig, wie gut Gleichberechtigung für Partnerschaften und Familien ist: «Wenn Männer und Frauen sich Haushalt und Kinderbetreuung teilen, sind die Kinder zufriedener und gesünder. Die Frauen sind glücklicher und gesünder. Und die Männer auch: Sie rauchen weniger, trinken weniger, nehmen seltener Drogen, finden sich statistisch seltener in der Notaufnahme, kümmern sich eher um ihre Vorsorge, haben weniger Depressionen, nehmen weniger Medikamente.» Mit diesem «frei sein» ist also gemeint: «Geschlechtergleichheit ist gut für Männer, denn sie erlaubt uns, die Art von Leben zu führen, das wir führen wollen.» Und dies sei, sagt Kimmel, nun mal die gleiche Art von Leben, die Frauen und alle anderen Menschen führen wollen: gleichberechtigt, vielfältig, mit gegenseitiger Unterstützung.

Aber dafür müsste ein Mann wie ich es erst mal schaffen, die übelsten Spielarten der alten Männlichkeit hinter sich zu lassen. Mehr denn je hat man derzeit den Eindruck, dass es verdammt schwer ist, ein guter Mann zu sein, und dass die Werkseinstellung des Mannes eher das Gegenteil ist: Männer schaden sich selbst und ihrer Umwelt. Der statistische Mann verbringt weniger Zeit mit seinen Kindern, bekommt mehr stressbedingte Zivilisationskrankheiten, stirbt früher. Männer begehen die allermeisten Gewaltverbrechen, vierundneunzig Prozent aller Gefängnisinsassen in Deutschland sind Männer. Und wie glücklich und zufrieden wirkte eigentlich ein Harvey Weinstein, schon bevor ihm sein jahrelanger Missbrauch endlich um die Ohren flog? Auf Fotos gar nicht.

Harvey Weinstein ist das Extrembeispiel, darum fällt es so leicht zu sagen: Aber so einer bin ich ja nicht. Aber was für einer bin ich dann? Ich bin ein Mann mit einer verdammt kurzen Zündschnur: Ich hab mir mal die Hand verstaucht, weil ich vor Parkplatz-Wut so aufs Lenkrad gedroschen habe. Mit einem Schulkind auf dem Rücksitz, das sehr nachdenklich und leicht verstört guckte. Wer weiß, wie ich mich aufführen würde, wenn ich richtig viel Macht hätte. Ich bin ein Mann, der sich mitunter im Büro vor der Familie versteckt. Wie übrigens vierzig Prozent der deutschen Männer, einer Studie des Familienministeriums zufolge. Weil es im Büro so schön ruhig ist. Ich ahne zwar, dass meine Frau das auch macht, wenn sie lange arbeitet, aber: Bei mir kommt es öfter vor, und es ist mieser, weil es so ein olles, abgegrabbeltes Männerklischee ist. Ich verdiene zwar mein Geld damit, über Gefühle zu schreiben, aber wenn bei meinen Freunden die Eltern sterben oder sie Depressionen haben, finde ich erstaunlich viele Wege, nicht darüber zu reden, denn guck mal, dieses Jahr steigt der HSV nun wirklich ab. Zwei, drei Mal habe ich Freunde weinen sehen, und nicht weil wir auf einer G20-Demo waren. Sondern weil sie Angst hatten und nicht mehr weiter wussten. Bevor ich sie in den Arm nehmen konnte, musste ich das Gefühl überwinden, im Boden versinken zu wollen, und das Bedürfnis, lieber einen Scherz zu machen.

Wenn ich ehrlich bin, habe ich nicht viel weniger Angst, Schwäche zu zeigen als die Männer der Indianer-kennt-keinen-Schmerz-Generation. Wenn mir andere Jogger oder vor allem Joggerinnen entgegenkommen, kriege ich den zweiten Atem und ziehe den Bauch ein. Wenn ich im Job Probleme habe, kämpfe ich lieber bis zum Ausfall, statt mir

Hilfe zu holen. Klar, dass ist ein Persönlichkeitsmerkmal. Aber eben auch ein Männerding: Eine Untersuchung der Deutschen Gesellschaft für Psychiatrie und Psychotherapie, Psychosomatik und Nervenheilkunde zeigt, dass Männer psychische Symptome oft verschleiern und deswegen falsch oder unzureichend behandelt werden.

Und was mir wirklich peinlich ist: das mit dem Haushalt. Es gibt so viele Witze über Männer, die nicht wissen, wie man die Waschmaschine bedient, aber leider auch belastbare Zahlen des Deutschen Instituts für Wirtschaftsforschung darüber, wie ungerecht diese Arbeit verteilt ist: Eine voll berufstätige Frau kümmert sich am Tag anderthalb Stunden um den Haushalt und fünf Stunden um die Kinder, ihr voll berufstätiger Mann eine Stunde um den Haushalt und zweieinhalb Stunden um die Kinder. Überhaupt sind es nur knapp zwei Drittel aller Männer in Partnerschaften, die sich überhaupt am Haushalt «beteiligen».

Dass ich «Thelma und Louise» gern geguckt habe, ändert nichts daran, dass ich stille Strategien gefunden habe, mich vor unangenehmen Aufgaben zu drücken. Ich bin 2019 noch so wie Ekel Alfred Tetzlaff vor über vierzig Jahren in «Ein Herz und eine Seele», wenn er beim Rouladenmachen die gesamte Küche verwüstete und danach gönnerhaft zu seiner Familie sagte: «So, ich hab gekocht, ihr räumt auf.» Ich mach das etwas geschickter, aber: Ich nutze es aus, dass meine Frau weniger gut aushält als ich, wenn nicht ab-, auf- und weggeräumt ist. Ich mach mehr im Haushalt als die Generationen vor mir, aber ich habe einen Rest-Anteil Alfred Tetzlaff in mir.

Und nicht nur das: Ich will neu und anders sein, aber ich gleiche mich immer noch an den Männerbildern derer ab, die früher im Freibad immer Typen wie mich ins Wasser geschubst haben. Noch mit Ende vierzig leide ich darunter, dass ich keinen Kopfsprung vom Startblock kann und mich nicht vom Zehner traue. Das nicht zu können, ist nicht das Hauptproblem. Sondern dass ich das dumpfe Gefühl habe, es gehört zum Mannsein dazu. Und das Ätzende ist: Mein Sohn scheint es irgendwie auch zu denken. Und meine Tochter auch. Als sie das erste Mal merkten, dass ich ihnen nicht mal auf den Fünfer folge und dass ich meine Arschbomben nicht aus Lebensfreude mache, sondern mangels anderer Optionen, da wunderten sie sich ein bisschen. «Ich dachte, Väter können so was», sagte meine Tochter. Es gab mir einen Stich, obwohl ich einfach hätte sagen können: Nein, müssen sie nicht.

Besonders schambesetzt ist für mich jedoch, wie sehr ich mich hin und wieder in der Rolle des guten Mannes sonne. Wenn ich mit dem kranken Kind zu Hause bleibe, damit meine Frau arbeiten kann. Ich merke, dass ich insgeheim mehr Anerkennung dafür von meiner Frau erwarte, als sie von mir bekommt, wenn sie umgekehrt beim erkälteten Kind bleibt. Ich merke, wie ich mich freue, wenn meine Frau mir abends ein bisschen schmallippig erklärt, ihre Kolleginnen würden sie beneiden um den Mann, der «auch mal» zu Hause bleibt. Und ich merke, dass ich mich innerlich definitiv härter dafür feiere, als mir zusteht: Sollte es nicht selbstverständlich sein, sich das genau in der Mitte zu teilen?

Hier wird's natürlich auch wirtschaftlich kompliziert: In nur etwa fünfzehn Prozent aller Familien verdient die Frau mehr als der Mann, hat die Soziologin Cornelia Koppetsch errechnet, und für ihr Buch «Wenn der Mann kein Ernährer mehr ist» hat sie auch erforscht, dass praktisch kein Mann damit problemlos klarkommt, wenn es so ist. Ich habe hier zwei Seelen: eine, die ich der Welt zeige, wenn ich behaupte, es wäre mein Traum, dass meine Frau viel mehr verdient als ich, damit ich zu Hause kochen, den Kindern bei den Hausaufgaben helfen und alle paar Jahre einen Krimi schreiben kann. Die wahre Seele aber ist die andere, die ich der Welt nicht zeige. Wie es mich getroffen hat, als die Frau von der Bank, die unsere Steuerbescheide für den Kredit prüfte, scherzhaft zu mir sagte: «Na, da müssen Sie sich aber mehr anstrengen nächstes Jahr, Herr Raether.» Statt zu antworten: Spinnen Sie, ich lebe meinen Traum.

Was aber ist in diesem angefressenen, abgefuckten, aber hoffentlich doch immer noch auch hoffnungsvollen 21. Jahrhundert denn nun in Wahrheit meine Rolle als Mann? Und wie werde ich ihr auf eine Art und Weise gerecht, die für alle gut ist? Für meine Frau, meine Kinder, die Welt und nicht zuletzt mich selbst?

Ich hab hier was aus der #MeToo-Debatte gelernt. Mein Freund Patrick hat im Winter eine WhatsApp-Gruppe namens «Brüderle» gemacht, in der wir uns darüber ausgetauscht haben. Zwei Freunde, die sich gegen die Vorverurteilung von prominenten Männern wehren und denen die Debatte in ihrer Schärfe auf die Nerven geht; und zwei Männer, die finden, die Debatte hat gerade erst angefangen, und es ist gut, dass wir sie führen. Nach einer Weile sprach mein Freund Patrick etwas aus, das ich teile, was ich so aber nicht hätte sagen können. Dass es ihn erstaunt, warum Männer sich durch die Vorwürfe von Frauen gegen andere Männer überhaupt in die Enge gedrängt fühlen. Dass er nicht versteht, warum Männer sich automatisch oder instinktiv so schnell mit angeklagten Männern solidarisieren. Müssten wir uns nicht einfach auf unsere «gemeinsame Humanität» besinnen, die wir mit allen Menschen teilen, und uns mit den Bedrängten und Missbrauchten identifizieren? Als Menschen, die erst mal die Geschichte derer, denen etwas widerfahren ist, mehr interessiert als die Ausflüchte jener, die sich missverstanden und verfolgt fühlen. Als Menschen, die zuhören.

Es gibt ein schönes Schlagwort, das seit ein paar Jahren Furore macht: «mansplaining», geprägt von der amerikanischen Autorin Rebecca Solnit für das Phänomen, wenn Männer Frauen Dinge erklären, mit denen die Frauen sich eigentlich schon sehr gut auskennen. Ich hab selbst diesen Drang. Meine Frau hat Pharmazie studiert, dennoch kostet es mich eine fast körperliche Anstrengung, ihr nicht in quälender Ausführlichkeit beizupulen, was ich vor fünf Minuten im Internet über Grippeviren gelernt habe. Dabei ist mein Leben und ihrs so viel besser, wenn sie das erklärt und ich einfach zuhöre.

Dieser Mangel an Empathie und Klappehaltenkönnen verursacht nicht nur grauenvolle Twitterkommentare, sondern zersetzt auch die Partnerschaft, glaube ich. Einmal war ich zu einer Diskussion unter Männeraktivisten eingeladen, bei der es um die Probleme der Männer bei der Vereinbarkeit von Familie und Beruf ging. Einer der Väterexperten sagte: Damit Männer mehr im Haushalt und für die Familie tun, müssten Frauen aber auch bereit sein, Verantwortung im häuslichen Bereich abzugeben. «Maternal Gate-Keeping» nennt das die Soziologie, mütterliche Türsteherei. Aber vielleicht ist das Problem nicht, dass Frauen zu Hause keine Verantwortung abgeben wollen, sondern die Art und Weise, wie zum Beispiel ich oft nach dieser Verantwortung frage: «Lass mich das mal lieber machen», «Wäre es nicht besser, wenn ...», oder: «So und so geht das». Also auf eine Art und Weise, die eigentlich nur Gegenwehr erzeugen kann. Ohne Einfühlungsvermögen. So, als würden meine Frau und ich immer noch «Jungs gegen Mädchen» spielen, als wären wir verdammt, in unserer Partnerschaft das ewige «Wir gegen die» weiterzumachen. Mir fällt es selbst offenbar wahnsinnig schwer, aber: Wäre es nach all den Jahrhunderten wirklich zu viel verlangt, jetzt im Zweifelsfall erst mal zuzuhören? Und dazu würde doch gehören, Frauen nicht automatisch als die andere Seite zu sehen. Es geht nicht darum, wer wem die Verantwortung nicht lässt. Es geht darum: Was wollen wir beide gemeinsam wie erreichen? Wie wollen wir beide leben?

Sobald man «Einfühlungsvermögen» sagt, möchten einen manche gern Softie nennen. Ich mache aber eher die Erfahrung, dass man Selbstbewusstsein braucht, um von den alten Männerrollen wegzukommen. Spätestens, als mein Sohn auf die Welt kam, habe ich gemerkt, dass ich gern mehr Familie und weniger Beruf hätte, dass ich gern freier wäre, im Kopf nicht so festgelegt auf die Rolle als Macher und Verdiener. Und das braucht eine andere Art von Selbstbewusstsein, als ich sie vorher hatte. Als ich meinem Chef sagte, ich wollte Elternzeit nehmen, lächelte er und sagte: «Das hab ich mir gedacht. Du wirkst schon seit längerem erschöpft und abwesend.» Es braucht Selbstbewusstsein, das hinter sich zu lassen. Es braucht Selbstbewusstsein, beim Babyschwimmen nicht wegzurennen, wenn man merkt, man ist in der Gruppenumkleide der einzige Vater unter lauter Frauen. Und dann heißt es immer verständnisvoll: Na ja, ist ja auch schwierig, Männer haben ja keine Vorbilder. Weil wir gerade so ziemlich die erste Generation sind, die es anders machen will als ihre Väter. Aber ich merke: Wenn man sich über seine Bedürfnisse klarwird und zu ihnen stehen will, findet man seine Vorbilder anderswo. Meine Mutter war die einzige Textilingenieurin in ihrem Labor. Von ihr habe ich gelernt, nicht umzukehren. Von meiner Frau habe ich gelernt, dass man nach der Elternzeit bestenfalls in eine beschädigte Version, wahrscheinlich in die Ruine der eigenen Karriere zurückkehrt. Und dass man Geduld und neue Prioritäten braucht, um damit klarzukommen.

Selbstbewusst wäre nämlich, Erfolg anders zu definieren, wenn es für einen auf Teilzeit nicht klassisch weitergeht mit den Beförderungen. Selbstbewusst wäre natürlich auch, den Freund, der spaßeshalber zu oft «Fotze» sagt, endlich zu bitten, damit aufzuhören. Mich hindert die Angst daran, der unentspannte Spielverderber zu sein. Selbstbewusstsein? Ich arbeite dran.

Wie eben an allem. Aber hoffentlich nicht, weil ich den Beifall brauche. Eher, weil ich nicht draufgehen will. Wenn ich mich am wenigsten mag, verhalte ich mich auf eine Weise, die mir selbst und meiner Umwelt am meisten schadet: Ich schreie rum, ich rege mich auf, ich rede verächtlich, ich will alles bestimmen. Kommt vor. Und führt nie zu was Gutem. Im Großen nennt man das «toxic masculinity», also etwa giftige Männlichkeit. Der Begriff wurde ursprünglich vom Psychologen Terry Kupers geprägt, um das Verhalten bestimmter Strafgefangener zu beschreiben, die sich und anderen mit ihrem Verhalten besonders schadeten. Durch Aggressivität, Dominanzverhalten, Kontrollzwang, Gewalt. Heute bezeichnet man damit allgemein kulturell geprägtes Männerverhalten: Arschlochverhalten, könnte man auch sagen. «Eine missverstandene Vorstellung von Kraft und Stärke», nennt das der Journalist Jack Urwin. Dahinter stünde die Angst, «verwundbar zu sein». Ich möchte eine Männlichkeit hinter mir lassen, die nicht nur in Gefängnissen zuerst erforscht wurde, sondern die auch an sich ein Gefängnis ist. Ich möchte glücklich sein, ich möchte keiner von diesen rotgesichtigen, angespannten, ängstlichen Wutmännern sein, die immer noch mindestens eine Rechnung offen haben mit der Welt und alle Regler immer auf 11.

Zum Glück gehört, dass ich mir den Köpper vom Startblock diesen Sommer von meiner zehnjährigen Tochter beibringen lasse. Es ist eine logische Entscheidung: Sie hat Schwimmabzeichen Gold, ich hab's nur bis zum Fahrtenschwimmer gebracht. Ich kann den Köpper zwar theoretisch erklären, aber sie kann ihn wirklich. Und bis ich es kann, haben wir und alle Umstehenden sehr viel Freude an meinen unfreiwilligen Bauchklatschern.

Nachbarn

Richtig erwachsen wird man eigentlich erst, wenn die Nachbarskinder groß sind. Man wird erwachsen im Sinne von: Man muss Verantwortung übernehmen für sich selbst, seine eigenen Bedürfnisse wahrnehmen, gewaltfreie Kommunikation üben, Gelassenheit lernen. Das fällt mir alles sehr schwer. Ich bin zu einem Mann geworden, der in Schlafanzughose aus dem Fenster brüllt. Wie konnte es dazu kommen?

Als wir bei uns ins Haus zogen, wohnten dort und nebenan nur Familien mit kleinen Kindern, es ist lange her. Damals war Angela Merkel noch eine ganz junge Kanzlerin, Donald Trump war eine schlechte Pointe aus den Achtzigern. Manchmal weinte nachts ein hungriges Baby, und wenn es nicht das eigene war, drehten wir uns um und schlummerten wohlig weiter, denn nichts klingt jungen Eltern süßer im Ohr als das Geschrei von Kindern, für die man selbst nicht zuständig ist.

Leider hat sich das völlig verändert. Wir sind keine jungen Eltern mehr, und nichts klingt unsüßer als das Geschrei von Jugendlichen, für die man selbst nicht zuständig ist. Damit wir uns gleich richtig verstehen: Die Jugendlichen sind wunderbar, sie machen alles genau so, wie sie es machen sollten, sie sitzen draußen, reden und trinken, sie sind lange wach und hören Musik. Und verdammt noch mal, wenn wir all das nicht selber genauso oder noch lauter gemacht haben.

Warum stört es uns dann plötzlich? Müssten wir nicht in

den Betten liegen und uns wohlig daran erinnern, wie wir genauso waren? Und müssten wir nicht selig einschlafen, im Bewusstsein, dass alles ein Kontinuum ist und die Welt voll lebensfroher Geräusche, auch nachts um zwei?

«Sagst du was oder ich?», sagt meine Frau.

«Ich hab letztes Mal was gesagt», sage ich.

Und dann sagt keiner was. Nicht weil wir Angst vor der Konfrontation hätten. Wie gesagt, ich habe schon in Schlafanzughose aus dem Fenster gerufen, ob es nicht ein wenig leiser ginge oder ob sie wüssten, wie spät es ist. Immer kommen diese Sätze raus, die irgendwann mal von der Reichsblockwartkammer verabschiedet worden sind und die man niemals in seinem Leben hatte sagen wollen. Deshalb liegen wir in den Betten und ärgern uns: zu einem geringen Teil über die gestörte Nachtruhe, zu einem viel größeren Teil darüber, dass es uns überhaupt stört, wenn die Nacht nicht ruhig ist. War das nicht gerade noch der Horror gewesen: eine ruhige Nacht? Wann sind wir zu Leuten geworden, die anderen zurufen, dass sie morgen «wirklich früh raus» müssen?

«Vielleicht sollten wir einfach auch mal so laut und so lange feiern», schlage ich vor, «damit sie merken, wie das ist.» Meine Frau schweigt gnädig, lange bevor sie «Vergiss es» sagt.

Die Nachbarn sind sehr nett, bei Tageslicht reden wir vernünftig, wir verstehen einander, alles ist gut. Nur nachts, wenn es dunkel wird und die Stimmen kommen, ist es vorbei mit der Vernunft, und dann will ich mich verrammeln und verstecken. Ich denke, es ist gar nicht so sehr die aktuelle Party, die einen stört oder das tatsächliche Balkongelächter, sondern eher die vage Befürchtung, dass die Welt immer lauter und man selbst immer leiser wird. Vielleicht die Angst, von denen, die nachkommen, buchstäblich überstimmt zu werden. Nachts gehen mir so grundsätzliche Dinge durch den Kopf, wenn ich nur deshalb nicht schlafen kann, weil die nächste Generation Spaß hat.

Aber der Ausweg ist nicht, aus dem Fenster «Zimmerlautstärke!» zu rufen, sondern selber wieder lauter zu leben. Tagsüber. Mehr Krawall machen, mehr anstellen, sich mehr verausgaben. Damit man nicht übertönt wird. Und damit man abends so müde ist, dass man bei jeder Geräuschkulisse schlafen kann.

Spontanbesuch

Ich merke es an den Keksen. Am Wochenende, beim Großeinkauf, kaufe ich immer zwei Sorten davon, und während ich die Schachteln in den Einkaufwagen lege, denke ich jedes Mal das Gleiche: «Damit man was dahat, wenn jemand vorbeikommt.» Es kommt dann aber niemand vorbei, und so ab Donnerstagabend, spätestens Freitag, fange ich an, die Kekse selber aufzuessen. Ich mag gar nicht so gern Kekse. Aber noch weniger mag ich, dass nie jemand vorbeikommt.

Die Zeiten haben sich geändert, die Menschen sagen, dass Zelluloid-Film, Weißbrot, «Wetten, dass..?» und Käseigel tot sind, kann sein, aber toter als all das ist der Spontanbesuch. Es gab ganze Jahrhunderte, die nur im Zeichen des Spontanbesuchs standen: bei Jane Austen, Tolstoi und Proust sitzen sie nachmittags immer rum und warten auf den Spontanbesuch der anderen, oder sie machen selber Spontanbesuche (zumindest jener Teil der Bevölkerung, der nicht im Bergwerk arbeiten musste). Klar, mögen Schlauberger einwenden, schließlich gab es kein Telefon und keine Kurznachrichtendienste. Wir kommen aber nicht weiter, wenn wir jede Verarmung unserer Lebensumstände auf den technischen Fortschritt schieben. Niemand macht Spontanbesuche, aber jeder preist sie. Eine Freundin (die mich, nebenbei bemerkt, noch nie spontan besucht hat) schwärmt, dass es viel schöner sei, einfach so vorbeizukommen, als sich zu verabreden: Die Gastgeber müssen nichts vorbereiten, die Gäste können gehen, wann sie wollen, und der Tag ist um eine Überraschung reicher.

Warum tun wir's also nicht viel öfter? Vor allem aus Angst zu stören. Aber wobei eigentlich? Was tun erwachsene Menschen am Nachmittag oder frühen Abend, wobei man stören könnte? Hausarbeit? Papierkram? Online-Shopping? Rumsitzen? Fernsehen? All diese Tätigkeiten werden durch Unterbrechungen besser. Und man muss ja auch nicht aufmachen, wenn man wirklich gerade was am Wickel hat, das die volle Aufmerksamkeit erfordert. Der zweite Grund, warum wir es nicht tun, ist der gleiche wie für ganz viele andere Dinge, die wir lassen, obwohl wir sie eigentlich gut finden: Wie das Ausprobieren neuer Badeseen, Besuche in kleinen Museen oder vielleicht auch Picknicks ist der Spontanbesuch abgelegt in der Kategorie «Müsste man eigentlich viel häufiger machen». Wenn man sich diesen Satz sagen oder denken hört, ist es längst zu spät: Er ist das sichere Zeichen dafür, dass man zwar theoretisch Lust hätte, etwas zu tun und dass man weiß, hinterher würde es einem richtig gefallen haben, aber praktisch ist man einfach zu verdammt faul dazu.

Ich bin es ja selbst. Ich sitze da, nage an meinen Keksen, und keiner kommt. Ich nehme alle meine Willenskraft zusammen, esse noch einen Keks, dann noch zwei, und dann gehe ich los. Es ist siebzehn Uhr, im Umkreis von fünfhundert Metern wohnen zwei oder drei Dutzend potenziell spontan zu Besuchende. Freund 1 sagt durch die Gegensprechanlage: «Was? Wieso? Waren wir verabredet?» Er ist alarmiert. Und schiebt nach: «Ich kann jetzt nicht.» Es klingt interessant. Er hat ein Geheimnis. Und ich habe ihn verwirrt. Also ist unser beider Leben reicher geworden.

Freund 2 macht auf, und wir plaudern ganz nett, aber er sieht mich die ganze Zeit erwartungsvoll an, so, als müsste noch was kommen, und beim Abschied hält er mich kurz an der Schulter fest und sagt: «Alles in Ordnung bei dir? Sicher?» Man muss die Leute erst wieder daran gewöhnen. Bei der Nachbarin ist nur die Babysitterin. Ob sie was ausrichten soll.

«Till war da», sage ich, es klingt ominös, aber irgendwie auch spannend.

«Und warum?»

Ich überlege einen Moment. «Nur so», sage ich. «Einfach nur so.»

Und ich gehe mit dem wunderbar leichten Gefühl, ein neues Mantra zu haben, eins, das so kurz ist, dass sogar ich es mir merken kann: Nur so. Einfach nur so. Mehr Grund will ich für nichts mehr brauchen.

Erwachsen

Mit einer meiner nervigsten Eigenschaften habe ich jetzt endlich meinen Frieden gemacht. Sie besteht darin, dass ich nicht einfach mal die Klappe halten kann, wenn irgendwas gut ist. Ich bin ich wie ein Ein-Mann-Kegelclub im ICE-Großraumwagen: Ich kann mich nicht still nach innen freuen, ich feiere laut.

Wenn ich im Kino sitze, stoße ich, sobald ich mich in den Film verliebt habe, meine Nebenfrau an und sage: «Super Film, oder nicht?» Also, sofern ich mit ihr zusammen den Saal betreten habe. Ich rufe das auch zu Hause vorm Fernseher: «Ist das eine tolle Serie!» Ich bin auch einer von diesen im Prinzip unerträglichen Zeitgenossen, die durch die Natur laufen und «Ist das schön!» verkünden, als bräuchte die Natur mein Gütesiegel, als wäre sie nicht auch ohne mein Urteil schön, ja: vielleicht sogar schöner. Weil leiser. Unerträglich, weil es sich immer so anhört, als würde ich mich mit meiner lauten Begeisterung selber feiern. Man lenkt die Aufmerksamkeit so auf sich.

Wenn ein schönes Erlebnis vorbei ist, neige ich dazu, so was wie ein vorläufiges Endergebnis abzugeben: «Das war doch ein super netter Abend», sage ich auf dem Rückweg vom Essen bei Freunden; «Schön, dass wir das gemacht haben», wenn wir auf dem Rückweg vom ersten Frühsommertag am Meer sind. Es klingt so onkelhaft und unsicher. Nun, warum auch nicht. Ich bin ein Onkel. Und meiner Sache bin ich mir auch oft nicht sicher.

Ist es also Selbstbestätigung oder viel eher der Wunsch, dass andere mir bescheinigen: Ja, es war gut, haben wir toll gemacht, toll entschieden, komm, wir streicheln dir das Köpfchen? Ich glaube, es ist was anderes: Ich hab das Gefühl, ich kann zwar noch eine Menge machen im Leben, aber eben nicht mehr unendlich viel. Die Ressourcen gehen nicht zu Ende, aber ich fang an, sie mir ein bisschen einteilen zu wollen. Bewusster mit meiner Zeit umzugehen und mit meiner Bereitschaft, mich Filmen, Menschen und Natur auszusetzen.

Im Grunde praktiziere ich damit so was wie Anti-Achtsamkeit. Statt die Dinge einfach nur wahrzunehmen, ohne sie zu bewerten (Achtsamkeit), bewerte ich sie, so abschließend es geht, und beziehe aus dieser Bewertung mein Seelenheil (Anti-Achtsamkeit). Es entspannt mich, vorläufige Endergebnisse zu formulieren, denn es strukturiert mein Leben, das ansonsten vielleicht Gefahr liefe, sich zu verläppern. Besser, immer wieder für laute Signaltöne zu sorgen: War das nicht toll! Aber auch: Oh Gott, das war nichts, das machen wir nie wieder.

Überhaupt macht es mir viel mehr Freude als früher, meinem Leben eine Dramaturgie zu geben. Ich denke dabei nicht in Akten, sondern in vielen kleinen Szenen, nach denen ich gern ein Fazit ziehe. Dann denke ich: Dieser viel zu teure Felgenschaden war das letzte Mal, dass du beim Automieten nicht jede erdenkliche Zusatzversicherung genommen hast. Dieser überraschend köstliche Kohlrabi markiert den Beginn deines Lebens als Mann, der gern und viel Kohlrabi isst. Du bist ab jetzt ein Mann, der seinen persischen Reiskocher liebt. Man muss sich so was bewusstmachen, dann bekommt das Leben Dimension und Tiefe.

Vor ein paar Wochen zum Beispiel, als ich nachts im Hotel den Korken in die Flasche drückte und den Rotwein dadurch auf vier Quadratmetern Wand verteilte. Als es mir am nächsten Morgen gelang, noch vorm Frühstück mit dem Hotel und der Haftpflichtversicherung ohne Tränen und fast ohne Scham zu regeln, wer den Schaden übernimmt, hatte ich das erstaunte Gefühl: Jetzt bist du endlich erwachsen.

Allerdings erst, nachdem ich in der Nacht mit einem T-Shirt und einem 2-1-Bodywash zwei Stunden lang vergeblich versucht hatte, die Spuren selbst zu beseitigen.

DANKESCHÖN

Viele Kapitel in diesem Buch sind in anderer Form in Zeitschriften erschienen: vor allem in «Brigitte», «Brigitte Woman», «Brigitte Mom», «Süddeutsche Zeitung Magazin» und auf «sz-magazin.de». Ich bedanke mich bei allen Redakteur*innen und Kolleg*innen, die mir mit ihren Anregungen, ihrer Kritik und ihrer Freundschaft geholfen haben, vor allem Stephan Bartels, Simone Buchholz, Stefanie Hentschel, Julia Karnick, York Pijahn, Frauke Prien, Maike Rasch, Kester Schlenz, Johannes Waechter und Angela Wittmann. Die meisten Texte hat Christine Hohwieler in Auftrag gegeben, ohne sie wäre mein Buch halb leer und ich auch. Mit Alena Schröder tausche ich mich jede Woche über Texte aus, ohne sie wäre es ein einsames Geschäft. Ich danke Nina Grabe, die ich meine Lektorin nennen darf, für ihren Enthusiasmus, und dass sie diese Buch-Idee in der Schublade gefunden hat. Ich danke Patrick Kuster, der meine Muse ist.

Dadurch, dass die Texte in verschiedenen Jahren geschrieben wurden, sind meine Kinder nicht überall im Buch gleich alt. Und ich habe erst vor kurzem angefangen, das von mir wegen seiner Schönheit und Einschließlichkeit sehr geschätzte Gender-Sternchen zu verwenden. Ich habe darauf verzichtet, alle Texte nachträglich anzupassen, damit man sieht, dass Einstellungen und Schreibweisen sich ändern.

Am meisten danke ich meiner Frau und meinen Kindern, dafür, dass ich seit Jahren über uns schreiben darf und kann.

REGISTER

A. W. M. 49 ff.
Aachen 31
Abgasskandal 129
Abstumpfung 145
Abwehrkräfte 193
Achtsamkeit smeditation 212
achtziger Jahre 75, 90, 93, 215, 228, 239, 271, 288 f., 314, 321, 332
Adams, Rebecca 190
«Akte X» 37
Aktenkoffer 264
Algoe, Sara 126
Alkohol 32, 155, 160 ff., 242
Altersdiskriminierung 49
Amaretto 72
Androgynisierung 149
Antidepressiva 210, 212
Apfelschnitz 306
App 263, 327
Arbeiten 11, 29, 31, 44, 75, 86 f., 97, 122, 124, 128, 140, 143, 160, 164, 171, 177, 182, 190, 197, 212 f., 220, 234, 249, 265, 277, 297 f., 307, 314, 322, 324 ff., 330, 335
Aridzanjan, Anna 55
Arrabiata-Nudeln 178, 299
Arzt 40, 185 f., 231, 235
Astronomie-AG 50
Atommeiler 279
«Auf der Suche nach der verlorenen Zeit» 28
Aufgabenverteilung 146, 232

Aufmerksamkeit 87, 180, 189, 244, 298, 308, 336, 338
Augenrollen 183, 185
Auhagen, Ann Elisabeth 194
Auseinandersetzung 184, 292 f.
Aushalten 135, 155, 200, 203 f., 294, 306
Austen, Jane 335
Authentizität 38, 98
Autobahn-Drängler 232

Babyschwimmen 321, 329
Babysitter 307 f., 337
Bad Oldesloe 249
Bad Segeberg 249
Badezimmerläufer 111, 116 ff.
Bangles 215
BASF-90er 289
Basteln 88, 159
Beatles 311, 314
Benda, Andrea 174
Benjamin, Walter 22
Berberitzen 56
Berlin 9, 21, 90, 92, 123, 131 f., 160 f., 165, 201, 207, 217, 224, 238, 262, 301, 308, 314, 316
Berlin-Zehlendorf 9, 224, 288
Beziehung 95, 114, 122, 125 ff., 136, 151, 194, 263, 294, 299, 307 f.
Biene Maja 192
Bier 162 f., 176, 188, 192 f., 254, 259

Bikinifigur 63, 74, 76
Bio 17, 31, 170, 234, 247, 267 ff.
Biwakieren 223, 226
Blaubeermarmelade 77
«Blauer Bock» 185
Bleistift 29, 59
Blog*ger*innen 43, 101, 193, 318
Boarding 46
Body Shaming 102, 106
Böll, Heinrich 38, 222
Bogart, Humphrey 139
Boileau, Pierre 310
Bossa nova 10
Brandt, Willy 157
Brandung 34, 36
«Bravo» 273
«British Medical Journal» 81
Broiler-Stube 174
Brunch 120, 205, 241 ff.
Bubble 55, 57
Buchholz, Simone 31, 313, 341
Bukowski, Charles 139
Burger 17, 43, 63, 97 ff., 171, 270
Busen 148 ff.
Bushaltestelle 189, 220
Butterbrotpapier 222
BWL 264

«Candy Crush» 89
Canyon, Laurel 260
Carmel 215
«Casting Couch» 84
CD 141, 215
Cervantes, Miguel de 224
Chronobiologie 26
Claudius, Matthias 30
Cliffhanger 29
Coffin, Barbara 244 ff.

Cole, Lloyd 289
Computer 85, 88, 283, 301, 303
Cord 83, 85, 271
Crack 261
Currywurst 171, 270, 276 f., 280
Curtis, Tony 84

Dadbod 283, 318 ff.
Dankbarkeit 111, 125 ff., 315
Dean, James 97
«Dein Song» 86
Demokratie 71, 95, 189, 299
Deodorant Derringer 288
Depeche Mode 209
Depressionen 24, 210 ff., 323 f.
Detektivclub 291
DHL 108
Diät 101 f., 104
DiCaprio, Leonardo 319
Didion, Joan 45
Dilldolden 277
Dinklage, Meike 172
Disaronno 72
Diskutieren 55 f., 99, 116 f., 129, 138, 146, 155, 157, 162, 182 ff., 228, 318, 328
Distanz 7, 20, 106, 155, 164
Ditsch 65 f.
Diven 205, 228 f., 260
Documenta 308
«Don Quijote» 224
Dorade 203
Dorveille 26
Draper, Don 319 f.
Draußen schlafen 223
Drum&Bass 37, 215
Durchstehen 24, 145
Dylan, Bob 259, 321

Eddo-Lodge, Reni 54
Efeu 31
Ehe 56, 116f., 119, 123, 143, 151f., 278
«Ein Herz und eine Seele» 325
Einkaufen 111, 145f.
Einlagen 186
Ein-Mann-Kegelclub 338
Ein-Mann-Religion 153
Eiswürfel 205, 238ff.
Elbphilharmonie 283, 313ff.
Elternzeit 87, 234, 329f.
Elvis 97
«Emergency Room» 137
Emmons, Robert 126
Energie 69, 158, 182f., 189, 238, 291
Entmündungsbecken 29, 193
Erdoğan, Recep Tayyip 299
Erfahrungen 50ff., 69, 79, 98, 138, 184, 199, 215, 218, 236, 262, 329
Erkältung 63, 95f.
Ersatzfamilienanschluss 192
Erwachsensein 7, 9ff., 18, 57, 78, 93, 95f., 98f., 102f., 117, 122, 138, 157, 167, 201, 228, 233, 239, 244, 258, 264, 269, 275, 279, 283, 287, 294, 296, 302, 307, 309f., 315, 332, 336, 338ff.

Facebook 24, 101, 182
Fahrradhelm 7, 111, 113ff., 124
Fahrtenmesser 294
Fan 43, 132, 137, 228, 314
Fanta-Jojo 91
«Far Out» 207
Fawkner, Helen 75
Fehr, Beverly 192
Ferienwohnung 265
Feminismus 322ff.
Ferngespräch 286
Fernsehen 27, 111, 136f., 229, 305, 336, 338
Fernsehserien 28, 136f., 163, 191
Fersensporn 155, 185ff.
Fett 43, 55, 74, 76, 102, 137, 279ff.
Filterkaffee 241
Fischkonserven 145
Fliegen 13, 46f., 147, 168
Flirten 198
Flughafen 46, 167f.
Flugzeug 25, 46, 95
Flunsch 38
FOMO 286
Ford, Richard 188ff., 193f.
Foster, E. M. 187
Foto 37f., 85, 101f., 108, 139, 148, 255, 271, 302, 318f., 323
Frankie Goes To Hollywood 129
Franklin, Aretha 9
Freibad 279f., 326
Freundschaft 93, 155, 164, 188ff., 233, 239
Frisch, Max 35f.
Fritteuse 247, 279f.
Frittierfett 279
Frustration 104, 182, 190, 233, 235, 309
Fußfehlbildung 186

G20 324
G.I. 238
Gatwick 168f.
Gehen 13, 21ff., 43, 45, 90ff., 99, 185, 220, 242, 275, 292ff., 298f., 307f.
Gemütlichkeit 63, 77ff.

Gender 231f., 235, 341
Gender-Sternchen 340
Geschenkgutschein 247, 252ff.
Gesichtserkennung 247, 173f.
Gewürzschrank 117
Gleichberechtigung 182, 232f., 322f.
Goethe, Johann Wolfgang von 45
Goldhamster 279
Gordon, Annie M. 127
Grande, Ariana 182, 228
Grant, Cary 9
Grenze 71, 77, 85, 87, 124, 129, 168, 182, 190, 215, 222, 269
Grenzüberschreitung 98, 224, 287
Grübeln 24, 26, 30, 72, 289
«Grüne Tomaten» 321
Grünkohl 249
Gummistiefel 174
Gurken 276ff., 298

H&M 104
Haare waschen 90
Hack 7, 15ff., 97ff., 146, 178
Haftpflichtversicherung 241, 340
Hamburg 5, 21, 47, 92, 98, 131f., 144, 160, 173, 190, 201, 234, 301, 313
Hamburger 17, 63, 97f., 171
Hamm, Jon 319
Handgepäck 46ff., 168
Handy 28, 55, 58, 89, 142f.
Hanks, Tom 85
Haushalt 84, 87, 132, 146, 173, 232, 289, 313, 323, 325, 328
Heimat 77, 79, 135, 229
Heimweh 5, 155, 199ff., 260

Helmut-Kohl-Brille 271
Hemingway, Ernest 139
Hertha BSC 229
Hoffnung 122, 143, 301f.
Höhle 60, 78
Hohwachter Bucht 316
Hohwieler, Christine 341
Hollywood 84
«Howard's End» 187
HSV 324
Huhn 155, 170ff.
Hygge 77, 79, 192

ICE 80, 144, 338
Impfpass 255f.
Impulskontrolle 65
Instagram 132
Internet 53, 55, 108, 169, 212, 264, 301f., 319f., 328
introvertiert 158
iPhone X 273

Jack Daniel's 139
Jeans 40, 63, 82, 101, 103ff., 301
Jellouschek, Hans 127
Jim Beam 140
Joggen 41, 324
Journalistenschule 50
Journelle 101

Kaffee 56, 59, 78, 81, 241, 273
Karriere 102, 218, 330
Käsebrot 170, 300
Käsefondue 142f.
Käseigel 93, 335
Katjes-Tropenfrüchte 288
Kay, Ash 52f.
Kekse 78f., 335f.
Kerner, Johannes B. 313
Kichererbsensalat 125

Kimmel, Michael 322
King, Carole 260
Kirschwasser 142, 144
Kishon, Ephraim 152
Klappstulle 220
Klassenfahrt 90, 199
Klischee 82, 84f., 129, 150, 203, 232, 322, 324
Knick-Senk-Spreizfuß 186
Körpermitte 68
Kohlrabi 339
Kokain 261
Kolleg*innen 31f., 55, 81, 97, 126, 142, 170f., 174, 180, 186ff., 190, 196, 212, 217f., 227, 262, 274, 277, 326
Kommunikation 116, 138, 287, 302, 332
Kompromiss 116f.
Kopfsprung 326
Koppetsch, Cornelia 326
Krankenkasse 71ff.
Kreuzworträtsel 13, 29, 59f.
Kundenzentrum 37
Kupers, Terry 330

«L.A. Confidential» 321
«L.A. Story» 149
Ladenschlussgesetz 139
Lärmstopp 134
Landgasthof 267f.
Lauch 102
Laufen 13, 40ff., 189, 203, 292, 319, 338
Leandros, Vicky 78
Lebensplanung 205, 217
Lemmon, Jack 84
Lewis, C. S. 189
Lieblingsband 111, 131
Lifestyle 20, 77, 134
Lillifee 272

Lindgren, Astrid 272
«Linientreu» 207, 209
Loriot 137
Luise 34f., 40f., 111, 122ff., 134f., 304f.
Lynchburg, Tennessee 139f.

Machtlosigkeit 47
«Manche mögen's heiß» 85
«Mad Men» 137, 297, 319
Mahler, Gustav 212
Mann/Männer 231ff., 321ff.
Mann, Thomas 180
Mansplaining 328
Marihuana 261
Marmeladeeinkochen 215
Martin, Steve 149
Marx, Karl 195
Marzipan 294, 305
Maschinen 20, 27, 37, 39, 57, 178, 238, 325
Massentierhaltung 170, 267
Maternal Gate-Keeping 328
Mayr, Anna 180
McEwan, Ian 293
Media Markt 65, 315
Meditation 212, 314
Meer 34f., 200, 203, 338
Melatonin 24
Merchant, Nilofer 43f.
Merkel, Angela 95, 197, 332
MeToo-Debatte 84, 327
Mischnick, Wolfgang 9
Mitchell, Joni 260, 321
Mitleid 174, 201, 205, 231, 233
Mitscherlich, Alexander 288
Mittelmeer 203
Mon Chéri 186
Monroe, Marilyn 84f., 97
Montauk 34f.
Morrison, Jim 140

Morrison, Van 140
Mr. Bean 69
Müllstrudel, pazifischer 203
München-Haidhausen 234
Muhammad-Ali 166
Musikgeschmack 215f.
Mütze 81ff.

Nachbarn 26, 108, 127, 143, 166f., 175, 211, 220f., 225, 249, 280, 283, 301, 332f., 337
Nachhaltigkeit 247, 249
Nacht 24ff., 55ff., 134f., 141f., 144, 166, 171, 199ff., 211, 220, 223ff., 227, 292, 295f., 308f., 332ff., 340
Nähe 7, 102, 122, 126f., 130, 161, 163f., 189ff., 201, 215, 220, 292
«Nailed it – Das Gelbe vom Ei» 167
Nannen, Henri 38
Narcejac, Thomas 310
Nassrasur 321
Naxos 47
Nebenwirkung 210, 234
Neubauwohnung 68
neunziger Jahre 16, 122, 215, 218, 321
New Order 214
Nichtrauchen 13, 31ff.
Nischen 57, 99, 207
Non-Anxious Wakefulness 29
Norddeutschland 47, 200, 314, 316
Nostalgie 97f., 207, 214, 247, 258ff., 272
Notizheft 288

Obama, Barack 319f.

Ohren 47, 82, 85, 148, 183, 268
Ohrstöpsel 14f.
Old Shatterhand 192
Oliver, Jamie 176
Oma 60, 250f., 261
Ompha Potato 155, 166ff.
Orange 7, 111, 113f., 119, 124, 271
Ordner 256
Orthopäde 187
Ortmaier Bandagen 186
Oscar 125
Ottensen 234
Özil, Mesut 182

Paar 16, 79, 115, 122, 126f., 136ff., 145ff., 151, 234, 285
Paket 63, 108f., 137, 299, 305
«Paperback Writer» 311
Parcels 131ff.
Pareto 247, 264f.
Pars Khazar 56f.
Partnerschaft 87, 115, 127, 145f., 149, 151, 278, 285, 310, 323, 325, 328f.
Passbild 13, 37f.
passiv-aggressiv 126, 147
Patience 302f.
Penis 197, 229
People of Color 51
Perry, Katy 88, 228f.
petrochorisch 259
«Petterson und Findus» 175
Pfandbriefe und Kommunalobligationen 311
Pfeffermühle 117
Pferdeschwanz 131
Phoenix 131
Pink 271
pinkstinks.de 272

Piraten 97, 272
Pitchen 297 ff.
Pizzazunge 63, 65 ff.
Playmobil 271, 314
Plöner See 291, 295
Polaroid 214
Politik 9, 52, 77, 79, 232, 236
Prefab Sprout 55, 226
Prenzlauer Berg 234
Prien, Frauke 173, 340
Prinzessinnen 123, 272
Privilegien 50 ff., 67, 219, 226, 235
Prosecco 192, 241
Proust, Marcel 28, 335
Psychopharmaka 210
Pubertät 85, 292
Pullover 82, 111, 119 ff., 124, 253

Rassismus 51 ff., 182 f., 235 f., 311
Rauchen 31 ff., 44, 60, 158, 183, 211, 323
Regeln 18, 41, 53, 84, 88, 106, 108, 110, 198, 270
Rehau 90 ff.
Reis 13, 55 ff., 339
Retro-Trend 214
Rhodeländer 174
Ritual 68, 90, 128, 183, 215
«Rock it» 207
«Rocky» 321
Rollkragen 82
Rom 69
rororo-Thriller 310
Rosa 85, 247, 271
Rückert, Friedrich 212
Rückzugsraum 192, 194
Running 41
Ryan, Meg 85

Safran Foer, Jonathan 170
Salzwasser 35, 96, 200, 276
Sanitätsfachgeschäft 186
Sauerfleisch 268
Schachfigurenschnitzen 207
Schallplatten 214 ff.
Schlafanzug 28, 273, 332 f.
Schlafen 13, 20, 24 ff., 55 f., 80, 82, 134 f., 142 f., 211, 223 ff., 295, 314, 333 f.
Schlesische Gurkenhappen 276
Schlüssel 111, 142 f., 179, 196
Schmelzkäse 298 ff.
Schneider, Helge 221
Schottisch 119
Schüchternheit 155, 157 ff., 164
Schuhwerk 32, 186
Schweizerhof-Grundschule 92
Scones 77
Seattle 244
Sedaris, David 125
Sehnsucht 143, 167, 208, 215, 224, 226, 230
Selbstbewusstsein 113, 329 f.
Selbsterkenntnis 288
Selbstkontrolle 304
Selbstmitleid 144, 221, 231
Selbstoffenbarung 192
Selbstzerhanseatisierung 201
Senatsreserve 119
Sex-Appeal 63, 81 ff.
Sex(ualität) 41, 49, 52, 81 ff., 120, 136, 151, 197 f., 221, 231, 236, 308, 319
Sexismus 49, 85, 195, 197 f., 311
SFB 3 290
Shapewear 149
Shuffle-Dance 20
Simple Minds 214, 290

Sitzen 13, 15, 31, 43 ff., 79, 127, 136 ff., 225, 293, 309, 332, 335 f.
Sjöwall, Maj 310
Slime-Maschine 20
Smiths, The 214, 289
«Snow in San Anselmo» 140
Solnit, Rebecca 328
Sontag, Susan 45
«Sopranos» 137
Sow, Noah 54
Sozialwahl 71 f.
Spontanbesuch 283, 335 f.
Sprachnachrichten 155, 179 ff.
Standardtänze 207
«Star Wars» 25
Statussymbol 75
Stehpult 45
Steuerberaterin 256
Stippvisite 249
Strand 34 f., 74, 148, 221, 249, 283, 316 ff.
Streamen 214
Stulle 101, 128, 205, 220 ff., 298
Stunde des Wolfes, die 24
Suchen 40, 51, 81, 122, 152, 247, 255, 263 ff., 292, 304
Süßkartoffel-Pommes 99
Supermarkt 114
Surfen 13, 34 f.
Süßigkeiten 283, 304 ff.
SXTN 88

Tahdig 56 ff.
Tanzen 132, 205, 207 ff., 313, 319
Tanzende Türme 313
Tarantino, Quentin 75 f.
Taschengeld 72
Taubenzüchten 207

Tee 78 f., 161 f., 194, 241, 250
Teenager 9, 180, 258
Teewurst 222
Telefonieren 180, 283, 285 ff.
Tetzlaff, Alfred 325
Textnachricht 180
«Thelma und Louise» 321
Tiefschlaf 24, 26
Tiere 100, 170 ff., 267 f.
töten 170
Tolstoi, Leo N. 301
«Toni Erdmann» 309
Toxic Masculinity 330
Toxisch 283, 321, 330
Tretboot 297
Trickle-Down-Effekt 152
Trostpflaster 22, 187
Trüffelmayo 99
Trump, Donald 24, 28, 299, 322, 332
Twitter 49, 51, 55 f., 183, 229, 328

Umwelt 47, 323, 330
Umweltzerstörung 75, 99, 279
un-Bio 269
«Unser Lehrer Dr. Specht» 136
Unvernunft 33, 98, 224
Urlaub 34, 40, 47, 59, 86, 148 f., 203, 263 f., 299, 318 f.
Urwin, Jack 331
USA 170, 228

Verliebtsein 124, 129, 131 ff., 145, 338
Versicherung 71
Vertrauen 188 f., 191, 193,
Verwandte 95, 114, 136, 139, 185 ff., 221, 249, 262, 295, 308
Vierertisch 90

Vinyl 205, 214f.
Vivil 238
Vogts, Berti 37
Vorfreude 33, 58

Wahlöö, Per 310
Waldlauf 41
Wandern 28, 116, 252, 256, 273, 283, 291, 294
Wannsee 238
Warnemünde 174
Waschmaschine 27, 178, 325
Wasserhahn 63, 68f., 199, 203, 239
«Weeds» 138
Weihnachten 79
Weinstein, Harvey 84, 323f.
Wertschätzung 127ff.
West-Berlin 9, 90, 201, 238, 314
«Wetten, dass..?» 335
Wetter 47, 101, 247, 261ff., 316
WhatsApp 179
Whisk(e)y 72, 139, 195
Wikipedia 186
Wikland, Ilon 272
Wilder, Billy 84

Winslet, Kate 320
Wissenschaft 43, 79, 126ff.
WLAN 167f.
Wolldecke 205, 190, 264ff.
Women's March 322
Woolworth 288f.
«Wordfeud» 167
Work-Life-Balance 75
Wut 51, 95f., 101ff., 227, 324, 331

Y-Chromosom 34, 197
YouTube 13, 18ff.

«ZDF-Magazin» 136
Zeh, Juli 182
Zeitverschwendung 60, 146
Zelluloid-Film 335
Zigaretten 82, 217, 279
Zimmerlautstärke 334
Zipperlein 185, 187
Zitronat 306
Zitronengrasingwertee 77
Zuhören 54, 183f., 218, 328f.
Zukunft 16, 33, 101, 122, 132, 136, 139, 180, 253, 274
Zulley, Jürgen 24
Zuversicht 33, 250, 302, 315

Das für dieses Buch verwendete Papier ist FSC®-zertifiziert.